„Schaaaahaatz...
...reich' mir bitte den Käsepappelstreuer!"

Gar nicht notwendig, denn in unseren erlesenen Kräuter- und Gewürzmischungen ist alles schon drin, was ein einzigartiges Geschmackserlebnis braucht.

Ja, Sie haben richtig gelesen. Wahrlich einzigartig ist es, wie die Zugabe dieser Mischungen die Geschmacksintensität von Speisen verfeinert.

Altes und überliefertes Wissen aus der Kräuterküche entfaltet sich voll und ganz in neuen Kreationen.

Dazu noch die achtsame Auswahl von Lebensmitteln, eine schonende Zubereitung und ein bisschen Liebe. Fertig sind Gerichte von ganz besonderer Qualität.

Probieren Sie es aus!
„Ihr Schatz wird begeistert sein."

Speziell auf den jeweiligen Bedarf abgestimmt und ab sofort hier erhältlich:

webshop.soulspice.at

Hanfheu
Senfsaat
Gelbwurz
Apfelminze
Schafgarbe
Käsepappel
Kornblumen

Lindenblüten
Ringelblumen
Erdbeerblätter
Sonnenblumenblüten
Brombeerblätter
Schabzigerklee
etc.

Feine Kräuter- und Gewürzmischungen

Aromapads

Ihrer Gesundheit zuliebe

CUISILUX
Das Bio-Universalgerät

- ▸ Gesunde Ernährung
- ▸ Zeitersparnis
- ▸ 5.000 verschiedene Gerichte
- ▸ Geldersparnis bis zu € 100 / *Familie und Monat*
- ▸ Genussvolle Speisen
- ▸ Keramikmahlwerk
- ▸ Getreide- bzw. Gewürzmühle
  auch für fetthaltige Saaten geeignet
- ▸ ipoh steht für höchste Qualität
- ▸ 8 Jahre Vollgarantie
- ▸ Lebenslange Wiederherstellungsgarantie
- ▸ Kostenlose Einschulung
- ▸ Ständige Betreuung
- ▸ 70.000 zufriedene Kunden

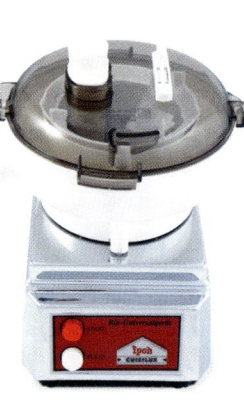
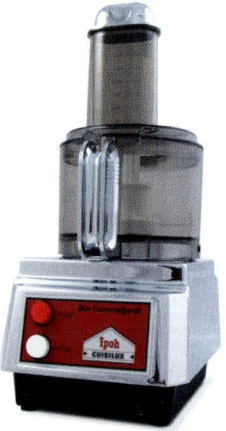

ipoh® Produkte fürs Leben

Unzählige Einsatzmöglichkeiten . . .

- ▸ Schneiden
- ▸ Reiben
- ▸ Faschieren
- ▸ Kneten
- ▸ Pürieren
- ▸ Mixen
- ▸ Mahlen *(Getreidemühle)*
- ▸ Auspressen *(Zitruspresse)*
- ▸ Entsaften *(Saftzentrifuge)*

. . . ALLES ist möglich!

www.ipoh.at

DAMPFGARBIBEL

Susanne Kuttnig-Urbanz
Friedrich Pinteritsch

DAMPFGAR
BIBEL

pichler verlag

IMPRESSUM

ISBN: 978-3-85431-685-5

styria BOOKS

© 2014 by *Pichler Verlag* in der
Verlagsgruppe Styria GmbH & Co KG
Wien · Graz · Klagenfurt
Alle Rechte vorbehalten

Bücher aus der Verlagsgruppe Styria gibt es
in jeder Buchhandlung und im Online-Shop

styriabooks.at

Fotos: Gabriela & Günter Jost

Lektorat: Nicole Richter
Covergestaltung: Bruno Wegscheider
Buchgestaltung: 2 LIONS DESIGN [Carolina Santana]

Druck und Bindung:
Druckerei Theiss GmbH, St. Stefan im Lavanttal

7 6 5 4 3 2 1

Inhalt

Vorwort der Autoren   6

Alles, was man zum Dampfgaren wissen muss   8

Dampfgaren von A bis Z   16

Übersicht Garzeiten und Gartemperaturen   21

Unsere Empfehlungen zu den Lebensmitteln   24

Allgemeines zu den Rezepten   24

Abkürzungen und Küchenbegriffe   25

Rezepte

Vorspeisen und Suppen   27
Hauptspeisen   53
Beilagen   205
Gästemenüs   221
Allerlei   243
Baby & Kind   257
Süßes   267

Rezeptregister   296

VORWORT

Vor Ihnen liegt die Dampfgarbibel und damit unser ganzer Stolz! Viele Jahre an Tüfteln, Kochen, Kosten, Überdenken sowie Niederschreiben der unterschiedlichsten Rezepturen, alles festgehalten in unseren vorangegangenen vier Büchern, findet nun in erweiterter Form Platz in dieser „Dampfgarbibel". Hier ist der Dampfgarer der Hauptdarsteller, unterstützt vom Nebendarsteller Kombi-Dampfgarer. Mit besonders viel Liebe zu dieser Methode des Kochens, aber ebenso viel Liebe zu biologischen Nahrungsmitteln und zum Essen selbst, entstand dieses umfassende Buch, das in keinem Haushalt mit Dampfgar- oder Kombidampfgargerät fehlen sollte. Das wünschen wir uns zumindest.

Mit diesem Buch besitzen Sie nun ein übersichtliches Nachschlagwerk – es beginnt bei den allerersten Schritten mit dem neuen Gerät. Wir haben zahlreiche im Laufe der Jahre wiederkehrende Fragen aufgegriffen und im Abschnitt „Dampfgaren von A bis Z" übersichtlich dargestellt. Das Arbeiten mit einem neuen und „unbekannten" Gerät mag im ersten Moment eine Überwindung sein, im zweiten Moment überwiegt aber die Erkenntnis, ein innovatives Werkzeug zur Hand zu haben, das die Arbeit in der Küche erleichtert. So geht es uns immer darum, den Dampfgarer bzw. Kombi-Dampfgarer optimal in den Alltag zu integrieren. Wichtig war uns in dieser „Bibel" auch, keine Fragen mehr offen zu lassen, was ganz allgemein das Garen und die Garzeiten von Fleisch, Gemüse und Co. betrifft. Deshalb gibt es nun Übersichtstabellen dazu.

Die großen Kapitel führen Sie zunächst durch die Welt der Suppen/Suppeneinlagen und Vorspeisen, Hauptspeisen (daunter eine Vielzahl vegetarischer!) und Beilagen (die mitunter als leichtes Hauptgericht durchgehen). Weiters gibt es unter „Allerlei" die beliebten Rezeptanleitungen von Frühstück bis Einkochen und „Baby & Kind" liefert köstliche Gerichte für die Kleinen. Und zum Schluss, wie immer das Beste: Süßes!

Geübtere finden in dieser Bibel des Dampfgarens auch anspruchsvollere Kreationen sowie zwei komplette Menükompositionen zum Verwöhnen der Gäste.

Wir hoffen, mit dieser Rezeptauswahl für jeden Geschmack das Passende zu bieten. Und wir versichern Ihnen: Sie finden hier alles, was Sie rund ums Dampfgaren wissen sollten. Gibt es dennoch Fragen, scheuen Sie sich nicht, uns zu kontaktieren. Schreiben Sie uns ein E-Mail – wir freuen uns: *susanne.kuttnig@aon.at* oder *info@pinteritsch.at*

Zum Schluss gilt es noch, allen unseren bisherigen Lesern ein herzliches Dankeschön auszusprechen. Sie haben unseren Weg unterstützt und damit die Dampfgarbibel möglich gemacht.

Wir wünschen Ihnen gutes Gelingen beim Nachkochen der Rezepte und viel Freude mit diesem Buch.

Susanne Kuttnig-Urbanz und *Friedrich Pinteritsch*

ALLES, WAS MAN ZUM

DAS PRINZIP DES DAMPFGARENS

Garen im Dampf ist seit circa 2000 Jahren die gesündeste Methode, um Speisen zu garen. Das Prinzip ist so einfach wie einzigartig – der große Vorteil ist, dass bei dieser Methode das Gargut nicht im Wasser liegt und dadurch nicht vom Wasser ausgelaugt werden kann. Die wertvollen Vitamine und Mineralstoffe bleiben beim Garen mit Dampf erhalten, die Dampfentwicklung sorgt nämlich dafür, dass die Poren des Gargutes sofort geschlossen werden. Dämpfen eignet sich für jede Art von Speisen. Egal, ob knackiges, farbenfrohes Gemüse, richtig saftige Fleischgerichte oder auf den Punkt gedämpfter Fisch. Die Speisen behalten ihren intensiven Eigengeschmack, vor allem auch deshalb, weil man beim Dämpfen viel weniger Würze benötigt. Das Kochen wird so einfach und kinderleicht.

MIKROWELLE RAUS, DAMPFGARER REIN!

Die Entwicklung der modernen Küchentechnik war in den 1990er-Jahren gekennzeichnet von der Mikrowellen-Technologie: Mittels eines Magnetrons wird elektrischer Strom in elektromagnetische Wellen – Mikrowellen – umgewandelt. Diese versetzen die Wassermoleküle der Speisen in schnelle Bewegung, weshalb die Speisen im Gerät zugedeckt werden müssen, da sie ansonsten austrocknen. Die Hitze entsteht durch Reibung der Moleküle. Es braucht auch einen Drehteller, denn durch die Entstehung sogenannter Hot spots ist es möglich, dass Speisen verkohlen bzw. vertrocknen. Was den Nährstoffgehalt und den Verlust von Vitaminen und Mineralstoffen bei mikrowellengegarten Speisen betrifft, ist sich selbst die Fachwelt nach wie vor nicht einig, daher raten wir im Sinne der Gesundheit von der Verwendung der Mikrowelle ab.

Und dann kam, vor einigen Jahren, der Dampfgarer. Scheinbar wie vom Himmel der Gerätehersteller gefallen – und nach einem Prinzip arbeitend, das schon uralt ist! Die sogenannte westliche Welt hatte es mehr oder weniger vergessen, einzig der Schnellkochtopf war in den Haushalten verbreitet gewesen und machte sich gewisse Vorteile des Kochens mit Dampf zunutze. Nur in Asien dämpfte man seit jeher in den berühmten Bambuskörbchen oder auch im Wok. Wie aber kam es nun zur Einführung der Dampfgargeräte in unseren Haushalten? In der Gastronomie ist der Einsatz des Konvektomaten, heute Kombidämpfer, seit Anfang der 1980er-Jahre gang und gäbe. Die Qualität der Speisen begeisterte die Gäste, die auch zu Hause ähnliche Ergebnisse erzielen wollten – und so wurden die ersten Dampfgarer für den Haushaltsbereich entwickelt. Die nährstoffschonende Zubereitung ist also nicht mehr länger der gehobenen Gastronomie vorbehalten, und die in ihrer Funktionalität ständig weiterentwickelten Geräte sind seit etwa fünf Jahren aus modernen Haushalten nicht mehr wegzudenken. Sofern man den täglichen Einsatz des Dampfgarers oder Kombidampfgarers erst einmal gewohnt ist.

DAMPFGAREN WISSEN MUSS!

EIN NEUES MITGLIED IM HAUSHALT

Und da sind wir schon bei einem für uns wesentlichen Punkt angelangt: Eine der größten Herausforderungen bei Neuanschaffungen im Haushalt ist es, die Geräte in den alltäglichen Gebrauch zu integrieren. Dies scheint allerdings bei Auto oder Fernseher manchmal besser und schneller zu funktionieren als in der Küche, obwohl doch die Nahrungsaufnahme und somit das eigene körperliche Wohlbefinden an erster Stelle stehen sollten. Auch moderne Küchengeräte haben ihre Technik, mit der man sich eben erst einmal auseinandersetzen muss, damit sie Teil des automatischen Ablaufs wird. Nicht außer Acht zu lassen ist die Wahl des idealen, weil praktischsten Standplatzes.

Wir empfehlen Ihnen: Nehmen Sie sich ein Wochenende Zeit für ein Date mit dem neuen Dampfgarer. Es ist einfacher, als Sie vielleicht dachten.

Besonders in einer Familie mit Kindern ist ein Dampfgargerät schon die halbe Miete bei der Erstellung eines Speiseplans, speziell dann, wenn Familienmitglieder zu unterschiedlichen Zeiten nach Hause kommen. (Nichts geht jedoch über ein gemeinsames Mahl!) Mit den Tipps und Tricks in diesem Buch ist es sogar möglich, die kulinarischen Wünsche einzelner Familienmitglieder individuell und auf unkomplizierte Weise zu erfüllen. Es wird nahezu ein Kinderspiel, persönliche Vorlieben zu berücksichtigen – mag der eine lieber Karotten, der andere lieber Brokkoli, ist das mithilfe des Dampfgarers problemlos umsetzbar.

WIE FUNKTIONIERT EIN DAMPFGARER?

Gute Dampfgarer gibt es zwar als Standgeräte, doch sind sie mittlerweile meist als Einbaugeräte in den Küchen integriert. Ein herausnehmbarer Frischwasserbehälter macht einen direkten Wasseranschluss nicht nötig. Bei diesen professionellen Geräten kann zwischen Temperaturen von 30° bis 100° C gewählt werden.

Wir arbeiteten im Laufe der Jahre mit verschiedenen Modellen. Dazu ist zu sagen, dass ein einfaches Tischgerät um wenige Euro oder ein gutes Einbaugerät eines namhaften Küchengeräteherstellers sich selbstverständlich nicht nur im Preis, sondern auch in Leistung und Qualität maßgeblich unterscheiden. Hier kann man eben, wie anderswo, nicht Äpfel mit Birnen vergleichen.

Unsere Erfahrungen und Angaben zu Temperaturen und Garzeiten bei den Rezepten basieren auf der Verwendung qualitativ hochwertiger Dampfgarer und Kombi-Dampfgarer. Bitte beachten Sie zusätzlich die entsprechenden Angaben Ihres Geräteherstellers.

Doch unabhängig davon, mit welchem Gerät Sie arbeiten, liegen Sie bei unseren Zeitangaben mit einer Schwankungsbreite von +/- 1–2 Minuten goldrichtig. Berücksichtigen Sie lediglich, dass Tischgeräte mitunter mehr Zeit benötigen. Bei den Zeitangaben wird übrigens immer vom Status eines vorgeheizten Dampfgargerätes ausgegangen. Das Vorheizen ist, wie beim Backrohr, auch beim Dampfgarer unabdingbar.

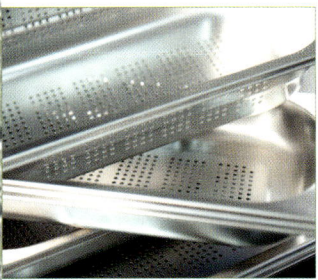

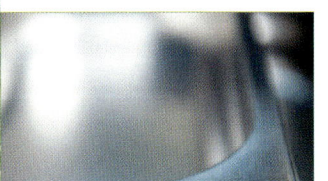

Apropos: Auch Backrohre unterschiedlicher Marken erbringen unterschiedliche Leistungen, weswegen Sie als Hausfrau oder Hausmann die Speisen nicht einfach ihrem Schicksal überlassen sollten. Und genauso behalten Sie auch Ihr Dampfgargerät im Auge und werfen ab und zu einen prüfenden Blick in den Garraum. Allerdings – ein zu langes Dämpfen im Dampfgarer bzw. Kombi-Dampfgarer kann dem Gargut nie schaden. Fest steht, Sie werden bei regelmäßiger Verwendung des Geräts das richtige Zeitgefühl dafür entwickeln.

WELCHE BLECHE GIBT ES?

Im professionellen Dampfgargerät haben Sie sowohl Rost und Lochblech als auch ein herkömmliches Blech zur Auswahl. Bei unseren Rezepten ist die Art des zu verwendenden Bleches genau angeführt. Oftmals verwenden wir den Begriff des Garbehälters oder der Garschale. Damit sind ungelochte Behältnisse aus Keramik oder Glas gemeint, die Sie bedenkenlos im Dampfgarer verwenden können. Sie sind praktikabler im Einsatz, da Aufläufe, Quiches und dergleichen mit einem Guss als Finish nicht auf dem Blech gegart werden können.

Ein weiterer Tipp: Verwenden Sie für Speisen mit Saucen oder für Lebensmittel, die quellen sollen (z. B. Getreide, Hülsenfrüchte), immer verschließbare Behälter.

ÖFFNEN UND BEFÜLLEN EINES DAMPFGARERS

Sollten Sie ein aktives Dampfgargerät öffnen wollen, stellen Sie sich vor dem Öffnen zur Seite, es tritt generell viel Dampf aus, der besonders heiß ist.

Vergewissern Sie sich, dass genug Wasser im Tank ist. Die meisten Geräte verfügen über eine automatische Abschaltfunktion, wenn zu wenig Wasser vorhanden ist. Bei entsprechender Wassermenge haben Sie als Köchin oder Koch den Vorteil, die Küche verlassen zu können, denn es kann nichts anbrennen.

ZUDECKEN DER SPEISEN

Auch zum Zudecken im Dampfgarer bzw. Kombi-Dampfgarer noch ein Wort: Speisen müssen prinzipiell nie zugedeckt werden. Es ist nur Wasserdampf, der für das Garen verantwortlich ist, es kann also nichts zerstört werden. Unsererseits gibt es in den Rezepten dort und da die Empfehlung, das Gargut mit Frischhaltefolie zu bedecken. Dies aber nur, wenn gewisse Zutaten (etwa Kochschokolade) nicht nass werden sollen.

INNOVATION: KOMBI-DAMPFGARER

Die Produktinnovation geht auch beim Dampfgaren steten Schrittes voran, weshalb dieses Buch nicht nur Anleitungen zum Kochen mit dem Dampfgarer, sondern gekennzeichnete Angaben mit dem Kombi-Dampfgarer enthält. Was ist nun der Unterschied? Leicht erklärt: Dampfgarer arbeiten mit Wasserdampf und garen die Speisen mit einem Temperaturwert von bis zu 100° C. Kombi-Dampfgarer können das genauso, haben aber zusätzlich die Möglichkeit, Heißluft zu erzeugen. Bei

Kombi-Dampfgarern kann man die Funktionen getrennt oder in Kombination betreiben. Beide Gerätearten haben in jedem Fall den Vorzug, wunderbar saftige Speisen herstellen zu können.

KOMBIKOCHEN

Trotz all der Vorteile des Dampfgarens geht natürlich ein Gutteil der täglichen Kochprozesse mit Herd und Backrohr vonstatten. Uns geht es darum, die verschiedenen Möglichkeiten sinnvoll und effizient zu kombinieren und somit den Alltag in der Küche möglichst einfach, aber auch lustvoll zu gestalten. Bei unseren Rezepten versuchen wir stets, den Dampfgarer optimal in den alltäglichen Kochprozess zu integrieren. Anhand der Rezepte und zahlreichen Tipps und Empfehlungen ist rasch zu ersehen, wie unkompliziert ein Einsatz der drei „Energiequellen" sein kann.

REGENERIEREN

Früher war das „Aufwärmen", später kam die Mikrowelle. Im Sinne der heutigen Anforderungen an Ernährung und Lebensstil zählt das „Regenerieren", also das Fertigstellen bzw. Wiedererhitzen, zu den besonderen Pluspunkten eines Dampfgarers. Speisen werden vorbereitet und vorgegart und je nach Bedarf portioniert, abgekühlt und zugedeckt im Kühlschrank aufbewahrt. Beim schonenden Regenerieren lässt der heiße Dampf die Speisen wie frisch zubereitet aussehen, und die Nährstoffe bleiben erhalten.

Durch dieses leichte und bequeme Regenerieren, wo nichts trocken, zu dunkel gebräunt oder musig wird, entpuppt sich der Dampfgarer gleichzeitig als Sparmeister. Alles wird verbraucht und nichts vergeudet, einfach die perfekte „Resteküche"! Die Revitalisierung von Übriggebliebenem ergänzt mit frischen Zutaten führt zu wirklich innovativen Ergebnissen – und nichts muss weggeworfen werden.

So lässt sich ein Hauptgericht vom Vortag beispielsweise mit frisch zubereitetem Gemüse aufpeppen. Oder Sie kombinieren frisch gegarten Reis mit der Sauce vom Vortag. Manchmal genügt es schon, Vorhandenes mit ein wenig Fantasie und frisch geriebenem Käse, würzigen Kräutern oder gerösteten, gehackten Nüssen zu verfeinern. Das problemlose und schonende Regenerieren übernimmt der Dampfgarer.

Bei einigen gekennzeichneten Rezepten liefern wir Hinweise zum richtigen Regenerieren. Übrigens: Beim Regenerieren empfehlen wir, die Speisen mit Frischhaltefolie zuzudecken.

ALTERNATIVE MÖGLICHKEITEN BEIM DAMPFGAREN

Um Speisen (ohne Dampfgargerät) zu dämpfen, also ohne direkten Wasserkontakt zu garen, gibt es grundsätzlich verschiedenste Möglichkeiten. So etwa:

• IM KOCHTOPF

Funktioniert über einen Dämpfeinsatz, der flexibel ist und sich an viele Topfgrößen anpasst. Hierzu wird Wasser bis zum Rand des Dämpfeinsatzes in den Topf gefüllt und zum Kochen gebracht. Auf dem Dämpfeinsatz garen verschiedenste Arten von Speisen. Wichtig ist, den Deckel dabei zu schließen, der gut abdichten sollte.

• IM ETAGENTOPF

Der Etagentopf ist ein Edelstahltopf mit mehreren Etagen. Jede Etage hat Locheinsätze, was den Vorteil bietet, gleich mehrere Speisen auf einmal zubereiten zu können. Wichtig: den Deckel immer auflegen.

• IM WOK

Funktioniert über einen fixen Dämpfeinsatz oder flexiblen Siebeinsatz, der Einsatz von einem Bambuskorb im Wok ist ebenfalls möglich. Auch hier auf den Deckel nicht vergessen.

• IM BAMBUSKORB

Wie bereits erwähnt, verwendbar als Dämpfeinsatz im Wok mit übereinander stapelbaren Bambuskörbchen. Ein Bambuskörbchen hat einen Durchmesser von ca. 20 cm. Auch die Körbchen müssen mit Deckel verschlossen werden.

• IM SCHNELLKOCHTOPF

In den neuesten Modellen des alten Bekannten lassen sich längst mehr als nur schmackhaftes Gulasch und saftige Rouladen zaubern: auch Gerichte aus der leichten Küche eignen sich sehr gut für's Schnellkochen. Hier zwei Möglichkeiten.

Wer es klassisch mag, wählt die Dampfgarstufe – anders als beim herkömmlichen Schnellkochen wird dabei kein Druck aufgebaut und der Topf nicht verriegelt. So kann jederzeit der Deckel geöffnet werden, um zu würzen oder Zutaten mit kürzerer Garzeit später hineinzugeben. Auf diese Weise verwendet, funktioniert der Schnellkochtopf wie ein Dampfgarer.

Die zweite Variante ist das Druckdampfgaren. Hier kommt die bekannte Schonstufe zum Einsatz und der Garvorgang wird durch die hermetische Verriegelung des Topfes nach dem Schnellkochprinzip beschleunigt. Ohne Zufuhr von Sauerstoff und in einem Drittel der üblichen Garzeit wirkt sich dies positiv auf die Energiebilanz aus.

Ob nun klassisch oder mit viel Tempo – bei beiden Methoden werden mit einem Locheinsatz, der auf einem Dreibein im Topf platziert wird, gedämpft. Beim Etagenkochen werden sämtliche Zutaten zeitgleich im selben Topf gegart.

• IM BACKOFEN MIT DAMPFGARER

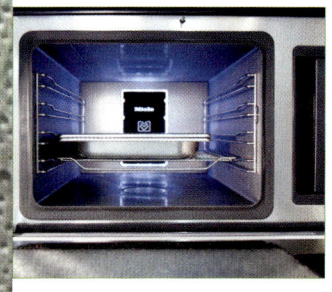

Über einen Wassertank gelangt Wasser in eine Verdampferschale, die über eine Heizspirale das Wasser zum Verdampfen bringt. Der Dampf erreicht hier ca. 94–96° C, weshalb wir hier auch von „Vitaldampf" sprechen. Im Allgemeinen ist das Garen im Vergleich zum Dampfgarer etwas zeitintensiver, da der Dampf von unten nach oben wandert und deshalb eine längere Wegstrecke zurücklegen muss.

• IM KOMBI-DAMPFGARER

Im Unterschied zum Dampfgarer besitzt der Kombi-Dampfgarer die zusätzliche Möglichkeit, Heißluft zu erzeugen. Bei Kombi-Dampfgarern kann man die Funktionen getrennt (reiner Wasserdampf) oder in Kombination (mit Heißluft) betreiben.

KINDERLEICHTES DAMPFGAREN

Auch Kinder können Freude am Kochen mit dem Dampfgarer haben! Für den Nachwuchs ist der Umgang mit moderner Technologie nichts Ungewohntes. Schon von
klein auf kommen sie im Alltag in Kontakt damit, unter anderem in der Küche. Ganz
grundlegend sind ein paar wichtige Spielregeln zu beachten, die genauso für Erwach-
sene gelten.

Der Umstand, dass vor Verwendung des Dampfgarers der Wassertank gefüllt werden
muss, wird bald zur Routine.

Es ist einfach, den Dampfgarer zum Garvorgang zu starten. Hier ist meist eine Taste
als Bedienfunktion ausreichend. Geben Sie Kindern daher zunächst eine kleine Einführung in die Gerätebedienung.

Für das Regenerieren im Dampfgarer genügt es im Allgemeinen, durch Drücken
einer dafür vorgesehenen Taste das Gerät zu aktivieren. Auch hier ist eben die
„kleine Dampfgarerlehre" gefragt.

Zeigen Sie den Jüngsten, wie sich die Zeitfunktion einschalten lässt. Ein Signalton
im Gerät zeigt das Ende der Garzeit an.

Wichtig zu wissen ist für Kinder, dass – nach Beendigung des Garprozesses – beim
Öffnen der Türe Dampf austritt. Das ist der Moment, wo sie besonders achtsam sein
müssen! Das bedeutet, dass der Dampfgarer nie von vorne, sondern immer auf der
Seite stehend zu öffnen ist. Der Dampf entweicht und 8 Sekunden später kann das
Gargut entnommen werden.

Vorsicht: Im Dampfgarer werden Teller heiß, wenn auch nicht so sehr wie in Backrohr oder Mikrowelle. Also immer einen entsprechenden Schutz (Handschuh) verwenden.

Ist das Kind den Umgang mit dem Dampfgarer gewohnt, wird es auf schnelle und
einfache Weise vorbereitete Speisen selbst regenerieren können. Das Gute ist, die
Vitalstoffe bleiben durch die schonende Zubereitung weitgehend erhalten und so
schmecken die Lieblingsspeisen wie frisch gekocht!

Lassen Sie die Kinder (mit etwas Unterstützung) auch einmal Kleinigkeiten zubereiten, es macht ihnen sicher Spaß, die kreativen und kindergerechten Rezepte im
Buch (siehe Abschnitt Baby & Kind) selbst auszuprobieren.

SELBST GEMACHTE BABYKOST

Junge Mütter sind bei der Ernährung von Babys meist auf Erfahrungen anderer
angewiesen. Aber – welche Erfahrungen sind die richtigen? Es gibt einerseits die
Berichte vonseiten der Industrie, andererseits die praktischen Tipps von Müttern
oder Hebammen. Guter Rat ist da oft teuer ...

Unbestritten ist, dass zunächst das Stillen die natürlichste und damit wertvollste
Ernährungsform darstellt. Darf dann dem Nachwuchs Beikost gefüttert werden, geht

aber wohl nichts über selbst zubereitetes Essen. Nicht nur, weil es das Baby stärkt, sondern weil Sie als Eltern genau wissen, was die Breie enthalten.

Unter „Baby & Kind" finden Sie Hinweise dafür, wie Sie mit viel Liebe und wertvollen Bio-Lebensmitteln schonend Babybreie zubereiten können. Dampfgaren bietet die derzeit sicher beste Möglichkeit, um dem Baby hochwertige und vitale Nahrung zu bieten, denn der Großteil der natürlichen Vitamine und Nährstoffe bleibt erhalten.

Und wichtig: Effizienz lautet in dem Zusammenhang ein Zauberwort. Im Dampfgarer ist es ein Leichtes, ein paar Portionen mehr, also auf Vorrat, zuzubereiten bzw. die Breie anschließend in Twist-off-Gläsern haltbar zu machen. Diese Methode, um Speisen für den kleinen Liebling zu konservieren, ist einfach und hygienisch. Während die Babykost im Dampfgarer gart, werden gleich die Gläser mitsamt Deckel im Dampfgarer sterilisiert, also keimfrei gemacht. Die Garzeit der Babyspeisen überschreitet meist ohnehin die für die Sterilisierung erforderlichen 15 Minuten bei 100° C. Es ist also kein Mehraufwand nötig! Das Babymahl wird anschließend kochend heiß in die sterilisierten Gläser abgefüllt, fest verschlossen und zur Vakuumbildung auf den Kopf gestellt. Dabei ist unbedeutend, wie lange die Abkühlphase dauert, weil weder Bakterien noch Keime ins Glas kommen können. Kühle und lichtgeschützte Lagerung vorausgesetzt, beträgt die Haltbarkeit der Babynahrung bei dieser Methode mindestens 3 Monate.

Beachten Sie, dass die Zutaten für Babybreie ausschließlich aus Bio-Produkten bestehen sollten. Frisches, biologisch gezogenes Gemüse und Obst sowie Fleisch sind ein Garant für echte „Lebens-Mittel", die gentechnikfrei gewachsen sind, wenig bis keine Pestizide aufweisen und keine Wachstumsförderer oder synthetischen Vitamine enthalten.

Wenn möglich, sollten die Bio-Produkte der Saison entsprechend und aus der unmittelbaren Umgebung stammend eingekauft werden. Ist etwa kein Bio-Fisch verfügbar, so sollte der Fisch zumindest aus Wildfang kommen. Im Zweifelsfall geben Sie jedenfalls Süßwasserfischen den Vorrang.

Noch ein Profi-Tipp: Zur Ergänzung der Babybreie verwenden Sie spezielles Beikostöl mit Hanföl. Dieses enthält reichlich Omega-3-Fettsäuren und die besonders wichtige Gamma-Linolensäure, die auch in Muttermilch enthalten ist. Achten Sie beim Einkauf auf Kaltpressung. Das Öl ist im Handel erhältlich, es kann ab dem 5. Lebensmonat der Nahrung beigemengt werden. Damit bekommt Ihr Kind nicht nur die erforderliche Energiezufuhr, sondern vor allem die wertvollsten Fettsäuren, die es für dieses Alter gibt. Erhitzen Sie das kostbare Öl aber nicht, sondern geben Sie es erst kurz vor dem Füttern in die fertige Speise. Damit bleiben Wirkung und Aufnahme der Fettsäuren gewährleistet.

DAMPFGAREN VON A BIS Z

A

AUFTAUEN

Die Lebensmittel aus dem Tiefkühler direkt in den Dampf-garer geben und bei 60° C auftauen. Danach wie gewohnt weiterverarbeiten.

AUFHEIZEN

Ihr Dampfgarer benötigt eine Aufwärmphase, denn gewisse Geräte beginnen erst ab der benötigten Temperatur zu arbeiten. Wenn Sie die Aufheizphase verkürzen wollen, geben sie heißes Wasser in den Wassertank. Im Allgemei-nen gilt: 10 Minuten vorheizen.

AUFHEIZPHASE

Das ist die benötigte Zeit die das Gerät braucht, um die gewünschte Betriebstemperatur zu erreichen.

AUFFANGSCHALE

Nutzen Sie das mitgelieferte ungelochte Garblech als Auf-fangschale, wenn Sie mit dem gelochten Garblech oder dem Rost arbeiten. So können Sie den Fond aus dem Gargut leicht entsorgen oder auch weiterverwenden.

AUSZIEHSCHUTZ

Verhindert ein Herausrutschen des Universalblechs oder Rosts aus dem Einschub.

ABDECKEN

Manches Gargut, das nicht in Kontakt mit Dampf oder Was-ser kommen soll, muss beim Garprozess abgedeckt werden, z. B. bei Schokolade, Eierstich, Gelatine oder ein Blechku-chen. Verwenden Sie zum Abdecken Frischhaltefolie.

ANBRENNEN

Ein Anbrennen ist beim klassischen Dampfgarer unmöglich. Beim Backofen mit Dampfgarer und beim Kombi-Dampf-garer ist auf die Temperatur zu achten.

AUFLÄUFE

Damit Aufläufe im Backrohr mit Dampfgarer oder im Kombi-Dampfgarer nicht austrocknen, ist ein Mix aus tro-ckener Hitze und 20 % Feuchtigkeit/Dampf empfehlens-wert.

B

BACKHENDL

Im Backofen mit Dampfgarer oder dem Kombi-Dampfgarer gelingen die besten Backhendl. Zuerst werden die Hendl-stücke schonend gedämpft und später mit einer richtigen Kruste versehen. Zart und resch. Ein weiterer Vorteil: es kann eine große Menge Backstücke auf einmal zubereitet werden.

BETRIEBSTEMPERATUR

Das ist die von Ihnen gewählte Gartemperatur oder die von Werkseite hinterlegten Temperatureinstellungen, abzuru-fen aus den Programmen.

BETRIEBSART

Das ist die vom Gerätehersteller zur Verfügung gestellte Mehrfachfunktion, vor allem bei Backofen mit Dampfgarer und Kombi-Dampfgarern. Wahlmöglichkeiten sind z. B. Dämpfen, trockene Hitze, eine Kombination aus bei-den, Grillen, Beschwaden, Ober- und Unterhitze.

BEDIENUNG

Das ist die vom Hersteller geforderte Bedienung des Gerä-tes. In den meisten Fällen sind dies Sensortasten, deren detaillierte Beschreibung in der Betriebsanleitung steht. Hiermit wird Temperatur, Dauer des Vorganges und die Betriebsart gewählt. Auf dem Display sind meist alle Ein-gaben sichtbar.

BLANCHIEREN

Gemüse oder Obst sollen vor dem Einfrieren blanchiert werden, da so Farbe, aber vor allem Qualität erhalten blei-ben. Nach dem Blanchieren immer sofort kalt, am besten in Eiswasser abschrecken und gut abtropfen lassen. Es soll so wenig Wasser wie möglich mit eingefroren werden.

BACKEN

Das Backen ist sehr geräteabhängig, darum hier ein paar Hinweise zu den verschieden Typen und deren Eignung:

- Dampfgarer: alle Arten von Flans, Soufflés, die legen-däre Crème brûlée, Eierspeisen, Kuchen ohne Mehl, Germteig, Blätterteig, Strudelteig, Gehenlassen von Brot
- Backofen mit Dampfgarer: alle herkömmlichen Kuchen, Torten, Pizza, Soufflés, Brote aller Art, Gebäck, Kekse
- Kombidampfgarer: alle Backarten wie beim Backofen, nur noch spezifischer, da Heißluft und Kombidampf gesteuert werden können. Z. B. für Glanz auf Brot, Semmeln, Blätter- oder Plunderteig – dafür im ersten Drittel des Backvorganges „Beschwaden" (kurze Dampfstöße) mit einstellen.

BACKFORMEN

Verwenden Sie für Blechkuchen oder Torten mit Backpa-pierboden nur die schwarzen Bleche. Sie sind hitzebestän-diger und nehmen die Hitze besser auf. Dadurch wird das Backgut schneller und gleichmäßiger fertig. Die weißen Bleche sind für Hitze über 100° C nicht geeignet.

BETRIEB UNTERBRECHEN

Sie können während eines Garvorganges den Betrieb jederzeit unterbrechen, indem Sie die Tür öffnen. Achtung Dampfaustritt! Erst wenn Sie die Türe wieder schließen, wird der Garprozess weiter ausgeführt. Zumeist müssen Sie eine zusätzliche Taste drücken.

BRATEN VON SPEISEN

Nur im Backofen mit Dampfgarer oder im Kombi-Dampfgarer möglich.

BABYBREI

Mittels Dampfgarer lassen sich Babybreie schonend zubereiten und Twist-off-Gläser perfekt sterilisieren. Näheres siehe Rezeptteil.

C

CELSIUS

Die Temperatur wird überall in Grad Celsius angegeben.

CONGEE

Bezeichnet den lang gekochten Reisschleim. Er wird aus Reis und Wasser im Verhältnis 1:6 bei 100° C 5 Stunden gedämpft. Eignet sich besonders als Frühstück (TCM). Mit der Beigabe von verschiedenen Kräuter oder Obst wird das Congee zu einer nahrhaften Mahlzeit.

D

DAMPFGAREN

Vitalstoffe wie Vitamine, Mineralstoffe, Spurenelemente bleiben beim Dampfgaren fast gänzlich erhalten, da nichts im Wasser auslaugt. Das Gemüse behält die frische Farbe und der Eigengeschmack bleibt erhalten. Garungsarten im Dampfgarer: Dämpfen, Dünsten, Blanchieren, Garziehen, Quellen, Vakuumgaren (Sous vide), Auftauen, Konservieren.

DAUER EINES GARVORGANGES

Sie können jederzeit die Dauer eines von Ihnen gewählten Garvorganges mittels einer Sensortaste und der Wahl einer anderen Zeit verändern.
Die Änderung wird auf dem Display sichtbar.

DÜNSTEN

Im Dampfgarer ist es leicht, Speisen zu dünsten. Besonders geeignet bei Schonkost. Das Gargut kommt in den Dampfgarer und wird ohne Zugabe von Fett bei 95–100° C weich gedünstet.

DIÄTEN

Mit Dampfgarer, Backofen mit Dampfgarer und Kombi-Dampfgarer lässt sich für verschiedene Diäten gut und vor allem fettfrei kochen. Für die Zusammenstellung Ihrer Diät wählen Sie aus den dafür geeigneten oder vom Arzt empfohlenen Rezepten.

E

EIER

Eier in der Schale oder im Glas werden im Dampfgarer punktgenau gedämpft. Ein wachsweiches Ergebnis.

EINKOCHEN

Einer der vielen Vorteile eines Dampfgarers oder Kombi-Dampfgarers ist das Sterilmachen von Einmachgläsern. Die erforderlichen 100° C zum Sterilisieren erleichtern die Einkochsaison erheblich. Siehe Rezeptteil.

EINSCHUBEBENE

Im Normalfall hat der Dampfgarer oder Kombi-Dampfgarer 3 Einschubebenen, ausgenommen sind Backöfen mit Dampfgarer, hier stehen 4 Einschübe zur Verfügung.

ENDE EINES GARVORGANGES

Nach dem Ende eines Garvorganges ertönt meistens ein akustisches Signal. Danach öffnen Sie die Tür und weichen dabei zur Seite, da aus dem Garraum heißer Dampf austritt. Mit einem Küchentuch das Garblech oder den Garbehälter entnehmen. Darauf achten, dass das Wasser in der Türrinne nicht überschwappt. Nach jedem Benutzen das Gerät reinigen.

ENTKALKEN

Damit das Gerät einwandfrei arbeiten kann, ist von Zeit zu Zeit eine Entkalkung notwendig. Die vom Hersteller empfohlenen Entkalkungstabletten lösen den Kalk in den Wasserleitungen des Gerätes. Meist wird die notwendige Entkalkung vom Gerät selbst angezeigt.

ERHITZEN

Siehe Regenerieren

ERSTE REINIGUNG

Üblicherweise ist das Geräteinnere mit einem Schutzfilm überzogen, der vor der Inbetriebnahme des Gerätes gereinigt werden muss. Dazu müssen sie erst die mitgelieferten Zubehörartikel wie Garbleche, Kerntemperaturfühler usw. aus dem Garraum nehmen. Die Garbleche entweder von Hand oder in der Spülmaschine reinigen, den Garraum mit einem warmen Schwammtuch sorgfältig auswischen. Achtung: Niemals einen Kratzschwamm nehmen, da so die Metallflächen beschädigt werden können. Den Wasserbehälter mit heißem Wasser ausschwemmen und niemals ins Wasser tauchen oder in die Spülmaschine geben.

F

FETTFILTER

Ein kleiner runder Metallfilter und bei Kombi-Dampfgarern eingebaut. Er schützt den Lüfterraum vor Fettspritzern.

FLEISCH

Fleisch ist für den Dampfgarer, Backofen mit Dampfgarer und den Kombi-Dampfgarer ein „Auftrag". Nirgends gelingt Fleisch so saftig wie darin! Näheres dazu siehe Übersicht zu den Garzeiten und -temperaturen.

FISCH

Gedämpfter Fisch, ein bekömmlicher Genuss! Siehe Übersicht und Rezeptteil.

G

GARZEIT

Ist die von Ihnen gewählte Zeit für einen Dampfvorgang. Wenn die Aufheizphase erreicht ist, beginnt die Garphase. Der Fortschritt wird auf dem Display angezeigt.

GEFLÜGEL

Geflügelfleisch wird besonders zart und saftig. Siehe Rezeptteil!

GRATINIEREN

Gratinieren ist im Backofen mit Dampfgarer oder Kombi-Dampfgarer möglich. Beim Gratinieren wird die Speise mit starker Oberhitze (Grill) meist mit Käse überbacken.

GRILLEN

Eine Methode, die im Backofen mit Grillfunktion oder im Kombi-Dampfgarer möglich ist.
Ideal ist eine Kombination von Dämpfen (ein Drittel der Garzeit) und Grillen. Beim Grillen das Grillgut auf den Rost und unmittelbar darunter das Universalblech geben, um austretenden Saft oder Fett aufzufangen.

GESCHIRR

Grundsätzlich ist es im Dampfgarer möglich, mit allen Arten von Geschirr zu arbeiten. Natürlich ist es aber von Vorteil, Geschirr zu verwenden, das Wärme leicht leitet. Beispielsweise die mitgelieferten Garbleche. Bei dickwandigem Porzellan müssen Sie eine Garzeitverlängerung von gut 10 bis 15 Minuten einplanen.

GERÄUSCHE

Leichtes surrendes Geräusch ist bei den Geräten üblich und kommt vom Ventilator.

GETREIDE

Getreide braucht, wie am Herd auch, immer Flüssigkeit, um gar zu werden. In der Regel ist das Verhältnis 1:1, weil der Dampf die Flüssigkeit nicht verdampfen lässt. Wer es gerne feuchter hat, nimmt 1:1,25.

GESELCHTES – GERÄUCHERTES

In Dampfgarer wird Räucherfleisch besonders saftig. Mit ein paar Kräutern verfeinert auch gut verdaulich. Am besten wird hier mit dem Kerntemperaturfühler gearbeitet. Kerntemperatur: 85° C.

H

HÄRTEBEREICH

Damit ist das Einstellen des Härtebereiches Ihres Leitungswassers gemeint. Dies ist besonders wichtig, damit das Gerät nicht zu viel Kalk aufnimmt.

HÜLSENFRÜCHTE

Hülsenfrüchte brauchen gleich viel Flüssigkeit wie Getreide.

HEFEGEBÄCK

Siehe Backen

I

INNENREINIGUNG

Den Garraum des Dampfgargerätes immer nur mit einem weichen Tuch oder mit Küchenpapier reinigen.

K

KERNTEMPERATUR

Der Garprozess wird mittels Kerntemperatur des Garguts gesteuert und kontrolliert. Den Kerntemperaturfühler in die dickste Stelle von z. B. Fleisch einstechen. Weiteres siehe unter „Übersicht Garzeiten und Gardauer/Fleisch".

KNÖDEL

Egal welcher Knödel, im Dampfgarer wird nie mehr ein Knödel „zerfallen". Durch die schonende Zubereitung mit Dampf ist das Knödelkochen eine ungetrübte Freude. Bei Obstknödeln bleibt nicht nur die Farbe der Frucht, sondern auch der gute Geschmack erhalten.

KAISERSCHMARREN

Wunderbar luftig! Siehe Rezept.

L

LÖSCHEN

Sie können eigene Programme löschen, Details entnehmen Sie bitte dem Betriebshandbuch zum Gerät.

M

MARMELADE

Beim Marmeladekochen werden die Gläser unkompliziert im Dampfgarer sterilisiert. Sie auch Rezeptteil.

METABOLIC-KOST

Sie werden keine besseren Geräte zum Zubereiten ihrer Metabolic-Nahrung finden! Der Dampfgarer, der Backofen mit Dampfgarer und der Kombi-Dampfgarer sind dafür bestens geeignet. Schonend und fettarm können Sie Ihre vorgegebenen Rezepturen leicht zubereiten. Vor allem in der ersten, fettarmen Phase ist ein Dampfgarer fast ein „Muss"!

N

NUDELN

siehe Teigwaren

NIEDERTEMPERATURGAREN

Ist im Backofen mit Dampfgarer, Kombi-Dampfgarer und Speisenwärmer möglich. Siehe auch Abschnitt „Niedertemperaturgaren" im Rezeptteil. Es gibt mehrere Arten, Fleisch bei niederen Temperaturen zu garen:

- Die deutsche Methode: das Fleisch wird zuerst in der Pfanne angebraten und dann bei Niedertemperatur fertig gegart.
- Die Schweizer Methode: das Fleisch wird zuerst bei Niedertemperatur gegart und dann erst angebraten, um die Röstaromen zu erhalten.
- Die neue/unsere Methode: das Fleisch wird zuerst angedämpft und dann bei Niedertemperatur gegart und schließlich, je nach Vorliebe, angebraten.

Der Vorteil unserer Methode ist, dass das Fleisch durch das kurze Andämpfen noch zarter und saftiger wird als bei den herkömmlichen Methoden. Der Grund dafür ist der Dampf, der das Eiweiß gleichmäßig und schnell degeneriert. Das bedeutet, das Fleisch bleibt im Inneren saftig. Auch beim Aufschneiden des Fleisches rinnt kein Saft aus, denn er ist im Fleisch eingeschlossen.

O

OBST

Obst kann im Dampfgarer sehr gut blanchiert werden. Einfach in mundgerechte Stück teilen und bei 100° C 2 Minuten im vorgeheizten Dampfgarer blanchieren.

P

PASTA

siehe Teigwaren

POCHIEREN

Eine Zubereitungsart, die für den Dampfgarer wie geschaffen ist. Pochieren bedeutet „Garziehen unter dem Siedepunkt". Siehe Rezeptteil.

PFANNE

Jede beliebige Pfanne, jedenfalls ohne Kunststoffgriff, ist im Dampfgarer verwendbar.

R

REINIGUNG

Aus hygienischen Gründen sollte das Gerät regelmäßig gereinigt werden. Dazu den Dampfrückstand aus dem Garraum wischen. Die Einschubgitter links und rechts lassen sich mit einem einfachen Griff entnehmen. So lässt sich auch der Innenraum bequem reinigen. Meist reicht dazu ein Mikrofasertuch. Ist der Garraum trocken, lassen Sie einfach die Tür geöffnet, um die restliche Feuchtigkeit austrocknen zu lassen.

REGENERIEREN

Alle fertigen Speisen können in allen Geräten regeneriert, also in zeitgemäßer Form erwärmt bzw. fertiggestellt werden. Auch hier ist ein Vorheizen unabdingbar! Im Buch gibt es immer wieder Hinweise auf das richtige Regenerieren.

REIS ODER RISOTTO

Bei Reis ist die empfohlene Wassermenge laut Packung anzuwenden. Bei Risotto hingegen immer die 2- bis 2,5-fache Menge Wasser nehmen, dadurch wird der Risotto schön cremig.

S

SALZEN

Damit die Farbe des Garguts erhalten bleibt, immer erst nach dem Garprozess salzen.

SIEDETEMPERATUR

Vor dem ersten Gebrauch müssen Sie je nach Höhenlage die Siedetemperatur einstellen. Da dieser Vorgang bei den Herstellern variiert, lesen Sie die Bedienungsanleitung ihres Gerätes sorgfältig durch. Meist wird dabei ein Dampfvorgang von ungefähr 15 Minuten ausgelöst, der gleichzeitig alle Leitungen durchspült.

SCHMOREN

Ist eine kombinierte Zubereitungsart und im Dampfgarer besonders leicht durchzuführen. Allerdings müssen die Zutaten zuvor angebraten und mit Flüssigkeit abgelöscht werden. In dieser Flüssigkeit wird die Speise im Dampfgarer so lange geschmort, bis sie weich und bekömmlich ist. Im Backofen mit Dampfgarer und im Kombi-Dampfgarer können alle Vorgänge direkt im Gerät erfolgen.

SOUS VIDE (VAKUUMGAREN)

Mit dem Etablieren der Dampfgargeräte in privaten Haushalten hat sich die seit 1970 in der Spitzengastronomie bekannte Methode durchgesetzt. Das Gargut wird zuerst mit Gewürzen und etwas geklärter Butter oder Öl entweder portionsweise oder im Ganzen in geeigneten Kunststoffbeuteln vakuumiert. Anschließend wird es in gleichmäßig temperiertem Wasser oder im Dampf bei gewünschter Kerntemperatur (54–70° C) gegart. Die Dauer des Garvorganges hängt von der Fleischqualität und -dicke ab. Wird Fleisch länger als nötig gleichbleibender Temperatur ausgesetzt, ändert sich am Fleisch selbst nicht viel, da die von außen zugeführte Temperatur gleich bleibt und es dadurch im Kernbereich keine Temperaturerhöhung gibt. Vor dem Servieren werden die Fleischstücke rasch in einer heißen Pfanne angebraten, um den typischen Röstgeschmack zu bekommen. Durch die lange Garzeit bei Niedertemperatur wird vor allem Fleisch besonders weich, ohne dass die Textur verloren geht. Diese Garmethode ähnelt dem sogenannten Deltagarverfahren. Dieses ist für große Stücke Fleisch ideal. Die Garraumtemperatur ist dabei immer nur 1° C höher als die Kerntemperatur. Dadurch wird das Fleisch von innen bis außen gleichmäßig erhitzt, und es kommt zu keinem Qualitätsverlust.

SPARGEL

Das Garen von Spargel im Wasserdampf ist die beste Methode um dieses edle Gemüse schonend zuzubereiten. Kein Zucker und kein Weißbrot sind vonnöten, der Spargel wird niemals bitter! Näheres zu Garzeiten finden Sie in der nachfolgenden Übersicht.

SÜSSSPEISEN

Für „süße" Freunde ist der Dampfgarer ein wirkliches Muss. Vor allem Soufflés gelingen wunderbar. Eine reichhaltige Rezeptauswahl finden Sie im Buch.

T
TEMPERATURÄNDERUNG

Sie können jederzeit während eines Garvorganges die Temperatur mittels Sensortasten ändern. Dies wird meist auf dem Display angezeigt.

TEIGWAREN/NUDELN/PASTA

Nicht alle Nudeln lassen sich im Dampfgarer perfekt zubereiten. Wir empfehlen eher sehr dünne und kleine Nudelarten. Dazu heißes Salzwasser in eine ungelochte Garschale geben und die Nudeln zugeben. Zur Hälfte der Garzeit ein Mal umrühren.
Wenn Sie Teigwaren für mehrere Personen kochen, empfehlen wir die klassische Kochtopfzubereitung. Ideal gelingen jedenfalls gefüllte Nudelarten wie Käsnudeln! Mehr dazu in den Rezepten.

TORTEN

Können im Dampfgarer, Backofen oder Kombi-Dampfgarer hergestellt werden. Siehe unter „Süßes"!

UHR EINSTELLEN

Das ist je nach Gerätetyp in der Betriebsanleitung genau beschrieben.

V
VERBRENNEN

Ein „Verbrennen" von Speisen ist im Dampfgarer durch den permanenten Dampf und der konstanten Temperatur ausgeschlossen.
Vorsicht aber, wenn Sie die Gerätetür öffnen, treten Sie, um Gesichtsverbrennungen zu vermeiden, zur Seite. Es tritt heißer Dampf aus!

W
WASSER

Ist im Wassertank zu wenig Wasser vorhanden, wird das meist durch ein akustisches Signal angezeigt. Wassertank entnehmen und wieder auffüllen.

WÜRSTE

Im Dampfgarer können alle Arten von Würsten zubereitet werden.

WARMHALTEN

Im Dampfgarer ist es für kurze Zeit möglich, Speisen warmzuhalten. Dazu werden die Speisen bei 50–65° C in den vorgeheizten Dampfgarer gegeben.

WÄHE

Zubereitung im Backofen oder Kombi-Dampfgarer bei trockener Hitze und 180° C für 40–50 Minuten.

WIENER SCHNITZEL

Saftig und knusprig präsentiert sich ein Wiener Schnitzel oder ein gebackenes Schnitzel von Huhn oder Pute aus dem Backofen mit Dampfgarer oder Kombi-Dampfgarer. Näheres im Rezeptteil.

Z
ZARTGAREN

Beim Zartgaren ist ein Kerntemperaturfühler notwendig. In den meisten Geräten ist dieser schon integriert und erleichtert so das Arbeiten. Beim Zartgaren ist es wichtig, den Kerntemperaturfühler in die dickste Stelle des Fleischstückes einzustechen. Siehe Abschnitt „Garzeiten bzw. Kerntemperaturen von Fleisch".

ZUDECKEN
siehe Abdecken

ÜBERSICHT GARZEITEN UND GARTEMPERATUREN

Alle in der Tabelle angeführten Zeitangaben sind als reine Garzeit zu sehen. Achten Sie darauf, das Gerät immer vorzuheizen.

Die Garzeiten von Tiefkühlgemüse liegen 1–2 Minuten unter den angegebenen Garzeiten, da das Gemüse vor dem Einfrieren meist schon blanchiert wurde. Bei Tiefkühlgemüse, insbesondere bei Gemüsemischungen, richten Sie sich am besten nach den auf der Packung angegebenen Garzeiten.

GEMÜSE	FORM	TEMPERATUR °C	GARDAUER IN MINUTEN	GARBLECH
Auberginen/Melanzani	Scheiben gewürfelt	100	8–15	gelocht
Brokkoli	Röschen mit Stiel	100	4–6	gelocht
Chicorée	halbiert	100	8–10	gelocht
Erbsen	frisch/TK	100	3–5	gelocht
Fenchel	in Streifen	100	15–18	gelocht
Fenchel	ganz	100	20–25	gelocht
Grüne Bohnen		100	15–18	gelocht
Gurke	Würfel 2 x 2 cm	100	6–8	gelocht
Gurke	halbiert	100	10–12	gelocht
Karfiol	Röschen	100	8–10	gelocht
Karfiol	ganzer Kopf	100	35–40	gelocht
Karotten	Scheiben od. Würfel 2 x 2 cm	100	8–10	gelocht
Karotten	ganz	100	15–20	gelocht
Kartoffeln geschält	geviertelt	100	20–25	gelocht
Kartoffeln geschält	Würfel 2 x 2 cm	100	18–20	gelocht
Kartoffeln mit Schale	ganz, klein	100	20–25	gelocht
Kartoffeln mit Schale	ganz, groß	100	45–50	gelocht
Kohlrabi	Stifte od. Würfel 2 x 2 cm	100	12–16	gelocht
Kohlrabi	ganz	100	25–30	gelocht
Kohlsprossen		100	10–12	gelocht
Kürbis	Stifte od. Würfel 2 x 2 cm	100	6–8	gelocht
Maiskolben	ganz	100	45–50	gelocht
Mangold	Streifen	100	8–10	gelocht
Pak Choi	Streifen	100	2–3	gelocht
Paprika	Streifen	100	8–10	gelocht
Pastinak	Scheiben od. Würfel 2 x 2 cm	100	8–10	gelocht
Pilze	geviertelt	100	10–12	gelocht
Porree	Scheiben	100	10–12	gelocht
Rote Bete	ganz	100	40–45	ungelocht
Rote Bete	Stifte od. Würfel 2 x 2 cm	100	12–14	ungelocht
Rotkraut/Weißkraut	geschnitten	100	35–40	gelocht
Schwarzwurzeln	Stücke 4–5 cm	100	12–15	gelocht
Sellerie	Streifen od. Würfel 2 x 2 cm	100	8–10	gelocht
Spargel dünn		95	8–10	gelocht
Spargel grün		100	6–8	gelocht
Spargel solo		95	12–14	gelocht
Spinat, blanchieren		100	2–4	gelocht
Spinat, garen		100	6–8	gelocht
Stangensellerie		100	15–18	gelocht
Süßkartoffeln	Stücke 3 x 3 cm	100	6–8	gelocht
Tomaten, blanchieren/Haut abziehen	ganz	100	2–3	gelocht
Topinambur	Stücke 3 x 3 cm	100	6–8	gelocht
Wirsing	Streifen	100	10–12	gelocht
Zucchini	Scheiben	100	4–6	gelocht
Zucchini	halbiert	100	10–12	gelocht
Zuckererbsen	ganz	100	6–8	gelocht

GETREIDE UND REIS

Reis und Getreide quillt auf und wird im Dampfgarer immer unter Zugabe von Wasser gedämpft! Als Faustregel gilt: Gargut in den Garbehälter geben und mit Wasser – 2 Zentimeter höher als das Gargut – auffüllen.

Im Handel sind Getreidezubereitungen wie Emmer-, Einkorn- und Dinkelreis erhältlich. Oft sind diese bereits vorgekocht. Achten Sie daher auf die Angabe des Herstellers. In der Regel reicht hierbei eine Garzeit von 15 Minuten aus.

GETREIDE/REIS	TEMPERATUR °C	GARZEITEN IN MINUTEN	GARBEHÄLTER
BASMATIREIS	100	20	ungelocht
BUCHWEIZEN	100	25	ungelocht
DINKEL/GRÜNKERN	100	45	ungelocht
GERSTE	100	45	ungelocht
HAFER	100	40	ungelocht
HIRSE	100	20	ungelocht
LANGKORNREIS	100	25	ungelocht
NATURREIS	100	45	ungelocht
PARBOILED	100	20	ungelocht
ROTER REIS	100	35	ungelocht
RUNDKORNREIS	100	30	ungelocht
WILDREIS	100	40	ungelocht
QUINOA WEISS/ROT	100	25	ungelocht

FISCH

Die optimale Gartemperatur von Fisch beträgt 80–85° C.

Ganze Fische benötigen eine Dämpfzeit von 10–15 Minuten. Filets hingegen sind in 6–8 Minuten fertig.

Wer sein Fischfilet gerne gebacken isst, spart an Fett, wenn es im Backofen oder Kombi-Dampfgarer zubereitet wird. Dazu das Fischfilet wie gewohnt panieren, ein Garblech mit 2 EL Olivenöl ausstreichen und die Fischfilets in das vorgeheizte Gerät geben. Für 6–8 Minuten bei 220° C backen.

Vorteil: Wenig Fett, viele Stücke werden gleichzeitig fertig.

Essen Sie Ihren Fisch lieber gebraten, ist der Backofen mit Dampfgarer oder der Kombi-Dampfgarer ideal. Stellen Sie die Temperatur auf 210° C ein. Für Fischfilets wählen sie eine Gardauer von ca. 15 Minuten, für ganze Fische von 20–30 Minuten. Auch hier das ungelochte Garblech mit 2 EL Olivenöl ausstreichen.

Tiefgekühlter Fisch mit Panade im Kombi-Dampfgarer braucht nicht vorgedämpft zu werden, weil die Panade durch das Frosten viel Wasser enthält. Einfach das Gerät auf die höchste Leistungsstufe, meist 240° C, vorheizen (!) und den Fisch auf das gelochte Patisserieblech (emailliert) legen und mit Butterschmalz oder Ghee bestreichen. Bei 220° C je nach Stärke 15–18 Minuten backen. Sollte der gewünschte Bräunungsgrad noch nicht erreicht sein, einfach 2–4 Minuten mit dem Grill nachbräunen.

FLEISCH

Beim Dämpfen von Fleisch stehen zweierlei Möglichkeiten zur Verfügung. Entweder Sie dämpfen das Fleisch in einem ungelochten Garbehälter oder legen das Gargut direkt auf den Rost und schieben unmittelbar darunter ein ungelochtes Garblech ein. Im ersten Fall wird Fleischsaft austreten und das Gargut im eigenen Saft gegart. Im zweiten Fall wird das Fleisch ohne eigenen Saft gedämpft, der Saft aber im Blech darunter aufgefangen. Diese Möglichkeiten sind nicht nur Geschmackssache, sondern auch abhängig vom Fleisch, das zubereitet werden soll.

Eine generelle Angabe zur Gardauer ist an dieser Stelle jedoch nicht möglich, diese ergibt sich aus dem Erreichen der Kerntemperatur bzw. aus unseren Angaben in den Rezepten. Für das Beobachten der Kerntemperatur empfehlen wir das Verwenden eines Kerntemperaturfühlers.

FLEISCHART

		DURCH-GEBRATEN	HALB BIS MITTEL DURCHGEBRATEN (rosa)	BLUTIG	STARK BLUTIG
RINDSFILET	Beiried	82–85° C	52–58° C	50° C	45° C
RIND	Hochrücken	82–85° C	68° C		
	Hüft		65° C		
KALBSFILET/KALBSRÜCKEN		75–80° C	62° C		
LAMMFILET/LAMMRÜCKEN		79–85° C	67° C	50° C	
SCHWEIN		72–85° C	65° C		
GEFLÜGEL		82–90° C			
ZICKLEIN (Milchziege)		65–75° C	55–60° C	50° C	45° C

DAS RICHTIGE SCHNEIDEN VON STEAKS

Wird ein Rindsfilet im Ganzen gebraten, ist es immer leicht, den richtigen Schnitt zu finden, denn er verläuft automatisch *gegen* die Faser. Damit ist das Fleisch richtig zart und saftig (siehe Bild, Scheibe vom Filet).

Schneiden wir aber ein Stück aus dem rohen Filet heraus, also ein Steak, dann braten wir es auf der „Schnittfläche" an. Die Faserstruktur ist durch die 90°-Drehung nach oben gerichtet, wodurch dann auf dem Teller *mit* der Faser geschnitten wird. Dies erklärt auch die Struktur des angeschnittenen Stücks – das Steak ist nicht so zart wie eine Scheibe vom im Ganzen gebratenen Filet.

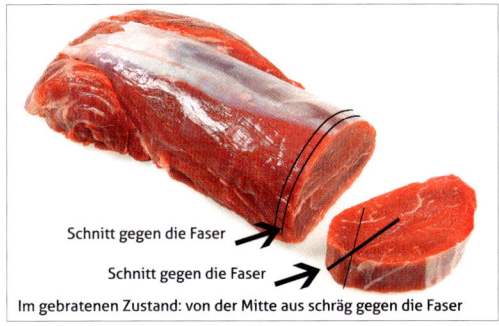

Schnitt gegen die Faser

Schnitt gegen die Faser

Im gebratenen Zustand: von der Mitte aus schräg gegen die Faser

Wie schneidet man also das Steak auf dem Teller richtig? Korrekterweise müsste man es hochstellen und nach der „Bratseite" schneiden. Weil das ungeschickt ist, sollte man das Steak zumindest so schräg wie möglich schneiden. Der beste Schnitt vom gebratenen Steak verläuft daher von der Mitte oben schräg nach außen unten.

BACKEN STATT FRITTIEREN

Im Kombi-Dampfgarer: Backhendl, Wiener Schnitzel oder Cordon bleu, aber auch gebackenes Gemüse kennt man in der Gastronomie schon lange. Nun ist es, der Technik sei Dank, auch im Haushalt möglich. Vorteile:
• man spart viel Fett zum Frittieren und damit verbundene Kosten
• das im Fleisch enthaltene Fett wird nicht verzehrt, es bleibt auf dem Blech. Gesünder!
• keine verbrannten Semmelbrösel – damit wesentlich gesünder
• weniger Reinigungsmaterial und Zeit, Altfettentsorgung
• kein Risiko durch Hantieren mit heißem Fett

ZU ERWARTENDE ERGEBNISSE

GEFLÜGEL	FLEISCH/SCHNITZEL	FISCH	GEMÜSE
• nach traditioneller Art • krosse Panade • zartes und saftiges Fleisch	• krosse Panade • zart und saftig	• kompakte Konsistenz • zart und goldgelbe Panade • beste Ergebnisse bei TK-Fisch (vorpaniert)	• kulinarische Köstlichkeiten • Abwechslung durch Panadenvielfalt • bringt mehr Pfiff in ihre Küche

UNSERE EMPFEHLUNGEN ZU DEN LEBENSMITTELN

BIO-ZITRONEN UND BIO-ORANGEN — Nur die Schale von biologisch angebauten Zitronen und Orangen lässt sich unbedenklich verzehren. Vor Verwendung Zitronen und Orangen heiß abwaschen und die Schale am besten mithilfe eines Zestenreißers abziehen.

BIO-KARTOFFELN — Wir empfehlen biologisch angebaute Kartoffeln, weil diese (gut gesäubert) ungeschält verwendbar sind.

GLUTENMEHL — Glutenmehl ist reines Klebereiweiß (Stärke) aus Weizen, Gerste oder Roggen und im Reformhaus oder Drogeriemarkt erhältlich. Glutenmehl erhöht die Festigkeit von Teigen und Füllungen und wird auch zur Herstellung von Seitan verwendet.
Achtung: Glutenmehl ist für Zöliakiekranke nicht geeignet.

REISMEHL — Reismehl ist die glutenfreie Variante zum Binden der Speisen und für Zöliakiekranke geeignet. Wir verwenden es vor allem bei leichten und vegetarischen Gerichten. Reismehl ist im Reformhaus bzw. gut sortierten Supermarkt erhältlich.

KRÄUTER — Wir haben die Menge bei getrockneten Kräutern meist in „Teelöffeln" (TL) angegeben. Sollten Sie mehr oder weniger intensiven Kräutergeschmack bevorzugen, dosieren Sie nach Belieben. Bei Verwendung frischer Kräuter haben wir die Menge zum Teil in Esslöffeln (EL) bzw. als „Bund" vermerkt.

SALZ — Wir verwenden bei unseren Rezepten ausschließlich Salz und geben in manchen Rezepturen die Dosierung in „Teelöffeln" an. Ist keine Dosierung vermerkt, nach Geschmack salzen.

PFEFFER — Pfeffer verwenden wir immer direkt aus der Mühle. Die Pfeffermenge überlassen wir Ihrem persönlichen Geschmack.

ÖLE — Unser verwendetes Öl ist ein kaltgepresstes Öl. Achten Sie bei kaltgepressten Ölen immer auf die Hitzebeständigkeit! Olivenöl ist in nativer Form bedenkenlos zu verwenden.

AROMAPADS — Zur Intensivierung des Geschmacks der Speisen verwenden wir gerne die innovativen „Aromapads". Sie sind wahre Multitalente in der Küche und abgestimmt für unterschiedlichstes Gargut erhältlich. In diesem Buch verwenden wir sie in erster Linie fürs Niedertemperaturgaren und Sous-vide-Garen. Bezugsquelle siehe Anhang.

ALLGEMEINE HINWEISE ZU DEN REZEPTEN

Grundsätzlich sind die Rezeptzutaten für **4 Personen** berechnet, außer es ist anders angegeben.

Bei der „Kategorisierung" der Rezepte in diesem Buch gibt es natürlich Spielräume. Wir haben die Rezepte nach ihrer möglichen Verwendung in Gruppen zusammengefasst. Doch manches Gericht ist durchaus geeignet als warme Vorspeise, dann wieder als Hauptgericht oder auch als Beilage. Dasselbe gilt für Süßspeisen. Hier kann es also notwendig sein, mit ein wenig Fingerspitzengefühl die Zutatenmengen zu variieren.

VERWENDETE ABKÜRZUNGEN UND KÜCHENBEGRIFFE

ABKÜRZUNGEN

Bd.	Bund
DG	Dampfgarer
EL	Esslöffel
g	Gramm
l	Liter
ml	Milliliter
Msp.	Messerspitze
Pkg.	Packung
TK	Tiefkühlprodukt
TL	Teelöffel

KÜCHENBEGRIFFE

Brettljause	ländlich-deftige Brotzeit
Bröseltopfen	trockener, „bröseliger" Topfen/Quark
Dariolform	kleine konische Auflaufform
Dörrzwetschken	Backpflaumen
Eierschwammerl	Pfifferlinge
Faschiertes	Hackfleisch
Frankfurter	Wiener Würstchen
Germ	Hefe
Hüferl	Hüfte, Huft
Karfiol	Blumenkohl
Knödel	Kloß/Klöße
Kohlrabi	Kohlrübe
Kohlsprossen	Rosenkohl
Laibchen	Frikadellen
Marille	Aprikose
Nockerln	Klößchen
Palatschinken	Pfannkuchen
Polenta	Maisgrieß, Maisgrießbrei
Ribisel	rote Johannisbeere
Sauerrahm	saure Sahne
Schlagobers	Schlagsahne
Schlögel	Keule
Schnittsalat	auch: Pflück- oder Zupfsalat
Schweinskarree	Schweinsrücken, Lummerbraten
Semmelbrösel	Paniermehl
Semmelwürfel	Knödelbrot, klein geschnittenes Weißgebäck oder -brot
Souffléform	(kleine) zylindrische Auflaufform aus Porzellan
Staubzucker	Puderzucker
Timbale	kleine pastetenähnliche Aufläufe, Auflauf- und Pastetenform
Topfen	Quark
Vogerlsalat	Feldsalat
Zuckererbsen	Kaiserschoten

Suppen & Vorspeisen

Polentasuppe

ZUTATEN

20 g Polentagrieß
100 g Kräuterseitlinge
½ Zwiebel
1 Knoblauchzehe
4 EL Olivenöl
175 ml Gemüsebrühe
2 getrocknete Tomaten (eingelegt in Öl)
1–2 Zweige frische Petersilie
Salz
Pfeffer
4 EL Schlagobers

ZUBEREITUNG

• Zwiebel und Knoblauch schälen und fein würfeln. In einer Pfanne 2 EL Oliven-öl erhitzen, die Zwiebel glasig anschwitzen, dann den Knoblauch dazugeben. Die Gemüsebrühe in einen ungelochten Garbehälter füllen und das Zwiebel-Knoblauch-Gemisch dazugeben. Den Polentagrieß einrühren und im DG bei 100° C 15 Minuten dämpfen.

• Währenddessen die getrockneten Tomaten und die Kräuterseitlinge in Scheiben schneiden und die Petersilienblätter grob hacken. Nun in einer Pfanne die restlichen 2 EL Olivenöl erhitzen, die Kräuterseitlinge dazugeben und gut Farbe nehmen lassen. Danach die getrockneten Tomaten und die gehackte Petersilie kurz mitschwenken und salzen.

• Die Polentasuppe aus dem DG nehmen, nochmals mit Salz und Pfeffer abschmecken und das Schlagobers einrühren.

• Die Suppe anrichten, darauf die Kräuterseitling-Tomaten-Mischung verteilen.

ZUBEREITUNGS- UND GARZEIT: ca. 20 Minuten

Tipp

Kräuterseitlinge sind die ideale Polenta-Begleitung, weil der frische Kräuter-Pilz-Geschmack dem Gericht eine feine Note verleiht. Sind keine Kräuterseitlinge zur Hand, einfach andere Pilze verwenden.

Leberknödel SUPPENEINLAGE

ZUTATEN

2 Semmeln, altbacken
120 g Rindsleber
1 Zwiebel (klein)
1 Bd. Petersilie
30 g Butter
1 TL Majoran, getrocknet
1 Zehe Knoblauch
1 Ei
50 g Semmelbrösel
Salz, Pfeffer

ZUBEREITUNG

• Semmeln halbieren, in Wasser einweichen, gut ausdrücken. Rindsleber in sehr kleine Stücke hacken. Zwiebel schälen, in feine Würfel schneiden.

• Butter in einer Pfanne zerlassen, Zwiebel darin dünsten. Knoblauch pressen. Petersilie waschen, Blätter abzupfen, fein hacken und zur Zwiebel geben.

• Semmeln, Leber, Zwiebel, Petersilie, Majoran und Knoblauch fein faschieren. Ei und Brösel dazugeben, salzen und pfeffern, gut vermengen und ca. 5 Minuten rasten lassen. Mit befeuchteten Händen kleine Knödel formen und im DG bei 100° C etwa 18 Minuten dämpfen.

ZUBEREITUNGSZEIT: ca. 25 Minuten
GARZEIT: 18 Minuten

Tipp

Man kann aus der Leberknödelmasse auch eine besonders schnelle Suppeneinlage machen. Dazu statt 50 g Semmelbrösel nur 20 g verwenden, und die Masse durch ein Spätzlesieb oder grobes Reibeisen in einen Topf mit siedendem Wasser drücken.

Grießschnitte SUPPENEINLAGE

ZUTATEN

1 l Milch	
250 g Grieß	
Salz	
50 g Butter	
2 Eidotter	
2 Eiklar	
Kräuter, fein gehackt	
Muskat	
Butter	

ZUBEREITUNG

• Den DG auf 100° C vorheizen.

• Milch mit Salz, Butter und Muskat in eine ungelochte Garschale geben und im DG bei 100 °C 5 Minuten erwärmen. Danach den Grieß einstreuen und bei 70 °C im DG 10 Minuten quellen lassen.

• Den Grieß etwas überkühlen und die Eier trennen. Zuerst die Eidotter einrühren. Aus dem Eiweiß mit einer Prise Salz Schnee schlagen, diesen mit den feingehackten Kräutern vorsichtig unter die Masse heben.

• Die Masse auf ein ungelochtes, mit Butter ausgepinseltes Blech streichen und im DG bei 100 °C 8 Minuten dämpfen. Aus dem DG nehmen, überkühlen und in Rauten schneiden. In der Suppe anrichten.

ZUBEREITUNGS- UND GARZEIT: ca. 15 Minuten

Tiroler Knödel SUPPENEINLAGE

ZUTATEN

500 g Semmelwürfel	
1 Zwiebel	
400 g Speck	
100 g Bergsteigerwurst	
2 EL Öl	
5 Eier	
250 ml Milch	
Salz	
1 EL Petersilie	

ZUBEREITUNG

• Zwiebel, Speck und Wurst kleinwürfelig schneiden und in wenig Öl anbraten. Eier mit Milch verquirlen, salzen und über die Semmelwürfel gießen.

• Speck-Zwiebel-Mischung zugeben und mit Petersilie würzen. 10 Minuten rasten lassen.

• Mit feuchten Händen aus der Masse kleine Knödel formen.

• Die Knödel auf ein gelochtes Garblech legen und im DG bei 100° C ca. 15–17 Minuten dämpfen.

ZUBEREITUNGSZEIT: ca. 20 Minuten
GARZEIT: 18 Minuten

Bröselknödel SUPPENEINLAGE

ZUTATEN
1 Semmel, altbacken
40 g Butter (zimmerwarm)
40 g Brösel
1 Ei
Petersilie, fein gehackt
Salz

ZUBEREITUNG
● Die Semmel würfelig schneiden, in Wasser einweichen und gut ausdrücken. Mit den restlichen Zutaten vermischen. Kleine Knödel formen und im DG in einer gelochten Garschale bei 95° C 15 Minuten dämpfen.

ZUBEREITUNGSZEIT: ca. 18 Minuten
GARZEIT: 15 Minuten

Biskuitschöberl SUPPENEINLAGE

ZUTATEN
3 Eier
60 g Mehl (Type 480)
½ TL Salz
1 EL Butter

ZUBEREITUNG
● Die Eier trennen und das Eiklar zu festem Schnee schlagen. Das Mehl mit dem Salz vermengen.
● Nun die Eidotter einzeln abwechselnd mit der Salz-Mehl-Mischung unter die Schneemasse heben.
● Ein Garblech mit Butter ausstreichen und die Masse aufstreichen.
● Im Kombi-DG bei 180° C 15 Minuten backen. Danach etwas auskühlen lassen und in Rauten schneiden.

ZUBEREITUNGSZEIT: ca. 20 Minuten
GARZEIT: 15 Minuten

Tipp
Für Kaiserschöberl reiben Sie auf das Biskuit vor dem Backen noch Parmesan. Weitere Varianten ergeben sich durch das Aufstreuen von Erbsen oder Kräutern. Außerdem können Biskuitschöberl mit Spinat oder Tomatenmark eingefärbt werden.

Brandteigkrapferl SUPPENEINLAGE

ZUTATEN
1/8 l Milch
1 EL Butter
60 g glattes Mehl (Type 700)
2 Eier
½ TL Salz
3 EL Olivenöl

ZUBEREITUNG
● Milch, Butter und Salz in einem Topf stark erhitzen. Das Mehl auf einmal dazugeben und so lange rühren, bis sich der Teig vom Topfboden löst. Etwas überkühlen lassen. Danach das Ei unterrühren, bis der Teig ganz glatt ist. In einen Spritzsack füllen und zum Beispiel kleine Sternchen (oder Krapferl) auf ein mit 3 EL Olivenöl befettetes Garblech spritzen.
● Im Kombi-DG bei 100° C 5 Minuten dämpfen und weitere 10 Minuten bei 200° C trockener Hitze fertig backen.
● Die Brandteigkrapferl sollen schön aufgehen und goldgelb sein.

ZUBEREITUNGSZEIT: ca. 25 Minuten
GARZEIT: 15 Minuten

Mit Quinoa gefüllte Tomaten

ZUTATEN

150 g Quinoa	
300 ml Wasser	
8 große Tomaten	
1 Zwiebel	
1 Knoblauchzehe	
1 Karotte	
Petersilie	
2 EL Olivenöl	
½ Becher Crème fraîche	
80 Bergkäse, gerieben	
Salz, Pfeffer	

ZUBEREITUNG

- Quinoa und Wasser in eine ungelochte Garschale geben und im DG bei 100° C 25 Minuten dämpfen. Herausnehmen und 5 Minuten quellen lassen.
- Tomaten waschen, den Deckel abschneiden, aushöhlen.
- Zwiebel, Knoblauch und Karotte kleinschneiden, Petersilie hacken. Alles in heißem Öl andünsten. Quinoa zugeben, mit Crème fraîche und zwei Dritteln des Käses vermischen. Mit Salz und Pfeffer abschmecken.
- Die Masse in die ausgehöhlten Tomaten geben. Mit dem restlichen Käse bestreuen.
- Die gefüllten Tomaten in eine befettete, ungelochte Garschale geben und bei 100° C ca. 20 Minuten dämpfen.

ZUBEREITUNGSZEIT: ca. 15 Minuten
GARZEIT: 50 Minuten

Gemüse-Einkornsalat

ZUTATEN

50 g Einkorn	
120 ml Gemüsebrühe	
100 g Karotten	
100 g Kohlrabi	
1 Zucchini	
1 Brokkoli (klein)	

MARINADE

6 EL Joghurt	
1 EL Honig	
4 EL Olivenöl	
Salz	
Petersilie, Basilikum	

ZUBEREITUNG

- Einkorn mit der Gemüsebrühe im vorgeheizten Dampfgarer bei 100° C 8 Minuten dämpfen.
- In der Zwischenzeit das Gemüse waschen und putzen.
- Karotten und Kohlrabi schälen und in kleine Würfel schneiden. In einer gelochten DG-Schale ca. 5 Minuten dämpfen.
- Zucchini ebenfalls in Würfel schneiden, Brokkoli in Röschen teilen und beides für weitere 4 Minuten zum Gemüse geben.
- Für die Marinade Joghurt, Honig, Olivenöl, Salz, Petersilie und Basilikum vermengen und das Gemüse damit beträufeln.

ZUBEREITUNGSZEIT: ca. 20 Minuten
GARZEIT: 17 Minuten

Thunfischwrap mit Joghurtsalsa

ZUTATEN
4 Tortillas
1 Dose Thunfisch (natur)
2 Äpfel
½ TL Zitronensaft
2 Tomaten
½ Zwiebel
100 g Joghurt
50 g Frischkäse
Salz, Pfeffer
1 Bogen Pergamentpapier
(oder Backpapier)

ZUBEREITUNG
• Den DG bzw. Kombi-DG auf 100° C vorheizen.
• Für die Joghurtsalsa Äpfel entkernen, in kleine Würfel schneiden und sofort mit dem Zitronensaft marinieren.
• Danach die Tomaten auf der Oberseite kreuzweise einritzen, auf ein gelochtes Garblech legen und im DG bzw. Kombi-DG 2 Minuten blanchieren, kalt abspülen und die Haut abziehen. Aushöhlen und das Fruchtfleisch in kleine Würfel schneiden.
Die Zwiebel abziehen und ebenso klein würfeln.
• Alles mit dem Joghurt und dem Frischkäse vermengen sowie mit Salz und Pfeffer würzen.
• Den Thunfisch abtropfen lassen und in kleine Stücke zerteilen.
• Die Tortillas auflegen, die Joghurtsalsa auftragen und die Thunfischstücke darüber verteilen. Nun den Rand links und rechts einschlagen und die Tortilla straff aufrollen.
• Wrap schräg halbieren und in ein Pergamentpapier (oder Backpapier) oder eine feste Serviette einrollen.

ZUBEREITUNGSZEIT: ca. 25 Minuten
GARZEIT: 2 Minuten

Schafskäsewrap mit Sauerkraut

ZUTATEN
4 Tortillas
400 g Schafskäse
400 g Sauerkraut
100 g Radicchio
50 g Sauerrahm
1 EL Hanföl
1 TL Olivenöl
1 Bogen Pergamentpapier
(oder Backpapier)

ZUBEREITUNG
• Den DG bzw. Kombi-DG auf 100° C vorheizen.
• Ein ungelochtes Garblech mit Olivenöl ausstreichen. Den Schafskäse in 8 Streifen schneiden, auf das Garblech legen und bei 100° C 6 Minuten dämpfen.
• In der Zwischenzeit das Sauerkraut kurz mit kaltem Wasser abbrausen, ausdrücken, in ca. 10 cm lange Streifen schneiden. Danach mit dem Hanföl und dem Sauerrahm vermengen.
• Die Tortillas auflegen, den Radicchio in grobe Streifen schneiden und aufstreuen. Mit dem Sauerkraut und je 2 Schafskäsestreifen belegen. Nun jede Tortilla seitlich einschlagen und straff einrollen.
• Zum Servieren die Wraps schräg halbieren und in Pergamentpapier oder ein feste Serviette einrollen.

ZUBEREITUNGSZEIT: ca. 25 Minuten
GARZEIT: 6 Minuten

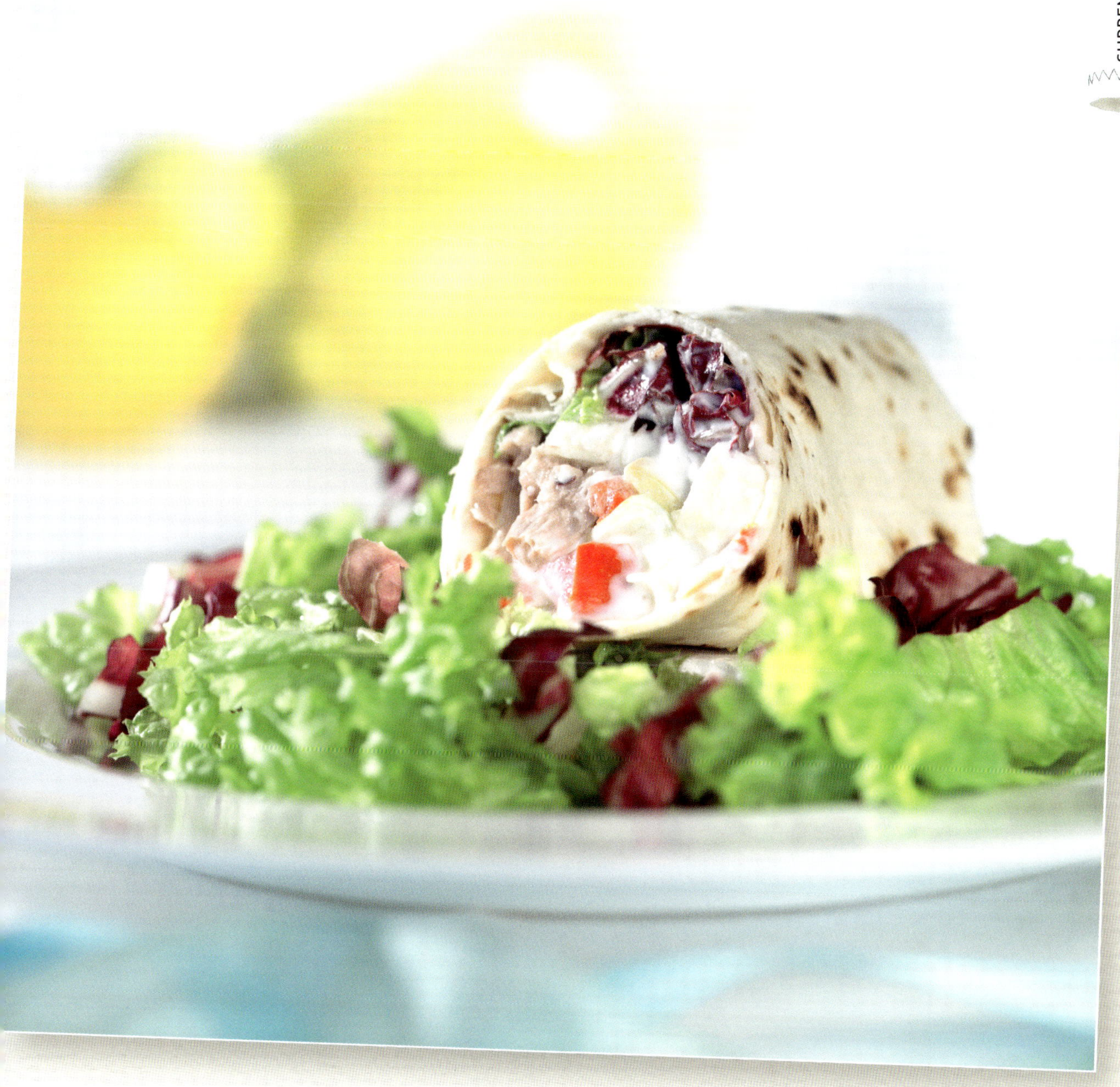

Hühnchenwrap mit Rucola und Tomatensalsa

ZUTATEN

4 Tortillas

2 Hühnerfilets

1 EL Olivenöl

100 g Rucola

Salz, Pfeffer, Rosenpaprika

SALSA

3 Tomaten

1 roter Paprika

1 Chili

1 Zwiebel, fein gehackt

2 EL Olivenöl

Salz, Oregano

2 EL Essig

ca. 1 EL Zucker

1 Bogen Pergamentpapier
(oder Backpapier)

ZUBEREITUNG

• Den DG bzw. Kombi-DG auf 100° C vorheizen.

• Für die gekochte Tomatensalsa die Tomaten auf der Oberseite kreuzweise einritzen, auf ein gelochtes Garblech legen und im DG bzw. Kombi-DG 2 Minuten blanchieren, kalt abspülen und die Haut abziehen. Aushöhlen und das Fruchtfleisch in kleine Würfel schneiden.

• Die Paprika entkernen und ebenfalls in kleinen Würfel schneiden. Den Chili fein hacken, die Kerne zuvor entfernen, wenn es nicht zu scharf sein soll.

• Das Öl erhitzen und die Zwiebel kurz anschwitzen. Tomaten- und Paprikawürfel dazugeben, kurz schwenken, und mit Chili, Essig, Salz, Oregano und Zucker abschmecken.

• Alles 5 Minuten köcheln und gleich verwenden oder heiß in sterilisierte Gläser abfüllen und sofort verschließen.

• Die Hühnerfilets waschen und trocknen. Salz, Pfeffer und Rosenpaprika mit dem Öl vermischen und das Fleisch damit bestreichen.

• DG: Bei 100° C 18 Minuten dämpfen.

• Kombi-DG: Bei 100° C 5 Minuten dämpfen, danach bei 160° C Kombidampf 8 Minuten fertig braten.

• Anschließend auskühlen lassen und das gegarte Fleisch in kleine Würfel schneiden.

• Die Tortillas auflegen, mit der Tomatensalsa nicht zu dick bestreichen und den gewaschenen Rucola über die Salsa verteilen. Nun einen Teil der Hühnerwürfel darauflegen, die Tortilla seitwärts einschlagen und straff einrollen.

• Die fertigen Wraps schräg halbieren und in ein Pergamentpapier oder eine feste Servietten einrollen.

• Die übrige Tomatensalsa als Dip dazureichen.

ZUBEREITUNGSZEIT: ca. 30 Minuten
GARZEIT: 25 Minuten

Süßsaurer Dinkelsalat

ZUTATEN

150 g Dinkel

300 g Wasser

2 Tomaten

1 Zwiebel

3 Essiggurken

1 Paprikaschote

1 Apfel

MARINADE

2 EL Hanföl

40 g Apfelessig

1 TL Rosenpaprika

1 TL Brotgewürz

½ Chili, entkernt

1 TL Honig

Salz, Pfeffer

250 ml Gemüsebrühe (oder Wasser)

frische Kräuter nach Belieben
(z. B. Petersilie, Koriander,
Schnittlauch), fein gehackt

ZUBEREITUNG

- Den DG bzw. Kombi-DG auf 100° C vorheizen.
- Die Dinkelkörner 8 Stunden einweichen.
- Dann mit dem Einweichwasser in den DG bzw. Kombi-DG geben und bei 100° C 30 Minuten dämpfen. Das Getreide weitere 10 Minuten bei geschlossener Tür im DG bzw. Kombi-DG quellen lassen.
- Öl, Essig und die Gewürze sowie Chili, Honig und einen Teil der Kräuter in einem Standmixer (oder mit dem Stabmixer) zu einer würzigen Marinade mixen. Dann mit Gemüsebrühe verlängern.
- Die Tomaten halbieren, die Kerne entfernen. Das Fruchtfleisch in kleine Würfel schneiden. Die Zwiebel abziehen und fein würfeln. Die Essiggurken in dünne Scheiben schneiden. Die Paprikaschote entkernen, die Trennwände entfernen, in kleine Würfel schneiden. Zuletzt den Apfel vom Kerngehäuse befreien und klein würfeln.
- Den Dinkel aus dem Gerät nehmen und noch warm mit der Marinade verrühren. Gemüse- und Apfelwürfel dazugeben, die Kräuter beigeben und 30 Minuten zugedeckt ziehen lassen.

ZUBEREITUNGSZEIT: ca. 20 Minuten

GARZEIT: 40 Minuten

EINWEICHZEIT: 8 Std.

Tipp

Verfeinern Sie den Salat mit Nüssen Ihrer Wahl: Dazu grob gehackte Nüsse in eine trockene Pfanne geben, leicht rösten und über den Salat streuen.

Gemüse-Zartweizensalat

ZUTATEN

200 g Zartweizen

400 ml Gemüsebrühe
(oder Wasser)

100 g Tofu

100 g Zucchini

Salz, Chilipulver

400 g Cherrytomaten

1 Zwiebel oder große
Frühlingszwiebel

50 g Oliven grün, entsteint

100 g Feta

MARINADE

2 EL Hanföl

2 EL Apfelessig

2 Knoblauchzehen, fein gehackt

1 TL Senf (mittelscharf)

Salz, Pfeffer

ZUBEREITUNG

- Den DG bzw. Kombi-DG auf 100° C vorheizen.
- Zartweizen waschen und in eine ungelochte Garschale geben, mit der Gemüsebrühe aufgießen.
- Tofu und Zucchini in grobe Würfel schneiden. Den Tofu mit Salz und Chilipulver würzen. Tofu- und Zucchiniwürfel in eine ungelochte Garschale geben.
- Alles bei 100° C 8 Minuten dämpfen.
- Die Tomaten halbieren, die Kerne entfernen. Das Fruchtfleisch in kleine Würfel schneiden. Die Zwiebel abziehen und fein würfeln, ebenso die Oliven und den Feta. (Bei Verwendung von Frühlingszwiebel diese in kleine Ringe schneiden.)
- Dann gedämpften Zartweizen mit dem Tofu-Zucchinigemüse noch warm mischen und die restlichen Zutaten vorsichtig unterheben.
- Für die Marinade die Zutaten verrühren (oder mixen) und den Salat damit noch warm marinieren. Kurz durchziehen lassen.

ZUBEREITUNGSZEIT: ca. 20 Minuten

GARZEIT: 8 Minuten

Spargelsalat mit Tomatenvinaigrette

ZUTATEN

20 Stangen weißer Spargel

½ TL Salz

50 g Rohrohrzucker

VINAIGRETTE

4 Tomaten

2 Eier

100 g Pinienkerne

250 ml Gemüsebrühe (oder Wasser)

2 EL Hanföl

2 EL weißer Balsamicoessig (oder weiße Bio-Balsamicoglasur)

Salz, Pfeffer

½ TL Rohrohrzucker

5 Zweige Petersilie, fein gehackt

ZUBEREITUNG

• Den DG bzw. Kombi-DG auf 100° C vorheizen.

• Den Spargel schälen und die holzigen Enden abschneiden. Auf ein gelochtes Garblech legen, mit Salz und Zucker bestreuen.

• Die ganzen Eier zum Spargel auf das Garblech geben. Unmittelbar darunter ein ungelochtes Garblech setzen, um den Spargelsud aufzufangen.

• Bei 100° C 13 Minuten dämpfen. Anschließend Eier und Spargel gleich mit kaltem Wasser abschrecken.

• Die Tomaten auf der Oberseite einritzen und im DG bzw. Kombi-DG bei 100° C 2 Minuten blanchieren. Dann sofort in kaltem Wasser (Eiswasser) abschrecken und die Haut abziehen. Die Tomaten halbieren und entkernen, das Fruchtfleisch in kleine Würfel schneiden.

• Die kalten Eier schälen und kleinwürfelig schneiden. Die Pinienkerne in einer Pfanne ohne Fett kurz anrösten.

• Für die Vinaigrette den Spargelsud und die Gemüsebrühe mischen, mit dem Hanföl, dem Essig, Salz, Pfeffer und Zucker gut verrühren oder mixen. Die Eier- und die Tomatenwürfel sowie die gehackte Petersilie untermischen, nochmals abschmecken.

• Den Spargel auf Tellern anrichten und mit der Vinaigrette überziehen. Die gerösteten Pinienkerne darüberstreuen.

ZUBEREITUNGSZEIT: ca. 20 Minuten
GARZEIT: 15 Minuten

Reissalat

ZUTATEN

400 g Basmatireis

800 ml Wasser

1 Msp. Currypulver

Salz

300 g Grüne Bohnen

150 g getrocknete Tomaten, in Öl eingelegt

350 g Zuckermais (aus der Dose)

1 Zwiebel

1 Knoblauchzehe

1 TL Senf (mittelscharf)

2 EL weißer Balsamicoessig

2 EL Hanföl

2 EL Sauerrahm

Salz, Pfeffer

ZUBEREITUNG

• Den DG bzw. Kombi-DG auf 100° C vorheizen.

• Reis mit Wasser, Currypulver und Salz vermischt in einer ungelochten Garschale in die mittlere Einschubleiste geben.

• Die Grünen Bohnen putzen und in mundgerechte Stücke schneiden. Dann auf ein gelochtes Garblech geben und im DG bzw. Kombi-DG unterhalb des Reisbehälters einschieben. Beides bei 100° C 20 Minuten dämpfen.

• Den Reis auskühlen lassen, die Grünen Bohnen mit kaltem Wasser abschrecken.

• Mais in ein Sieb leeren, abspülen.

• Zwiebel und Knoblauchzehe sowie die getrockneten Tomaten fein hacken und mit Senf, Essig, Hanföl, Sauerrahm, Salz und Pfeffer gut verrühren.

• Alles mit dem Reis und den Bohnen vermischen und nochmals abschmecken.

ZUBEREITUNGSZEIT: ca. 20 Minuten
GARZEIT: 20 Minuten

Lauwarmer Fenchelsalat

ZUTATEN

4 Fenchelknollen

1 Karotte

100 g Sellerie

1 Apfel

1 Limette (Saft)

1 Orange (Saft)

1 EL Senf (mittelscharf
oder Dijonsenf)

1 EL Honig

2 EL Hanföl

Salz, Pfeffer

ZUBEREITUNG

• Den DG bzw. Kombi-DG auf 100° C vorheizen.

• Die Fenchelknolle halbieren und den Strunk ausschneiden, sie zer-
fällt so in ihre einzelnen Schichten. Diese „Blätter" auf ein gelochtes
Garblech geben und im DG bzw. Kombi-DG bei 100° C 8 Minuten
dämpfen.

• Karotte und Sellerie fein reiben und mit Limettensaft, Orangensaft,
Senf, Honig und Hanföl in einen Mixbecher geben und fein mixen.

• Den Apfel fein hobeln und zur Marinade geben. Mit Salz und Pfeffer
abschmecken.

• Den noch lauwarmen Fenchel mit der Marinade überziehen.

ZUBEREITUNGSZEIT: ca. 18 Minuten
GARZEIT: 8 Minuten

Rucola mit Kartoffeldressing

ZUTATEN

400 g Rucola

2 mehlige Kartoffeln

1 Zwiebel

200 ml Gemüsebrühe,
gut gewürzt

2 EL Apfelessig

2 EL Hanföl

1 TL Senf

Salz, Pfeffer

ZUBEREITUNG

• Den DG bzw. Kombi-DG auf 100° C vorheizen.

• Die Kartoffeln in der Schale auf ein gelochtes Garblech geben und
je nach Größe bei 100° C 55–60 Minuten dämpfen.

• Die Zwiebel abziehen und in feine Würfel schneiden.
Die Kartoffeln schälen und noch warm in einen Standmixer (oder
Mixbecher) geben. Nun die Gemüsebrühe zugießen, mit Salz, Pfeffer,
Senf, Essig und Hanföl fein mixen.

• Den Rucola mit der Marinade übergießen und vorsichtig vermengen.
Auf Teller verteilen und mit den Zwiebelwürfeln bestreuen.

ZUBEREITUNGSZEIT: ca. 12 Minuten
GARZEIT: 60 Minuten

 Tipp

Mit diesem Dressing lässt sich auch gut Avocadosalat zubereiten.
Dazu die Avocados schälen, längs halbieren und den Kern heraus-
drehen. Die Avocados quer in Streifen schneiden, auflegen, mit dem
Kartoffeldressing beträufeln und mit Tomatenstücken garnieren.

Kichererbsensalat

ZUTATEN

500 g Kichererbsen
1 Zwiebel, fein geschnitten
3 Knoblauchzehen
1 Msp. Kreuzkümmel
½ TL Paprikapulver
2 EL Tahinapaste (Reformhaus)
2 EL Joghurt
1 Limette (Saft)
1 EL Olivenöl
1 Paprika grün, fein gewürfelt
2 Tomaten
1 Jungzwiebel
5 schwarze Oliven, entsteint
2 EL Hanföl
1 EL Apfelessig
Salz

ZUBEREITUNG

• Den DG bzw. Kombi-DG auf 100° C vorheizen.

• Die Kichererbsen 12 Stunden einweichen.
Das Einweichwasser abschütten, die Kichererbsen mit klarem Wasser spülen und auf ein gelochtes Garblech geben. Bei 100° C 50 Minuten dämpfen.

• Ein Viertel der Kichererbsen beiseite geben. Die restlichen Kichererbsen mit Zwiebel, Knoblauch, Kreuzkümmel, Paprikapulver, Tahinapaste, Joghurt, Limettensaft und Olivenöl vermischen, salzen und alles mit dem Mixstab (oder im Standmixer) zu feinem Hummus pürieren.

• Von der Paprika den Deckel abschneiden, die Trennwände und die Kerne entfernen. Das Fruchtfleisch fein würfeln.

• Die Tomaten halbieren, die Kerne entfernen. Das Fruchtfleisch ebenfalls in kleine Würfel schneiden.

• Die Jungzwiebel in feine Würfel schneiden, die Oliven halbieren.

• Alles mit den beiseite gegebenen Kichererbsen vermengen. Mit Hanföl, Apfelessig und Salz marinieren.

• Den Salat auf Tellern anrichten und aus dem Hummus mithilfe eines kleinen Löffels Nockerln formen. Auf dem Salat platzieren.

• Dazu passen selbst gemachtes Baguette oder Vollkornbrot.

ZUBEREITUNGSZEIT: ca. 18 Minuten
GARZEIT: 50 Minuten

Schwarzwurzeln in Teecreme

ZUTATEN

800 g Schwarzwurzeln
1 Zitrone (Saft)
1 ½ l Wasser
2 EL Essig
500 ml Gemüsebrühe
1 Beutel Kräutertee (beliebige Kräutermischung)
200 ml Sauerrahm
½ TL Senf (mittelscharf)
½ TL Salz
Pfeffer
½ Bd. Petersilie, fein gehackt
½ Bd. Schnittlauch, klein geschnitten

ZUBEREITUNG

• Die Schwarzwurzeln schälen (wie unten beschrieben) und in 3 cm lange Stücke schneiden. Bis zur Weiterverarbeitung in Zitronenwasser legen. In den Wasserbehälter des DG 2 EL Essig geben.

• Die Schwarzwurzeln aus dem Zitronenwasser heben und in einen ungelochten Garbehälter geben. Bei 100° C 15 Minuten dämpfen.

• In der Zwischenzeit die Gemüsebrühe zum Kochen bringen, den Teebeutel hinzufügen und gute 10 Minuten ziehen lassen. Dann Sauerrahm und Senf mit einem Pürierstab kurz unterrühren, mit Salz und Pfeffer würzen und zugedeckt warmhalten (nicht mehr kochen).

• Nun die Schwarzwurzeln aus dem DG nehmen, mit der Teecreme vermengen und die Kräuter unterheben.

• Dazu passen Kartoffeln oder selbst gebackenes, frisches Brot.

ZUBEREITUNGSZEIT: 25 Minuten
GARZEIT: 15 Minuten

Tipp

Über die Schwarzwurzel und ihre Zubereitung:

1. Die Schwarzwurzel verfärbt und verklebt durch ihren gelblichen Milchsaft die Hände beim Schälen. Ziehen Sie deshalb unbedingt Einweghandschuhe an!

2. Die Schwarzwurzel oxidiert in Verbindung mit Sauerstoff und verfärbt sich nach dem Schälen braun. Um das zu vermeiden, geben Sie die geschälte und portionierte Schwarzwurzel sofort in eine Schüssel mit Zitronenwasser. Vermischen Sie dazu 1,5 l Wasser mit dem Saft einer Zitrone.

3. Fügen Sie beim Befüllen des Wasserbehälters im Dampfgarer 2 EL Essig hinzu und wärmen Sie das Gerät wie gewohnt auf 100° C vor. Nicht vergessen: Essigwasser danach entleeren!

Wenn Sie in die Tee-Gemüsebrühe noch etwas Essig geben und eine geschälte ganze Knoblauchzehe mitziehen lassen, ergibt das einen lauwarm oder kalt zu servierenden Schwarzwurzelsalat.

Lauwarmer roter Reissalat mit Cranberrys

ZUTATEN

150 g roter Camargue-Reis

300 ml Gemüsebrühe (oder Wasser)

100 ml Wasser

1 Beutel Grüntee

100 g Cranberrys (getrocknet)

2 EL Himbeeressig

5 EL Hanföl oder Olivenöl

½ TL Salz

Pfeffer

1 Bd. Frühlingszwiebel

½ Bd. Petersilie

50 g geschälte Hanfnüsse (oder Mandelstifte)

ZUBEREITUNG

• Den Reis waschen, in einen ungelochten Garbehälter geben, mit der Gemüsebrühe aufgießen und im DG bei 100° C 35 Minuten dämpfen. Den Reis etwas überkühlen lassen.

• Währenddessen das Wasser in einem Topf erhitzen und den Teebeutel darin 10 Minuten ziehen lassen. Nach ca. 5 Minuten die Cranberrys zum Tee geben und mitziehen lassen. Cranberrytee mit Himbeeressig, Hanf- oder Olivenöl sowie Salz und Pfeffer abschmecken. Die Frühlingszwiebel in feine Röllchen schneiden und die Petersilie grob hacken. Die Hanfnüsse in einer Pfanne trocken hell anrösten.

• Den überkühlten Reis mit dem Cranberrytee, den Frühlingszwiebelröllchen und gerösteten Hanfnüssen vermischen und mit der gehackten Petersilie bestreut servieren.

ZUBEREITUNGS- UND GARZEIT: ca. 40 Minuten

Tipp

Himbeeressig eignet sich wunderbar zum Ablöschen von scharfen Saucen und als Marinade für sämtliche Salate.

Brokkoliflan mit Kressesauce FÜR 6 PERSONEN

ZUTATEN

750 g Brokkoli

1 kleine Zwiebel

2 EL Butter

4 EL Weißwein (oder Gemüsebrühe)

1 Ei

1 Bd. Brunnenkresse

Saft von ½ Zitrone

100 g Schlagobers

50 g Frischkäse

Butter für die Förmchen

Salz, weißer Pfeffer

ZUBEREITUNG

• 6 Dariolformen oder Tassen mit Butter ausstreichen. Den Brokkoli putzen, 6 Röschen zur Seite legen. Den Rest klein schneiden.

• Den DG auf 100° C vorheizen und den Brokkoli im gelochten Blech 7 Minuten dämpfen.

• Herausnehmen und rasch kalt abschrecken oder in Eiswasser legen.

• Die Zwiebel fein würfeln und in der Butter glasig dünsten. Die Brokkolistücke zugeben, salzen und pfeffern, den Wein zugießen und alles zugedeckt etwa 20 Minuten garen. Zum Schluss den Deckel abnehmen und die Flüssigkeit ganz verdampfen lassen.

• Das Gemüse im Mixer pürieren, das Ei unterrühren, eventuell nachwürzen. Das Püree auf die Formen verteilen, glattstreichen. In eine ungelochte Form stellen, und im vorgeheizten DG bei 85° C ca. 35 Minuten dämpfen.

• Für die Sauce die Kresseblättchen von den Stielen zupfen, gründlich waschen und mit dem Zitronensaft, Salz, Pfeffer, Schlagobers und Frischkäse im Mixer pürieren. Die Flans auf einen Teller stürzen, mit der Sauce nappieren und gemeinsam mit den Brokkoliröschen anrichten.

ZUBEREITUNGSZEIT: ca. 20 Minuten
GARZEIT: 62 Minuten

„Moskau bei Nacht"

ZUTATEN

4 große Spitzpaprika	
100 g Räuchertofu	
150 ml Gemüsebrühe (oder Wasser)	
3 EL Olivenöl	
1 TL gekörnte Gemüsebrühe	
1 Knoblauchzehe	
½ TL Majoran	
1 Msp. geriebene Muskatnuss	
1 Msp. Kardamom	
1 Msp. Koriander	
½ TL Salz	
Pfeffer	
80 g Glutenmehl	

CREME

450 g mehlige Kartoffeln	
150 g Sellerie	
200 ml Milch oder Sojamilch	
50 g kalte Butter (vegan: Margarine)	
Salz	
1 Msp. geriebene Muskatnuss	

ZUBEREITUNG

• Für die Creme Kartoffeln und Sellerie schälen und in gleich große Stücke schneiden. Beides auf ein gelochtes Garblech geben und im DG bei 100° C 25 Minuten dämpfen.

• Die Paprika waschen, entkernen und den Deckel abschneiden.

• Für die Füllung den Räuchertofu mit den Händen zerpflücken und in einen Standmixer geben. Nun die Gemüsebrühe, 1 EL Olivenöl, gekörnte Gemüsebrühe, die geschälte und geviertelte Knoblauchzehe sowie die Gewürze hinzufügen. Im Mixer fein pürieren und in eine Schüssel umfüllen. Das Glutenmehl unterheben und alles zu einer homogenen Masse verarbeiten.

• Ein ungelochtes Garblech mit 2 EL Olivenöl ausstreichen. Nun die Tofu-masse mithilfe eines Dressiersacks in die Spitzpaprika füllen und diese auf das Blech setzen.

• Die Kartoffel- und Selleriestücke aus dem DG nehmen und beiseite stellen.

• Die Spitzpaprika im DG bei 100° C 35 Minuten dämpfen.

• Währenddessen für die Creme die Milch in einem Topf erwärmen. Die fertig gegarten Kartoffel- und Selleriestücke sowie die kalte Butter dazugeben. Mit Salz und Muskatnuss würzen. Zu guter Letzt mit dem Handmixer auf kleiner Stufe pürieren.

• Die gefüllten Paprika aus dem DG nehmen und auf der Kartoffel-Sellerie-Creme anrichten.

ZUBEREITUNGSZEIT: ca. 30 Minuten
GARZEIT: 60 Minuten

HAUPTSPEISEN

Kärntner Käsnudeln

ZUTATEN

TEIG

500 g Dinkelmehl

1 Ei

1 TL Salz

9 EL lauwarmes Wasser

FÜLLE

400 g Kartoffeln

500 g Bröseltopfen

Salz, Pfeffer

Kerbel, Minze

1 Ei

100 g Butter

ZUBEREITUNG

• Mehl, Ei, Salz und Wasser zu einem geschmeidigen Nudelteig kneten und etwa ½ Stunde rasten lassen.

• Kartoffeln kochen, schälen und noch heiß durch eine Kartoffelpresse drücken. Topfen, Salz und Pfeffer sowie die gehackten Kräuter mit dem Ei gut durchmischen. Aus der Masse mit dem Eisportionierer Kugeln abstechen.

• Nudelteig dünn auswalken. Auf die Hälfte des Teiges die Kugeln legen, zweite Hälfte darüberschlagen, rundum andrücken und mit einem Glas oder Teigrad ausstechen. Rund um die Kugel nochmals den Teig andrücken (Luft herausdrücken) und den Teigrand (mithilfe einer Gabel) gut verschließen. Anschließend auf ein gelochtes Blech legen und im DG 10 Minuten bei 100° C dämpfen.

• Butter zerlassen und die Käsnudeln damit beträufeln, servieren.

ZUBEREITUNGSZEIT: ca. 40 Minuten

GARZEIT: 60 Minuten

Vollkorn-Nudelteig GRUNDREZEPT

ZUTATEN

250 g Vollkorndinkelmehl

2 TL Salz

2 EL Olivenöl

1 Ei

1 Eidotter

5 EL lauwarmes Wasser

ZUBEREITUNG

• Mehl, Salz, Olivenöl, Ei, Eidotter und Wasser zu einem weichen Nudelteig verarbeiten und in Klarsichtfolie ca. ½ Stunde rasten lasten.

• Danach die Arbeitsfläche mit Mehl bestäuben und den Teig messerrückendick ausrollen. Die Oberseite vom Teig auch mit Mehl einstäuben, dann zusammenrollen.

• Den Teig nun in der gewünschten Stärke schneiden, auflockern und in heißem Wasser bissfest kochen.

ZUBEREITUNGSZEIT: ca. 40 Minuten

Tipp

Aus diesem Teig kann man auch frische Lasagneblätter schneiden. Ein ungelochtes Garblech mit 1 EL Öl und fingerbreit Salzwasser auffüllen, fertigen Nudelteig zu Lasagneblättern schneiden und nebeneinander im auf 100° C vorgeheizten DG 15 Minuten dämpfen.

Gemüse-Lasagne

ZUTATEN

18 Lasagneblätter

600 g Gemüse, z. B. Zucchini, Pilze, Melanzani, Paprika

3 EL Olivenöl

2 Knoblauchzehen, gepresst

80 g Zwiebel

2 l passierte Tomaten

Salz, Pfeffer, frisch gemahlen

Oregano

150 g Pecorino (oder Parmesan), gerieben

400 g Mozzarella, in Scheiben geschnitten

Butter für die Form

GUSS

¼ l Sauerrahm

3 Eidotter

80 g Pecorino (oder Parmesan), gerieben

Salz, Pfeffer

ZUBEREITUNG

• Das Gemüse in 1 cm große Würfel schneiden und Öl in einer flachen Pfanne erhitzen. Die Gemüsewürfel kurz anbraten, Knoblauch beigeben, alles aus der Pfanne heben.

• Zwiebel in restlichem Öl anschwitzen, mit den passierten Tomaten ablöschen und einige Minuten kochen lassen. Gemüse-Gemisch einrühren, mit Salz, Pfeffer und Oregano gut würzen. Ragout erkalten lassen und Pecorino beimengen.

• Eine Auflaufform ausbuttern, mit Lasagneblättern auslegen, ein Drittel der Gemüsemasse darüber verteilen, mit Mozzarellascheiben belegen, mit Lasagneblättern bedecken, den Vorgang wiederholen, bis alle Blätter und das Ragout aufgebraucht sind. Sauerrahm mit Eidotter und geriebenem Käse vermischen, mit Salz und Pfeffer würzen und über die Lasagne verteilen.

• 45 Minuten bei 100° C im DG garen. Man kann die Lasagne aber auch einige Stunden vorher zubereiten und später fertigstellen – dann verkürzt sich die Garzeit auf 25 Minuten.

• Die Lasagne aus dem DG nehmen und im Backrohr bei Grillfunktion und 200° C 7 Minuten bräunen.

ZUBEREITUNGSZEIT: ca. 30 Minuten
GARZEIT: 32 Minuten

Gefüllte Hirsepalatschinke

ZUTATEN

30 g Hirse-Flocken

20 g Dinkelvollkornmehl

250 ml Milch

1 Ei

1 Prise Salz

2 EL Butter

etwas Öl zum Ausbacken

FÜLLE

300 g Blattspinat, evtl. TK

1 Hühnerbrust

1 Knoblauchzehe

Salz, Pfeffer

ZUBEREITUNG

• Die Butter schmelzen. Alle Zutaten mit dem Schneebesen zu einem flüssigen Teig vermengen und gut durchrühren. Den Teig ca. 15 Minuten rasten lassen.

• Danach eine beschichtete Pfanne mit einem Pinsel nur leicht befetten und die Palatschinken vorsichtig ausbacken.

• Die Palatschinken auf einem flachen Teller stapeln, damit diese dann leicht gefüllt werden können.

• Den Blattspinat in eine gelochte Garschale geben. Die Hühnerbrust in kleine Stücke (ca. 1 cm groß) schneiden und in die ungelochte Garschale geben. Beide Behälter nun in den auf 100° C vorgeheizten DG geben und 6 Minuten dämpfen.

• Die Hühnerbruststücke zum Spinat geben, mit Salz, Pfeffer und gehacktem oder zerdrücktem Knoblauch würzen und abschmecken.

• Die Palatschinken mit der Spinatmasse füllen, fest einrollen und im DG bei 80° C 5 Minuten ziehen lassen.

ZUBEREITUNGSZEIT: ca. 30 Minuten
GARZEIT: 31 Minuten

Hirse-Topfen-Schnitte mit Gemüseragout

ZUTATEN

	300 g Hirse
	750 ml heiße Gemüsebrühe
	1 Knoblauchzehe, fein gehackt
	Salz
	2 Eier
	150 g Topfen
	1 EL Reismehl
	1 EL Petersilie, fein gehackt
	1 EL Schnittlauch, fein geschnitten
	Salz, Pfeffer
	1 TL Olivenöl

RAGOUT

	1 Melanzani
	1 Zucchini
	1 Karotte
	1 Gelbe Rübe
	100 ml Schlagobers
	50 ml Weißwein
	1 EL Speisestärke
	Salz, Pfeffer
	Thymian, Oregano, Majoran, Lorbeerblatt

ZUBEREITUNG

• Den DG bzw. Kombi-DG auf 100° C vorheizen.

Hirse erst mit heißem, dann mit kaltem Wasser abspülen und gut abtropfen lassen. In einen ungelochten Garbehälter geben und mit der heißen Gemüsebrühe aufgießen. Den fein gehackten Knoblauch dazugeben und mit Salz abschmecken. Alles bei 100° C 30 Minuten dämpfen und auskühlen lassen.

• In der Zwischenzeit die Eier verschlagen, mit Topfen, Reismehl, Petersilie und Schnittlauch vermengen, mit Salz und Pfeffer abschmecken, zur ausgekühlten Hirse geben und gut untermischen. Aus der Masse mithilfe einer Vorspeisenform Rechtecke formen und auf ein ungelochtes, geöltes Garblech geben.

• DG: Bei 100° C 20 Minuten dämpfen.

• Kombi-DG: Bei 180° C Kombidampf 12 Minuten garen.

• Inzwischen für das Gemüseragout das Gemüse waschen, in grobe Stücke schneiden und im DG bzw. Kombi-DG bei 100° C 6 Minuten mit den Hirseschnitten dämpfen.

• In einem Topf das Schlagobers erhitzen, das gedämpfte Gemüse dazugeben und mit Salz, Pfeffer und den Gewürzen vermengen. Den Weißwein mit der Speisestärke verrühren und das Gemüseragout damit binden.

ZUBEREITUNGSZEIT: ca. 35 Minuten
GARZEIT: 56 Minuten

Tipp

Die Hirse-Topfen-Schnitten lassen sich vielseitig variieren: als Hauptspeise, etwa auch zu anderem Gemüse und einer Kräutersauce, oder als Beilage zu Fleisch- und Fischgerichten.

Polenta-Spinat-Türmchen

ZUTATEN

250 g Maisgrieß
1 l Wasser
10 g Salz
2 EL Olivenöl
200 g Blattspinat (TK)
40 g Sauerrahm
Salz, Pfeffer
1 Knoblauchzehe, zerdruckt
50 g Parmesan, frisch gerieben
2 EL Sauerrahm
40 g Parmesan, gehobelt

ZUBEREITUNG

• Den DG bzw. Kombi-DG auf 100° C vorheizen.

• In einen ungelochten Garbehälter das Wasser eingießen, salzen und 1 EL Öl zugeben. Den Maisgrieß einrühren und bei 100° C 18 Minuten dämpfen.

• Den Blattspinat auf ein gelochtes Garblech geben und unterhalb des Maisgrieß-Behälters während der letzten 10 Minuten in das Gerät geben.

• Den Spinat herausnehmen, gut ausdrücken, mit 40 g Sauerrahm, Salz, Pfeffer sowie Knoblauch würzen, gut vermengen. In einen ungelochten Garbehälter geben.

• Die fertig gedämpfte Polenta mit 2 EL Sauerrahm und geriebenem Parmesan vermischen. Auf ein Blech dick aufstreichen, auskühlen lassen. Wenn die Masse fest ist, runde Taler ausstechen.
Ein ungelochtes Garblech mit dem restlichen Öl ausstreichen und die Polentataler auflegen.

• Polentataler und Spinat im DG bzw. Kombi-DG bei 100° C 8 Minuten dämpfen.

• Nun Polentataler auf einen Teller setzen, einen kleinen Teil der Spinatmasse daraufgeben, wieder Polentataler auflegen, mit etwas Spinat abschließen und einige Parmesanhobel darüberstreuen.

• Dazu passt gut die Tomatensalsa wie auf Seite 36 beschrieben.

ZUBEREITUNGSZEIT: ca. 20 Minuten
GARZEIT: 26 Minuten

Knödeltimbale auf Linsenragout

ZUTATEN

500 g Linsen
1 l Wasser
200 g Semmelwürfel
250 ml Milch
60 g Zwiebel, fein gehackt
80 g weiche Butter
Muskatnuss
3 Eier
1 Bd. Suppengemüse
(Karotte, Selleriewurzel,
Petersilienwurzel, Lauch)
750 ml Gemüsebrühe
Salz, Pfeffer
1 Knoblauchzehe, zerdrückt
Petersilie

ZUBEREITUNG

• Die Linsen 8 Stunden in Wasser einweichen.

• Den DG bzw. Kombi-DG auf 100° C vorheizen.

• Die eingeweichten Linsen abgießen, in einen ungelochten Garbehälter geben und mit 1 Liter Wasser aufgießen. Bei 100° C
25 Minuten dämpfen, danach abspülen.

• Für das Timbale die Zwiebeln in 1 EL Butter anschwitzen lassen. Die
Semmelwürfel mit Milch übergießen, salzen und durchmischen. Die
restliche Butter schaumig rühren. Mit frisch geriebener Muskatnuss
würzen.

• Die Eier verschlagen und nach und nach zur Butter geben. Die Butter-
Ei-Mischung und die Zwiebeln unter die Semmelwürfel mengen und
alles gut durcharbeiten. Die Masse leicht zusammendrücken und
30 Minuten ziehen lassen.

• Das Suppengemüse putzen und waschen. Karotten, Sellerie und
Petersilienwurzel in Würfel, Lauch in Ringe schneiden. Selleriegrün
waschen und hacken. Das Gemüse auf ein gelochtes Garblech geben
und im DG bei 100° C 10 Minuten dämpfen.

• Die Gemüsebrühe in einem Topf erwärmen, die Linsen sowie das
Gemüse dazugeben. Alles ca. 5 Minuten köcheln lassen. Ragout mit
Salz, Pfeffer, Knoblauch, Petersilie und Selleriegrün würzen und ab-
schmecken.

• Timbaleformen mit kaltem Wasser ausspülen und die Knödelmasse
einfüllen. Leicht andrücken, die Form samt Inhalt auf ein geöltes ungelochtes Garblech stürzen und die Form wieder abziehen. Bei jeder
Portion gleich vorgehen.
(Genauso gut kann man einen Vorspeisenring zur Herstellung verwenden, notfalls eine Kaffeetasse.)

• DG bzw. Kombi-DG: Bei 100° C 15 Minuten dämpfen. Dann gemeinsam mit dem Linsenragout anrichten.

ZUBEREITUNGSZEIT: ca. 30 Minuten
GARZEIT: 55 Minuten

Buntes Gemüse-Einkorn-Schnitzel mit Bergkäse und Spinat

ZUTATEN

500 g Einkorn	
400 g Blattspinat (TK)	
100 ml Schlagobers	
300 g Zucchini	
300 g Melanzani	
100 g Karotten	
150 g Paprika rot	
150 g Paprika grün	
150 g Paprika gelb	
200 g Bergkäse	
2 Knoblauchzehen, gehackt	
2 Eier	
2 TL Reismehl	
Salz, Pfeffer	
Majoran, Thymian	
1 EL Olivenöl	

ZUBEREITUNG

• Einkorn waschen und abtropfen lassen. In eine ungelochte Garschale geben und mit 1 Liter ungesalzenem Wasser aufgießen. In den DG geben und 15 Minuten dämpfen. Herausnehmen, mit Frischhaltefolie zudecken und 10 Minuten quellen lassen.

• Den Blattspinat auf ein gelochtes Garsieb geben und im DG bei 100° C 10 Minuten (mit dem Einkorn zugleich) dämpfen. Bei frischem Spinat genügen 3 Minuten. Anschließend den Spinat herausnehmen und fest ausdrücken, in eine ungelochte Garschale geben, das Schlagobers dazugießen und mit Salz, Pfeffer und Knoblauch abschmecken.

• Zucchini und Melanzani waschen, Karotten schälen. Alles in feine Streifen schneiden. (Zucchini und Karotten können auch mit dem feinen Einsatz des V-Hobels geraspelt werden.)

• Von den Paprika den Deckel abnehmen und Kerne sowie Trennwände ausschneiden. Paprika in sehr feine Streifen schneiden.

• Einkorn, das vorbereitete Gemüse, die Eier, den geriebenen Bergkäse und das Reismehl mit Salz, Pfeffer, Majoran, Thymian gut vermengen und daraus gleichmäßige Schnitzel formen.

• Ein ungelochtes Garblech mit etwas Öl ausstreichen und die Laibchen daraufsetzen. Diese bei 100° C im DG 12 Minuten dämpfen. Den Spinat die letzten 6 Minuten in den DG dazugeben.

ZUBEREITUNGSZEIT: ca. 25 Minuten
GARZEIT: 27 Minuten

Tipp

Bei Bedarf kaltes Gemüse-Einkorn-Schnitzel mit dem kalten Spinat auf Tellern anrichten, mit der Frischhaltefolie zudecken und im vorgewärmten DG bei 90° C 6 Minuten regenerieren.

Italienische Pastaquiche

ZUTATEN

600 g Nudeln (Spiralen)
6 Eier
100 ml Milch
125 g Schinken, feinwürfelig
100 g Almkäse, gerieben
1 Zwiebel
2 EL frische Petersilie, gehackt
2 EL Olivenöl
Salz, Pfeffer
Parmesan, frisch gerieben
3 EL Butter zum Ausstreichen

ZUBEREITUNG

• Den DG auf 100° C vorheizen.

• Die Nudeln laut Packungsangabe in Salzwasser al dente kochen und sofort kalt abspülen.

• Das Öl in einer Pfanne erhitzen. Zwiebel fein hacken und darin anschwitzen. Petersilie hinzugeben.

• In eine große Schüssel die gut abgetropften Nudeln geben und mit den Eiern, der Milch, dem Schinken, der Zwiebel-Petersilien-Mischung und dem Kase gut verrühren, dann salzen und pfeffern.

• Eine Auflaufform mit Butter ausstreichen, die Masse einfüllen und im DG bei 100° C 40 Minuten dämpfen.

• Wer die Oberfläche knusprig haben will, kann die Quiche noch 4 Minuten unter dem Grill gratinieren.

• Vor dem Servieren mit geriebenem Parmesan bestreuen.

ZUBEREITUNGSZEIT: ca. 25 Minuten

GARZEIT: 44 Minuten

Tipp

Die Pastaquiche erkalten lassen und zugedeckt in den Kühlschrank stellen.

Bei Bedarf Portionen mit Frischhaltefolie zugedeckt im vorgewärmten DG bei 95° C 8 Minuten regenerieren.

Vor dem Servieren mit geriebenem Parmesan bestreuen.

Kartoffel-Gemüse-Strudel mit Kräutersauce

ZUTATEN

600 g Kartoffeln (mehlig)
100 g Karotten
100 g Zucchini
100 g Brokkoli
100 g Frischkäse
(oder Magertopfen)
4 Strudelblätter
2 EL Butter
Salz, Pfeffer
Schabzigerklee, Petersilie,
Muskatnuss

KRÄUTERSAUCE

250 ml Schlagobers
150 ml Gemüsebrühe
(oder Wasser)
100 g Zwiebel
2 EL Olivenöl
2 EL Weißwein
1 EL Speisestärke
Salz
frische Kräuter, z. B. Kresse,
Schnittlauch, Petersilie

ZUBEREITUNG

• Den DG auf 100° C vorheizen.
• Die Kartoffeln waschen und in der Schale im DG bei 100° C auf einem gelochten Garbehälter für ca. 50 Minuten dämpfen.
• Die Karotten schälen, die Zucchini waschen und beides kleinwürfelig schneiden, danach getrennt in eine gelochte Garschale geben. Den Brokkoli in kleine Röschen teilen und zu den Zucchini auf die gelochte Garschale geben.
Die Karotten 15 Minuten vor Ende der Garzeit zu den Kartoffeln in den DG geben und die letzten 8 Minuten Zucchini und Brokkoli dazugeben.
• Anschließend das Gemüse sofort kalt abspülen und abtropfen lassen, die Kartoffeln schälen und etwas auskühlen lassen. Die Kartoffeln stampfen und mit dem Gemüse, dem Frischkäse, Salz, Pfeffer, Schabzigerklee, Petersilie und etwas Muskatnuss vermengen.
• Ein Strudelblatt auf ein Küchentuch legen, mit der flüssigen Butter bestreichen und ein zweites Blatt darauflegen. Nun einen Teil der Masse auf das untere Ende des Strudelblattes legen, beide Seiten einschlagen und mithilfe des Küchentuchs aufrollen. Mit der restlichen Masse ebenso verfahren und die Strudel auf eine ungelochte Garschale legen. Im DG bei 100° C ca. 30 Minuten dämpfen.
• Für die Sauce das Olivenöl in einem Topf erhitzen, die fein geschnittene Zwiebel darin anschwitzen und mit dem Weißwein ablöschen. Etwas reduzieren und mit der Gemüsebrühe oder dem Wasser sowie dem Schlagobers auffüllen. Mit Salz würzen, die frischen Kräuter von den Stielen zupfen und ebenfalls in die Sauce geben. Nur kurz aufkochen lassen und mit einem Standmixer (oder Stabmixer) fein pürieren.
• Danach die Sauce wieder in den Topf geben, die Speisestärke mit 1 EL kaltem Wasser anrühren und die kochende Sauce damit binden.
• Den Strudel portionieren und gemeinsam mit der Sauce anrichten.

ZUBEREITUNGSZEIT: ca. 30 Minuten
GARZEIT: 80 Minuten

Tipp

Für den späteren Gebrauch den Strudel erkalten lassen und zugedeckt in den Kühlschrank geben.
Bei Bedarf den Kartoffel-Gemüsestrudel auf Teller portionieren, mit Frischhaltefolie zudecken und im vorgewärmten DG bei 95° C ca. 8 Minuten regenerieren.
Die Sauce auf dem Herd erwärmen und den Strudel damit umkränzen.

Bärlauchknödel auf buntem Rieslinggemüse

ZUTATEN

400 g Semmelwürfel
100 g Bärlauch (oder Spinat)
300 ml Milch (bzw. nach Bedarf)
100 g Butter
4 Eier
2 Karotten
2 Gelbe Rüben
1 Zucchini
½ Lauch
2 EL Butter
1/16 l Weißwein (Riesling)
½ l Milch
2 EL Speisestärke
Salz, Pfeffer

ZUBEREITUNG

• Den DG auf 100° C vorheizen.

• Bärlauchblätter fein schneiden (oder vorher mithilfe des Pürierstabs mit etwas Olivenöl fein zu einem Bärlauchpesto pürieren) und unter die Semmelwürfel mischen. Milch und Butter erwärmen (DG 100° C – 3 Minuten) und über die Semmelwürfel gießen. Eier dazugeben und untermischen. Die Semmelknödelmasse mit Salz und Pfeffer würzen

• Die Masse 10 Minuten ziehen lassen. Anschließend daraus 12 Knödel formen und auf einem gelochten Garblech 15 Minuten bei 100° C dämpfen.

• Das Gemüse schälen bzw. putzen und in grobe Würfel schneiden. Dann auf dem gelochten Garblech im DG bei 100° C 9 Minuten dämpfen. Aus dem DG nehmen.

• Danach das Gemüse in Butter kurz anschwitzen, mit dem Weißwein ablöschen, die Milch dazugeben und mit Salz und Pfeffer würzen. Die Speisestärke in 1 EL Wasser auflösen und das Gemüse damit leicht binden.

• Die Knödel auf dem Gemüse anrichten.

ZUBEREITUNGSZEIT: ca. 25 Minuten
GARZEIT: 18 Minuten

Tipp

Die Bärlauchknödel sowie das Rieslinggemüse erkalten lassen und zugedeckt in den Kühlschrank stellen.
Bei Bedarf die Knödel halbieren und mit Frischhaltefolie zugedeckt im DG bei 95° C 10 Minuten regenerieren.
Die Gemüsesauce auf dem Herd erwärmen.

Polentataler mit Paprikasahnesauce

ZUTATEN

250 g Maisgrieß	
500 ml Gemüsebrühe	
(oder Wasser)	
1 TL Salz	
1 EL Olivenöl	
2 EL Sauerrahm	
50 g Parmesan, frisch gerieben	
1 EL Olivenöl für das Backblech	

SAUCE

2 Paprika grün	
1 Zwiebel	
1 Knoblauchzehe	
2 EL Olivenöl	
2 EL trockener Weißwein	
200 ml Gemüsebrühe	
200 ml Schlagobers	
Salz, Pfeffer	
Chili	
1 EL Speisestärke	

ZUBEREITUNG

• Den DG auf 100° C vorheizen.

• In einen ungelochten Garbehälter die Gemüsebrühe eingießen, salzen und das Öl zugeben. Den Maisgrieß einrühren und im DG bei 100° C 18 Minuten dämpfen.

• Polentamasse mit Sauerrahm und geriebenem Parmesan vermischen. Auf ein geöltes Backblech streichen und nach dem Auskühlen runde Taler ausstechen. Die Polentataler auf ein ungelochtes Garblech geben und im DG bei 95° C 3 Minuten erwärmen.

• Paprika und Zwiebel würfeln, die Knoblauchzehe fein hacken. Alles in einem Topf mit dem Olivenöl anschwitzen und mit dem Weißwein ablöschen. Das Gemüse mit der Gemüsebrühe aufgießen und ein paar Minuten köcheln lassen. Nun das Schlagobers hinzugeben und weiter köcheln lassen. Mit einem Standmixer (oder Stabmixer) fein pürieren. Noch einmal aufkochen lassen, mit Salz, Pfeffer, Chili würzen und die Sauce mit der in etwas kaltem Wasser angerührten Speisestärke binden.

• Gemeinsam gefällig anrichten.

ZUBEREITUNGSZEIT: ca. 25 Minuten
GARZEIT: 21 Minuten

Tipp

Die mit Sauerrahm und geriebenem Parmesan vermischte Polenta und die Paprikasahnesauce abkühlen lassen und zugedeckt in den Kühlschrank stellen.
Bei Bedarf wie oben vorgehen und die Polentaschnitten im vorgewärmten DG bei 95° C 5 Minuten regenerieren.
Die Sauce auf dem Herd erwärmen und darübergießen.

Gemüse-Dinkelreis-Pfanne

ZUTATEN

500 g Dinkelreis	
300 g Zucchini	
100 g Karotten	
100 g Gelbe Rüben	
100 g grüner Spargel	
150 g Paprika rot	
150 g Paprika grün	
150 g Paprika gelb	
Salz, Pfeffer	
1 EL Olivenöl	
2 Knoblauchzehen, gehackt	
2 Lorbeerblätter	
Majoran, Thymian	

ZUBEREITUNG

- Den DG auf 100°C vorheizen.
- Dinkelreis waschen und abtropfen lassen. In eine ungelochte Garschale geben und mit 1 Liter ungesalzenem Wasser aufgießen. Dinkelreis in den DG geben und 15 Minuten bei 100°C dämpfen.
- Gemüse waschen, Karotten und Gelbe Rüben schälen. Alles in feine Würfel schneiden. Von den Paprika den Deckel abnehmen und die Kerne sowie die Trennwände ausschneiden. Paprika ebenfalls in kleine Würfel schneiden.
- Den Dinkelreis aus dem DG nehmen, mit dem Gemüse vermengen und mit Salz, Pfeffer, Olivenöl, gehacktem Knoblauch, Lorbeerblättern, Majoran und Thymian würzen.
- Alles nochmals im DG bei 100°C 5 Minuten dämpfen.
- Aus dem DG nehmen und auf den vorbereiteten Tellern arrangieren.

ZUBEREITUNGSZEIT: ca. 25 Minuten
GARZEIT: 20 Minuten

Tipp

Den Gemüse-Dinkelreis rasch abkühlen lassen, zudecken und im Kühlschrank aufbewahren.
Bei Bedarf eine Portion entnehmen und mit Frischhaltefolie zugedeckt im DG bei 95°C 6 Minuten regenerieren.

Polenta-Ricotta-Knöpfe

ZUTATEN

400 g Polentagrieß
4 EL Hanfmehl
(oder schwarzer Sesam)
800 ml Gemüsebrühe
(oder Wasser)
100 g Ricotta
Salz
2 EL Olivenöl

ZUBEREITUNG

• Polentagrieß mit Hanfmehl mischen, salzen und die Masse in einen ungelochten Garbehälter geben. Mit der Gemüsebrühe aufgießen und im DG bei 100° C 15 Minuten dämpfen. Herausnehmen und die heiße Hanfpolenta mit dem Ricotta vermengen.

• Ein ungelochtes Garblech mit Olivenöl ausstreichen. Aus dem Polenta-Ricotta-Gemisch eine fingerdicke Rolle formen (siehe Tomaten-gnocchi auf Seite 85) und mit der Teigspachtel kleine „Knöpfe" abste-chen. Diese auf das Garblech legen und im DG bei 100° C 10 Minuten dämpfen. Den Vorgang so lange wiederholen, bis die gesamte Polenta-Ricotta-Masse verbraucht ist.

• Als Serviervorschlag empfehlen wir die Kombination mit geschmorten Aromatomaten (siehe Tipp unten).

ZUBEREITUNGS- UND GARZEIT: ca. 30 Minuten

Tipp

Wenn Sie statt Hanfmehl schwarzen Sesam verwenden, diesen in einer Pfanne trocken rösten und dann wie das Hanfmehl weiter-verwenden.

Die fertigen und abgekühlten Polenta-Ricotta-Knöpfe auf ein geöltes Tablett geben und tiefkühlen. Sind sie gefroren, in Tiefkühlbeutel umfüllen. So lassen sie sich bei Gebrauch einzeln entnehmen.

Geschmorte Aromatomaten:

Backrohr auf 130° C Umluft vorheizen. Ein Backblech mit Backpapier belegen. Cocktailtomaten halbieren und mit der Schnittfläche nach oben auflegen. Mit Olivenöl beträufeln und mit Salz würzen. Tomaten ca. 1 Stunde schmoren, bis sie karamellisieren. Ein unvergessliches Tomatenaroma!

Schnelle Ziegenkäsegnocchi

ZUTATEN

200 g Ziegenweichkäse

50 g Parmesan

80 g Montasio (Bergkäse)

50 g Reismehl

20 g Dinkelgrieß

2 Eidotter

¼ TL Schabzigerklee (wenn vorhanden)

2 EL Olivenöl

ZUBEREITUNG

• Den Parmesan und den Montasio (ohne Rinde) reiben und mit dem Ziegenkäse vermengen. Dann Reismehl, Dinkelgrieß, Eidotter und den Schabzigerklee einarbeiten und den Teig für 15 Minuten rasten lassen. Aus diesem Teig eine fingerdicke Rolle formen und 2 cm lange Stücke abschneiden. Die Stücke über die Zinken einer Gabel rollen, um die typische Rillung zu erhalten.

• Ein gelochtes Garblech mit Olivenöl ausstreichen, die Ziegenkäsegnocchi darauflegen und im DG bei 100° C 15 Minuten dampfen.

• Die Ziegenkäsegnocchi gemeinsam mit in Butter geschwenkten Grünen Bohnen und Cocktailtomaten oder auf Wokgemüse servieren.

ZUBEREITUNGSZEIT: ca. 30 Minuten

GARZEIT: 15 Minuten

Tipp

Der Dinkelgrieß in der fertig zubereiteten Gnocchi-Masse braucht etwas Zeit zum Quellen. Das macht den Teig schön weich.

Gefüllte Melanzaniröllchen

ZUTATEN

2 kleine Melanzani
2 EL Olivenöl
600 g Bröseltopfen
½ TL Oregano
½ TL Thymian
½ TL Salz
Pfeffer
50 g getrocknete Tomaten (in Öl, aus dem Glas)
2 Knoblauchzehen, fein gehackt
4 Zweige frisches Basilikum

ZUBEREITUNG

• Die Melanzani am besten mit der Aufschnittmaschine längs in 12 gleichmäßige Scheiben schneiden. In einer Pfanne Olivenöl erhitzen und die Melanzani darin beidseitig kurz Farbe nehmen lassen. Die getrockneten Tomaten fein hacken. Den Topfen mit den Gewürzen, den Tomaten und Knoblauchzehen am besten mit dem Handmixer gut durchmischen.

• Die überkühlten Melanzanischeiben auflegen, die Topfenmasse mithilfe eines Esslöffels auf dem unteren Ende aufstreichen und alles aufrollen. Die Röllchen auf ein gelochtes Garblech im DG bei 95° C 15 Minuten dämpfen.

• Mit den frischen Basilikumzweigen garnieren. Als weitere Garnitur passen etwa geschmorte oder gedämpfte Tomaten.

ZUBEREITUNGSZEIT: ca. 10 Minuten
GARZEIT: 15 Minuten

Tipp

Kaufen Sie die Melanzani nie zu groß, bei den kleineren Früchten entfällt der mehlige Geschmack! Wer Melanzani gar nicht mag, nimmt einfach Zucchini.

Zitronenrisotto
auf Rote-Rüben-Carpaccio

ZUTATEN

300 g Risottoreis (Arborio)
500 ml heiße Gemüsebrühe
½ Zitrone (Schale + Saft)
1 Rote Rübe, gekocht
1 EL Ölivenöl
Chili nach Geschmack
Salz

ZUBEREITUNG

• Aus der halben Zitrone Zesten reißen.

• Den Risottoreis waschen und in einen ungelochten Garbehälter geben. Die heiße Gemüsebrühe darübergießen, mit Salz und Chili würzen sowie den Saft der halben Zitrone beimengen. Alles verrühren und im DG bei 100° C 25 Minuten dämpfen.

• In der Zwischenzeit die gekochte Rote Rübe in hauchdünne Scheiben schneiden (am besten mit der Aufschnittmaschine) und wie Carpaccio auf einen Teller schichten.

• Ölivenöl in einer kleinen Pfanne erhitzen und die Zitronenzesten darin anschwitzen.

• Das fertige Risotto aus dem DG nehmen, auf dem Rote-Rüben-Carpaccio anrichten und mit den Zitronenzesten bestreuen.

ZUBEREITUNGSZEIT: ca. 15 Minuten
GARZEIT: 25 Minuten

Tipp

Als Geschmacksverstärker verwenden Sie gehobelten Parmesan, der gemeinsam mit den Zitronenzesten zum Schluss über das Gericht gestreut wird.

Tomatengnocchi mit Hanfnüssen

ZUTATEN

750 g mehlige Kartoffeln	
1 Ei	
50 g Parmesan, gerieben	
2 EL Tomatenmark	
1 Msp. geriebene Muskatnuss	
1 TL Salz	
225 g Dinkelvollkornmehl	
2 EL Olivenöl	
100 g geschälte Hanfnüsse	
100 g Butter	

ZUBEREITUNG

• Kartoffeln mit Schale auf ein gelochtes Garblech geben und im DG bei 100° C circa 45 Minuten dämpfen. Danach schälen, heiß passieren und etwas überkühlen lassen. Ei, Parmesan, Tomatenmark und Muskatnuss unterrühren und mit Salz abschmecken. Das Dinkelmehl zügig untermischen und den Teig 5 Minuten rasten lassen.

• Danach fingerdicke Rollen formen und in 2 bis 3 cm lange Stücke schneiden. Diese über die Zinken einer Gabel rollen, um die typische Rillung zu erhalten (sie lässt Butter oder Sauce besser haften).

• Ein gelochtes Garblech mit Olivenöl ausstreichen, die Gnocchi darauflegen und im DG bei 95° C 8 Minuten dämpfen.

• In einer großen Pfanne die Hanfnüsse ohne Fettzugabe leicht rösten (immer wieder rühren, damit sie nicht anbrennen). Jetzt die Butter zugeben und schmelzen lassen. Die Gnocchi aus dem DG nehmen und in der Hanfbutter schwenken.

• Dazu passt Salat mit einer Preiselbeer- oder Himbeermarinade. (Geben Sie dazu einfach einen Esslöffel Preiselbeer- oder Himbeermarmelade in die Marinade.)

ZUBEREITUNGSZEIT: ca. 80 Minuten
GARZEIT: 8 Minuten

Tipp

Zum Tiefkühlen die gegarten Gnocchi nebeneinander auf eine geölte Platte legen und in den Tiefkühler geben. Sobald sie gefroren sind, in Tiefkühlbeutel umfüllen. Bei Bedarf entnehmen und direkt in den DG geben. Bei 100° C 10 Minuten dämpfen.

Tofu unter der Haube

ZUTATEN

400 g Blattspinat (TK)
4 Tomaten
2 Knoblauchzehen
150 ml Gemüsebrühe
1 EL Sauerrahm
1 Msp. Curry
1 Msp. geriebene Muskatnuss
Salz
Pfeffer
600 g Tofu
2 Knoblauchzehen
2 Eidotter
200 ml Schlagobers
100 g Butter
Salz
Pfeffer
1 Msp. geriebene Muskatnuss
2 EL Olivenöl

ZUBEREITUNG

Am Vortag:

• Den TK-Blattspinat vom Tiefkühler in den Kühlschrank geben und über Nacht auftauen lassen.

• Die Tomaten klein schneiden, den Knoblauch schälen und grob hacken. Beides mit der Gemüsebrühe in eine Keramikschüssel füllen und im DG bei 100° C 5 Minuten dämpfen. Danach mit einem Mixer unter Zugabe von Sauerrahm, Curry, Muskatnuss, Salz und Pfeffer fein pürieren.

• Den Tofu in Scheiben schneiden, zur Tomatenmarinade in die Schüssel geben und mit der Sauce bedecken. Ebenso über Nacht zugedeckt im Kühlschrank ziehen lassen.

Am Verzehrtag:

• Den Blattspinat in einen ungelochten Garbehälter geben und im DG bei 100° C 5 Minuten blanchieren. Danach auskühlen lassen, gut ausdrücken und grob hacken. Nun den Spinat mit den grob gehackten Knoblauchzehen und den Eidottern pürieren.

• Das Schlagobers steif schlagen.

• In einem Topf die Butter erwärmen, das Spinatpüree hinzufügen und das Schlagobers unterziehen. Sofort vom Herd nehmen und mit Salz, Pfeffer und Muskatnuss würzen.

• Jetzt den Tofu aus der Tomatenmarinade nehmen und die überschüssige Marinade abstreifen. Einen ungelochten Garbehälter mit Olivenöl ausstreichen und den Tofu daraufsetzen.

• Die Spinatmasse in einen Dressiersack mit Lochtülle füllen und auf den Tofu gleichmäßig auftragen. Im DG bei 100° C 15 Minuten dämpfen.

• Als Beilage empfehlen wir Kartoffeln und Gemüse der Saison.

ZUBEREITUNGSZEIT AM VORTAG: ca. 20 Minuten
ZUBEREITUNGSZEIT AM VERZEHRTAG: ca. 25 Minuten
GARZEIT ZUR FERTIGSTELLUNG: 15 Minuten

Einkorn-Köfte mit Linsen-Tomaten-Sauce

ZUTATEN

200 g	Einkornschrot
500 ml	Gemüsebrühe
1	Zwiebel
2 EL	Olivenöl
1	Knoblauchzehe
2 EL	frische Petersilie, grob gehackt
½ TL	Salz
½ TL	Kreuzkümmel
½ TL	Majoran
	Pfeffer
60 g	Glutenmehl

SAUCE

800 g	Linsen (dampfgegart, Dose)
400 g	Tomaten, gewürfelt (Dose)
1	Zwiebel
2	Knoblauchzehen
2 EL	Olivenöl
½ TL	Oregano
½ TL	Salz
	Pfeffer
	frische Oregano- oder Majoranzweige zum Garnieren

ZUBEREITUNG

• Den Einkornschrot mit der Gemüsebrühe in einen ungelochten Garbehälter geben und im DG bei 100° C 20 Minuten dämpfen.

• Für die Sauce Zwiebel und Knoblauch schälen, beides fein hacken.

• Den gedämpften Einkornschrot aus dem DG nehmen und überkühlen lassen.

• In der Zwischenzeit die gegarten Linsen abspülen. Das Olivenöl in einem Topf erhitzen und darin die Zwiebeln mit dem Knoblauch anschwitzen. Nun die Tomaten dazugeben und 5 Minuten köcheln lassen. Erst jetzt die Linsen hinzufügen und 5 Minuten weiterköcheln lassen. Die Linsen-Tomaten-Sauce mit Oregano, Salz und Pfeffer würzen, dann warmhalten.

• Für die Köfte Zwiebel schälen und fein würfeln, dann in einer Pfanne in Olivenöl anschwitzen. Den Knoblauch schälen, fein hacken und mit der Petersilie kurz mitbraten. Alles zu dem gedämpften Einkornschrot geben. Mit den restlichen Gewürzen abschmecken und mit dem Glutenmehl zu einer homogenen Masse verarbeiten. Mit nassen Händen kleine Bällchen (ca. 60 g schwer) formen und diese im DG auf einem ungelochten geölten Garblech bei 100° C für 15 Minuten dämpfen.

• Die Köfte gemeinsam mit der Linsen-Tomaten-Sauce und den frischen Majoran- oder Oreganozweigen anrichten.

ZUBEREITUNGSZEIT: ca. 30 Minuten
GARZEIT ZUR FERTIGSTELLUNG: 15 Minuten

Tipp

Köfte sind gut vorzubereiten und können am nächsten Tag kalt als Snack mit Salat genossen werden.

Trotz ähnlicher Bezeichnung sind Kreuzkümmel und Kümmel nicht näher verwandt. Beide gehören unterschiedlichen Gattungen an, und sie schmecken auch verschieden. Kreuzkümmel (oder Cumin) hat einen intensiven und unverwechselbaren Geschmack und Geruch, was von dem in den Samen enthaltenen Cuminaldehyd kommt. Den Kreuzkümmel immer erst spät zum Kochvorgang zugeben, da sich bei langer Kochzeit seine Intensität verringert.

Hokkaido-Kürbis mit Räuchertofu

ZUTATEN

1 kg Hokkaido
1 Zwiebel
2 Knoblauchzehen
50 g Datteln
200 g Zartweizen
400 ml Gemüsebrühe
100 g Blattspinat (TK)
100 g Räuchertofu
2 EL Olivenöl
½ TL Salz
Pfeffer
1 Msp. Chilipulver
1 Ei
80 g Reismehl

KRUSTE

100 g Semmelbrösel
80 g Cheddarkäse
1 Msp. Rosenpaprika
50 g Butter

ZUBEREITUNG

• Den Hokkaido achteln und von den Kernen befreien. Die Zwiebel und den Knoblauch schälen und in feine Würfel schneiden. Die Datteln entkernen und grob hacken. Den Zartweizen mit der Gemüsebrühe in einen ungelochten Garbehälter geben und im DG bei 100° C 18 Minuten dämpfen.

• Den Blattspinat auf ein gelochtes Garblech geben und während der letzten 10 Minuten unter (!) das Blech mit Zartweizen geben. (Sonst tropft die Spinatflüssigkeit auf den Zartweizen.)

• In der Zwischenzeit den Räuchertofu in kleine Würfel schneiden. In einer Pfanne Olivenöl erhitzen und die Zwiebel glasig anschwitzen. Jetzt den Knoblauch, die Datteln und den Räuchertofu dazugeben, kurz anbraten und zur Seite stellen.

• Den Zartweizen und den Spinat aus dem DG nehmen. Den Zartweizenmasse ca. 8 Minuten nachquellen lassen, den Spinat gut ausdrücken und grob schneiden. Danach den Spinat zum Zartweizen geben, mit Salz, Pfeffer und Chilipulver würzen und mit dem Ei und dem Reismehl so vermengen, dass eine gute Bindung entsteht.

• Nun die Kürbisspalten auf ein ungelochtes Garblech geben, die Räuchertofu-Mischung gleichmäßig darauf verteilen und zum Schluss die Zartweizenmasse darübergeben.

• Für die Kruste die Butter leicht erwärmen und mit den Semmelbröseln, dem Rosenpaprika und dem geriebenen Cheddar gut vermengen. Mit nassen Händen auf den Zartweizen streichen.

• Die so vorbereiteten Kürbisspalten im DG bei 100° C 18 Minuten dämpfen.

• Dazu passen die geschmorten Aromatomaten von Seite 77.

ZUBEREITUNGSZEIT: ca. 45 Minuten
GARZEIT ZUR FERTIGSTELLUNG: 18 Minuten

Tipp

Nur der Hokkaido-Kürbis kann ungeschält verwendet werden. Andere Kürbissorten muss man schälen.

Sollten Sie Gäste erwarten, bereiten Sie dieses Gericht bis zum Aufstreichen der Bröselmasse vor. Danach kühl stellen und zum benötigten Zeitpunkt in den DG geben.

Kartoffel-Kürbis-Knödel

ZUTATEN

1 Pkg. fertiger Kartoffelteig
200 g Butternusskürbis
Salz
2 EL Olivenöl

ZUBEREITUNG

● Den Kartoffelteig nach Herstellerangabe zubereiten.

● Den Kürbis entkernen, schälen und das Fruchtfleisch mit einer Küchenreibe auf ein trockenes Küchentuch raspeln. Leicht salzen und 5 Minuten ziehen lassen. Jetzt den Kürbis mithilfe des Küchentuches aus- wringen. Die trockenen Kürbisraspel mit der Kartoffelmasse ver- mischen. Aus dem Teig Knödel formen und auf ein mit Olivenöl bestri- chenes gelochtes Garblech legen. Im DG bei 100° C 15 Minuten dämpfen.

● Dazu passen zerlassene Butter und Salat oder gedämpftes Sauer- kraut.

ZUBEREITUNGS- UND GARZEIT: ca. 30 Minuten

Tipp

Gedämpftes Sauerkraut ist leicht gemacht. Dazu das Sauerkraut kurz abschwemmen und in einem ungelochten Garbehälter mit 1 EL Zucker, 1 TL Brotgewürz und ¼ TL Salz würzen. Zur Geschmacks- intensivierung 50 g Räuchertofu über das Sauerkraut bröseln. Im DG bei 100° C 35 Minuten dämpfen.

Berglinsenknödel

ZUTATEN

200 g Berglinsen
80 g Haferflocken
360 ml Gemüsebrühe
100 g Couscous
1 Zwiebel
2 Knoblauchzehen
1 Paprika rot
1 Paprika grün
2 EL Olivenöl
1 TL Estragonsenf
¼ TL Petersilie
¼ TL Oregano
¼ TL Koriander gemahlen
1 TL Salz
Pfeffer
1 Ei
2 EL Reismehl

ZUBEREITUNG

● Die Berglinsen abspülen und in einen ungelochten Garbehälter geben. Die Haferflocken, den Couscous und die Gemüsebrühe dazu- geben und alles im DG bei 100° C 15 Minuten dämpfen.

● Zwischenzeitlich die Zwiebel sowie den Knoblauch schälen und in feine Würfel schneiden. Die Paprika putzen und ebenfalls in kleine feine Würfel schneiden. In einer Pfanne Olivenöl erhitzen und die Zwiebelwürfel darin glasig braten. Danach die Paprika kurz mitrösten, zum Schluss den Knoblauch untermengen.

● Den Garbehälter aus dem DG nehmen, den Zwiebel-Paprika-Mix zu dem Linsen-Haferflocken-Couscous-Gemisch geben und mit Estragon- senf, Kräutern, Koriander, Salz und Pfeffer würzen. Ei und Reismehl untermengen und aus der Masse mit nassen Händen Knödel formen. Die Knödel auf ein gelochtes Garblech geben und im DG bei 100° C 13 Minuten dämpfen.

● Gemeinsam mit Salat anrichten.

ZUBEREITUNGSZEIT: ca. 20 Minuten
GARZEIT: 28 Minuten

Asia-Nudeln mit Linsenbällchen

ZUTATEN

1 Chinakohl (ca. ½ kg)
200 g Berglinsen
80 g Haferflocken
350 ml Gemüsebrühe
2 Knoblauchzehen
30 g Ingwer (ca. 3 cm)
1 Ei
1 EL Reismehl
1 TL Salz
4 EL Olivenöl
250 g Mie-Nudeln
2 Jungzwiebeln
50 g Erdnüsse gesalzen
3 EL Sojasauce
100 ml Chilisauce
2 EL Limettensaft

ZUBEREITUNG

• Den Chinakohl vom Strunk befreien, grob zerteilen und im DG bei 100° C 5 Minuten blanchieren. Danach sofort kalt abspülen, um die Farbe zu erhalten.

• Die Berglinsen abspülen und in eine ungelochte Garschale geben. Die Haferflocken und die Gemüsebrühe zu den Linsen geben und im DG bei 100° C 18 Minuten dämpfen.

• Die Garschale aus dem DG nehmen und den Inhalt in eine Schüssel umfüllen. Knoblauch schälen und gemeinsam mit dem Ingwer fein hacken. Die Hälfte von dem Knoblauch-Ingwer-Gemisch, das Ei und das Reismehl zu den Linsen geben und untermengen. Mit Salz würzen und mit nassen Händen aus der Masse kleine Knödel formen. Diese auf ein mit 2 EL Olivenöl ausgestrichenes gelochtes Garblech geben und im DG bei 100° C 10 Minuten dämpfen.

• Die Mie-Nudeln laut Packungsanleitung zubereiten, danach kalt abspülen.

• Jungzwiebel in feine Ringe schneiden und Erdnüsse grob hacken. In einer großen Pfanne die restlichen 2 EL Olivenöl erhitzen. Die Nudeln 4 Minuten braten, dann Jungzwiebeln, Chinakohl, Sojasauce, übriges Knoblauch-Ingwer-Gemisch, Erdnüsse, Chilisauce und Limettensaft untermengen. Alles gut 3 Minuten unter Rühren weiterbraten.

• Die Linsenbällchen auf den Nudeln anrichten.

ZUBEREITUNGSZEIT: ca. 35 Minuten
GARZEIT ZUR FERTIGSTELLUNG: 10 Minuten

Mais-Mango-Gemüse mit Bohnensteak

ZUTATEN

500 g Kidneybohnen
(gekocht, abgespült)
250 g Ricotta
1 Zwiebel
2 Knoblauchzehen
4 EL Olivenöl
2 EL frischer Koriander
(oder Petersilie), fein gehackt
1 TL Chilipulver
¼ TL Oregano
80 g Semmelbrösel
1 Ei
1 TL Estragonsenf
Salz
Pfeffer
1 TL Rosenpaprika

1 große Mango
200 g Maiskörner
2 Knoblauchzehen
2 Paprika rot
2 Jungzwiebeln
2 EL Olivenöl
¼ TL Oregano
Salz

ZUBEREITUNG

• Die Zwiebel und den Knoblauch schälen und fein schneiden. In einer Pfanne 2 EL Olivenöl erhitzen und Zwiebel und Knoblauch darin anschwitzen. Danach den Koriander, das Chilipulver und den Oregano dazugeben und kurz mitbraten. Beiseite geben.

• Die Bohnen mit einem Kartoffelstampfer zerdrücken, 40 g Semmelbrösel, Ei, Estragonsenf, Ricotta sowie die Zwiebel-Knoblauch-Mischung dazugeben und mit Salz und Pfeffer abschmecken.
Dann die restlichen Semmelbrösel mit dem Paprikapulver mischen.
Aus der Bohnenmasse „Steaks" formen und einseitig in die gewürzten Semmelbrösel drücken. Auf ein mit 2 EL Olivenöl ausgestrichenes ungelochtes Garblech geben und im DG bei 100° C 15 Minuten dämpfen.

• In der Zwischenzeit die Mango schälen, das Fruchtfleisch vom Stein lösen und in Würfel schneiden. Den Knoblauch schälen und fein hacken, die Paprika in Streifen sowie die Jungzwiebeln in Ringe schneiden.

• In einer Pfanne Olivenöl erhitzen und zuerst die Paprikastreifen, dann die Maiskörner mit dem Knoblauch und zum Schluss die Jungzwiebeln untermengen. Mit Oregano und Salz würzen und alles kurz anbraten. Jetzt die Mangowürfel dazugeben und mitschwenken.

• Das Gemüse auf den Tellern verteilen und gemeinsam mit den Bohnensteaks anrichten.

ZUBEREITUNGSZEIT: ca. 20 Minuten
GARZEIT: 15 Minuten

Kichererbsencurry mit Dattelreis

ZUTATEN

400 g Kichererbsen (gegart)
2 Karotten
1 Zucchini
1 Zwiebel
1 Paprika rot
1 Paprika grün
2 EL Olivenöl
¼ TL Kreuzkümmel (Cumin)
½ TL Curry Japur (roter Curry bzw. rote Currypaste)
400 ml Kokosmilch
125 ml Joghurt
1 Msp. Nelkenpulver
1 Msp. Zimt
Salz
Pfeffer
200 g Datteln (bevorzugt Medjoul-D.)
½ Zwiebel
2 EL Olivenöl
150 g Basmatireis
300 ml Gemüsebrühe

ZUBEREITUNG

• Karotten schälen, Zucchini waschen, Zwiebel schälen, Paprika waschen und entkernen und alles in kichererbsengroße Stücke schneiden. In einem dampfgargeeigneten Topf Olivenöl erhitzen und das Gemüse darin anschwitzen. Danach den Kreuzkümmel und das Currypulver beigeben, kurz mitbraten und mit der Kokosmilch ablöschen. Jetzt die Kichererbsen und die restlichen Gewürze beigeben, ein Mal aufkochen lassen. Dann den Topf auf den Gitterrost geben und im DG bei 100° C 25 Minuten dämpfen.

• Währenddessen für den Dattelreis die Datteln entsteinen und in feine Streifen schneiden. Die Zwiebel schälen und fein würfeln. In einer Pfanne Olivenöl erhitzen und die Zwiebel darin glasig anschwitzen. Nun die Dattelstreifen dazugeben und kurz durchschwenken. Den Reis in einen ungelochten Garbehälter geben, mit der Gemüsebrühe aufgießen, die Zwiebel-Dattel-Mischung dazugeben, kurz umrühren und nach 5 Minuten zum Kichererbsencurry in den DG geben.

• Nach Ende der Garzeit das Joghurt unter das Kirchererbsencurry rühren und dieses gemeinsam mit dem Dattelreis anrichten.

ZUBEREITUNGSZEIT: ca. 15 Minuten
GARZEIT: 25 Minuten

Tipp

Die Kichererbse ist im Handel in roher und dampfgegarter Form (Dose und Glas) erhältlich. Rohe Kichererbsen empfehlen wir aufgrund des unverdaulichen Giftstoffs Phasin und des Bitterstoffes Saponin vor Verwendung sorgfältig zu waschen. Idealerweise weichen Sie die Kircherbsen circa 8 Stunden oder über Nacht in reichlich Wasser ein. Danach wird das Einweichwasser weggeschüttet, die Kichererbsen nochmals abgespült und anschließend im Dampfgarer gegart. Diese Prozedur ersparen Sie sich beim Kauf von bereits gegarten Kichererbsen.
Wenn Sie rote und grüne Paprika nicht zur Hand haben oder nicht vertragen, einfach weglassen.

Pikantes Linsenragout

ZUTATEN

500 g Berglinsen

5 schwarze Pfefferkörner

5 Pimentkörner

2 Lorbeerblätter

¼ TL Thymian

¼ TL Majoran

4 EL Apfelessig

1 l Wasser

2 Gelbe Rüben

2 Karotten

2 Petersilienwurzeln

½ Sellerieknolle

2 Zwiebeln

2 Knoblauchzehen

2 EL Olivenöl

1 Zitrone (Schale + Saft)

1 TL Estragonsenf

½ Bd. frische Petersilie

Salz

200 g Sauerrahm

(vegan: Sojajoghurt)

ZUBEREITUNG

• Die Linsen waschen und in einen ungelochten Garbehälter geben. Die Gewürze, also Pfefferkörner, Piment, Lorbeerblatt, Thymian und Majoran, in ein Teesieb oder einen Teefilter füllen und zu den Linsen legen. Nun mit Wasser und Essig aufgießen und im DG bei 100° C 30 Minuten dämpfen.

• In der Zwischenzeit die Gelben Rüben, die Karotten, die Petersilienwurzeln und die Sellerie schälen und in kleine Würfel schneiden. Das Wurzelgemüse auf ein gelochtes Garblech geben und die restlichen 10 Minuten zu den Linsen in den DG geben.

• Die Linsen aus dem DG nehmen und abseihen, dabei den Linsensud auffangen. Diesen Sud in einem Standmixer (oder mit dem Mixstab) mit einem Drittel der Linsen zu einer cremigen Konsistenz mixen.

• Nun die Zwiebeln und den Knoblauch schälen und fein hacken. In einem großen Topf Olivenöl erhitzen und beides darin glasig anschwitzen. Die Zitronenzesten hinzufügen, mit Senf würzen und mit dem Saft der ganzen Zitrone ablöschen. Die Petersilie fein hacken und dazugeben. Dann die gemixten Linsen und das Gemüse unterrühren, mit Salz abschmecken und 5 Minuten köcheln lassen. Zum Schluss den Sauerrahm unterrühren, das Linsenragout jetzt nicht mehr aufkochen.

• Dazu passen Semmelknödel (s. S. 218) oder geschmorte Aromatomaten (s. S. 77).

ZUBEREITUNGS- UND GARZEIT: ca. 45 Minuten

Hirsotto mit Pilzen und Heidelbeeren

ZUTATEN

200 g Goldhirse

200 g Champignons

40 g Steinpilze, getrocknet
(oder 100 g frische)

200 g Heidelbeeren

400 ml Gemüsebrühe

125 ml Weißwein

1 kleine Zwiebel

2 EL Olivenöl

¼ TL Majoran

¼ TL Thymian

Salz

Pfeffer

ZUBEREITUNG

• Die getrockneten Steinpilze in der Gemüsebrühe für ca. 15 Minuten einweichen.

• Die Hirse heiß und kalt abspülen und in einen ungelochten Garbehälter geben. Nun die eingeweichten Steinpilze direkt über dem Garbehälter mit der Hirse abseihen. Das bedeutet, die Einweichflüssigkeit wird zum Garen der Hirse verwendet. Jetzt die Hirse im DG bei 100° C 20 Minuten dämpfen.

• Zeitgleich die Zwiebel schalen und fein würfeln. Die Champignons putzen und grob schneiden. In einer Pfanne Olivenöl erhitzen und die Zwiebelwürfel darin glasig anschwitzen. Zuerst die ausgedrückten Steinpilze, dann die Champignons dazugeben und so lange braten, bis alles Wasser verdunstet ist. Jetzt mit Majoran, Thymian, Salz und Pfeffer würzen und mit dem Weißwein ablöschen. Etwas reduzieren lassen. Knapp vor Garende der Hirse die Heidelbeeren beigeben und kurz erwärmen.

• Das Hirsotto auf Tellern anrichten und die Pilz-Heidelbeer-Mischung darübergeben.

ZUBEREITUNGS- UND GARZEIT: ca. 45 Minuten

Tipp

Hirse vor Verwendung unbedingt 1 x heiß und 1 x kalt abspülen! Dadurch verliert sie ihre Bitterstoffe (Saponine).

Gemüse-Dampfata FÜR 1 PERSON

ZUTATEN

1 Paprika

1 kleiner Zucchini

1 Zwiebel

1 Knoblauchzehe

1 EL Olivenöl

3 Eier

Salz

Pfeffer

¼ TL Oregano

¼ TL Thymian

WENN VORHANDEN

50 g Walnüsse

1 EL geschälte Hanfnüsse
oder Pinienkerne

1 EL Cashewkerne

1–2 Zweige frische Petersilie

1–2 Zweige frisches Basilikum

ZUBEREITUNG

• Zwiebel und Knoblauch schälen und fein hacken. Paprika und Zucchini in kleine Würfel schneiden. Eine Keramikschüssel mit ca. 10 cm Durchmesser mit 1 EL Olivenöl ausstreichen und mit dem gemischten Gemüse befüllen. Im DG bei 100° C 3 Minuten blanchieren.

• In der Zwischenzeit die Nüsse grob hacken und die Eier verschlagen. Die Eimasse mit Salz, Pfeffer und den getrockneten Kräutern würzen und über das blanchierte Gemüse gießen. Alles vermischen und nochmals bei 100° C 8 Minuten dämpfen.

• Die frischen Kräuter fein hacken und über die fertige Dampfata streuen.

• Mit Schwarzbrot genießen.

ZUBEREITUNGSZEIT: ca. 15 Minuten
GARZEIT: 8 Minuten

Tipp

Die hier genannten Gemüsesorten sind Vorschläge. Ergänzen Sie nach Lust und Laune.

Gemüse-Couscous mit Banane FÜR 1 PERSON

ZUTATEN

100 g Couscous	
200 g Gemüse nach Wahl (TK)	
200 ml Gemüsebrühe	
½ Zwiebel	
½ Pkg. Safranfäden	
1 Stück Sternanis	
1 Msp. Kreuzkümmel	
Salz	
Pfeffer	

1 Banane
¼ TL Harissapaste
2 EL Butter (vegan: Margarine)
50 g geröstete Hanfnüsse
(oder Pinienkerne)

ZUBEREITUNG

• Die Zwiebel schälen, in feine Würfel schneiden und gemeinsam mit dem (TK-) Gemüse in einen gelochten Garbehälter geben. Den Couscous abspülen und mit der Gemüsebrühe samt Safranfäden, Sternanis, Kreuzkümmel, Salz und Pfeffer in einen ungelochten Garbehälter füllen. Beides im DG bei 100° C 12 Minuten dämpfen.

• In der Zwischenzeit die Bananen schälen und in ca. 4–5 cm lange Stücke schneiden. Diese mit der Harissapaste bestreichen und zeitgleich in einer Pfanne die Butter aufschäumen. Die Bananen kurz darin schwenken.

• Die Hanfnüsse in einer Pfanne trocken leicht rösten.

• Den Couscous und das Gemüse aus dem DG nehmen und miteinander vermengen. Nochmals abschmecken und mit den Hanfnüssen und den Bananenstücken anrichten.

ZUBEREITUNGSZEIT: ca. 12 Minuten
GARZEIT: ca. 12 Minuten

Tipp

Sind Banane und Harissapaste gerade nicht zur Hand, ersetzt man die Banane durch 1 EL Marillenmarmelde und peppt diese mit ¼ TL Chilipaste auf. Diese Mischung leicht erwärmen und zum Schluss über das Gericht träufeln.

Gebackene Kohlrabischnitzel FÜR 1 PERSON

ZUTATEN

1 Kohlrabi	
50 g Dinkelmehl	
50 g Parmesan, gerieben	
1 Ei	
Salz	
4 EL Olivenöl	

ZUBEREITUNG

• Den Kohlrabi schälen, in gleichmäßige Scheiben schneiden, auf ein gelochtes Garblech legen und im DB bei 100° C 8 Minuten dämpfen.

• Danach kalt abspülen und zum Abtropfen auf Küchenpapier legen. Das Ei mit dem Parmesan und etwas Salz verschlagen. Daraufhin eine Pfanne mit Oliven-öl erhitzen. Nun die Kohlrabischeiben erst in Mehl, dann im Parmesan-Ei wenden und in der Pfanne goldgelb ausbacken.

ZUBEREITUNGS- UND GARZEIT: ca. 20 Minuten

Tipp

Die Kohlrabischnitzel passen perfekt als Ergänzung zu einer vegetarischen Variante der „Piccata milanese", also gemeinsam mit Spaghetti und Tomatensauce. Oder einfach zu einer großen Schüssel Salat serviert.

Tofu aus dem Rotweinsud

ZUTATEN

800 g Tofu natur in Blockform
100 g Karotten
100 g Gelbe Rüben
50 g Sellerie
1 Zwiebel
1 EL Senf (mittelscharf)
Salz
Pfeffer
½ TL Majoran
2 EL Olivenöl
2 EL Tomatenmark
125 ml Rotwein (z. B. Burgunder) bzw. veganer Wein
200 ml Gemüsebrühe
2 Lorbeerblätter
5 Wacholderbeeren
1 Beutel Kräutertee

ZUBEREITUNG

• Den Tofu am Vortag auf den Rost des DG legen. Darunter ein ungelochtes Garblech zum Auffangen der Flüssigkeit setzen. Den Tofu mit einem Schneidebrett und einem Kochtopf beschweren und über Nacht stehen lassen.

• Am Tag des Verzehrs Karotten, Gelbe Rüben, Sellerie und Zwiebel schälen und in grobe Würfel schneiden. Den entwässerten Tofu beidseitig mit Senf einstreichen und mit Salz, Pfeffer und Majoran würzen.

• In einem Topf Olivenöl erhitzen und den Tofu darin auf allen Seiten gut anbraten. Den Tofu herausnehmen und im Bratrückstand zuerst die Zwiebel und dann das restliche Gemüse anschwitzen. Tomatenmark hinzufügen und alles zusammen dunkel anrösten. Jetzt mit dem Rotwein ablöschen und diesen auf die Hälfte reduzieren lassen. Danach die Gemüsebrühe, den Tofu, die Lorbeerblätter und Wacholderbeeren sowie den Teebeutel hinzufügen. Im selben Topf auf dem Gitterrost des DG bei 100° C 30 Minuten dämpfen.

• Nach der Garzeit den Tofu herausheben, die Lorbeerblätter, Wacholderbeeren und Teebeutel entfernen und das Gemüse mit dem Saft mithilfe des Stabmixers pürieren. Nochmals mit Salz und Pfeffer abschmecken.

• Den Tofu in Scheiben schneiden und mit dem Gemüsesaft anrichten.

• Dazu passen Polenta-Sauerrahm-Medaillons, s. S. 217.

ZUBEREITUNGSZEIT AM VORTAG: ca. 5 Minuten
ZUBEREITUNGSZEIT AM VERZEHRTAG: ca. 25 Minuten
GARZEIT: 30 Minuten

Tipp

Wenn Sie die Lorbeerblätter und Wacholderbeeren in einen Teefilter oder ein Tee-Ei einfüllen, sparen Sie sich das lästige Herausfischen aus dem Saft.

Buchweizen-Champignon-Strudel

ZUTATEN

2 Pkg. Strudelteig (= 8 Blätter)
200 g Buchweizen
400 ml Gemüsebrühe
200 g Champignons
1 Zwiebel
2 EL frische Petersilie, gehackt
80 g Butter (vegan: Margarine)
¼ TL Thymian
Salz
Pfeffer
3 EL Weißwein
80 g Buchweizenmehl
2 EL Olivenöl

ZUBEREITUNG

• Den Buchweizen abspülen und gemeinsam mit der Gemüsebrühe in einem ungelochten Garbehälter im DG bei 100° C 25 Minuten dämpfen.

• Die Champignons putzen, die Zwiebel schälen und beides fein hacken. In einer Pfanne 40 g Butter erhitzen, die Zwiebel glasig anschwitzen, die Champignons dazugeben und so lange braten, bis das ausgetretene Wasser verdampft ist. Petersilie, Thymian, Salz und Pfeffer beigeben und mit Weißwein ablöschen. Den Wein gänzlich einkochen (reduzieren) lassen und die Champignonmasse kühl stellen.

• Den Buchweizen aus dem DG nehmen, abkühlen lassen und mit der Champignonmasse und dem Buchweizenmehl vermengen, sodass eine homogene Masse entsteht.

• Die restliche Butter in einer Pfanne erwärmen.

• Währenddessen ein Strudelteigblatt auf ein trockenes Küchentuch legen und mit der flüssigen Butter bestreichen. Ein zweites Strudelteigblatt darauflegen. Ein Viertel der Buchweizen-Champignon-Masse im unteren Drittel aufstreichen, die Seitenteile einschlagen und mithilfe des Küchentuches zu einem Strudel rollen. Mit allen weiteren Strudelteigblättern so verfahren.

• Ein gelochtes Garblech mit Olivenöl ausstreichen und die Strudel darauflegen. Im DG bei 100° C 15 Minuten dämpfen.

• Mit flüssiger Butter untergießen, dazu Salat reichen oder mit Rahmgemüse servieren.

ZUBEREITUNGSZEIT: ca. 40 Minuten
GARZEIT ZUR FERTIGSTELLUNG: 15 Minuten

Gemüsestrudel aus dem Dampf

ZUTATEN

1 Pkg. Strudelteig (= 4 Blätter)
1 Stange Lauch
3 Karotten
2 Gelbe Rüben
½ Stängel Staudensellerie
½ Karfiol
Salz
½ TL Schabzigerklee (wenn vorhanden)
1 EL frische Petersilie, gehackt
80 g Parmesan
80 g Weißbrotbrösel
2 EL Sauerrahm
50 g Butter
2 EL Olivenöl

ZUBEREITUNG

• Den Lauch waschen und in dünne Röllchen schneiden. Die Karotten und die Gelben Rüben schälen und in kleine Würfel, die Sellerie waschen und in kleine Stücke schneiden. Den Karfiol in Röschen teilen. Das Gemüse auf ein gelochtes Garblech geben und im DG bei 100° C 5 Minuten blanchieren. Danach auskühlen lassen und mit Salz, Schabzigerklee und Petersilie würzen.

• Den Parmesan fein reiben, mit den Weißbrotbröseln vermengen und mit dem Sauerrahm unter das Gemüse heben.

• Nun die Butter in einer Pfanne erwärmen.

• Währenddessen ein Strudelteigblatt auf ein trockenes Küchentuch legen und mit der flüssigen Butter bestreichen. Ein zweites Strudelteigblatt darauflegen. Die Hälfte der Gemüsemasse im unteren Drittel verteilen, die Seitenteile einschlagen und mithilfe des Küchentuchs zu einem Strudel rollen. Den Vorgang mit dem zweiten Strudel wiederholen.

• Die Strudel auf ein gelochtes, mit Olivenöl ausgestrichenes Garblech geben und im DG bei 100° C 20 Minuten dämpfen.

ZUBEREITUNGSZEIT: ca. 20 Minuten

GARZEIT: 25 Minuten

Tipp

Verrühren Sie 1 EL Tomatenmark mit 1 EL Olivenöl. Diese Mischung, auf die fertigen Strudel aufgestrichen, sorgt für eine schöne Farbe!

Spinat-Pilz-Terrine

ZUTATEN

150 g frischer Spinat
100 g Pilze (Eierschwammerl oder Steinpilze)
2 Frühlingszwiebeln
1 Karotte
3 Eier
1 EL Butter
80 ml Schlagobers
80 ml Gemüsebrühe
30 g Parmesan, gerieben
1 EL Petersilie, gehackt
Zitronenschale, gerieben
Muskat
Piment
Salz, Pfeffer

ZUBEREITUNG

• Den geputzten Spinat in einen gelochten Einsatz geben. Dampfgarer auf 90 °C vorheizen. Danach den Spinat 1 Minute andämpfen.

• Spinat kalt schwemmen, in einem Sieb abtropfen lassen, ausdrucken und grob schneiden.

• Pilze säubern, kleine im Ganzen lassen, größere halbieren. Frühlingszwiebeln in Ringe schneiden. Alles mit den gewürfelten Karotten in einem gelochten Einsatz im vorgeheizten DG bei 100° C ca. 6 Minuten dämpfen.

• Terrinenform oder Kaffeetassen mit Butter ausstreichen oder mit Frischhaltefolie auslegen, das Gemüse einfüllen.

• Die Eier mit der Butter schaumig rühren. Schlagobers, Gemüsebrühe und Parmesan untermischen, mit Petersilie, Zitronenschale, Muskat, Piment, Pfeffer und Salz abschmecken und in die Form gießen. Diese auf den Rost stellen.

• Die Terrine im vorgeheizten Dampfgarer bei 95° C 20 Minuten garen.

ZUBEREITUNGSZEIT: ca. 20 Minuten

GARZEIT: 27 Minuten

Blattspinat-Kichererbsen-Terrine

ZUTATEN

600 g Kichererbsen (gegart)
100 g Blattspinat (TK)
2 Knoblauchzehen
4 EL Olivenöl
1 TL Estragonsenf
½ TL Majoran
30 g Reismehl
Salz
Pfeffer
2 EL Tomatenmark
Frischhaltefolie

ZUBEREITUNG

• Die Kichererbsen mit einer Gabel oder einem Kartoffelstampfer zerdrücken. Zum Auftauen den Blattspinat mit kaltem Wasser abspülen, in eine Schüssel geben und durch Zufügen von etwas Wasser grob mixen. Danach abseihen und gut ausdrücken. Den Knoblauch schälen und fein hacken. Die zerdrückten Kichererbsen mit Knoblauch, 3 EL Olivenöl, Estragonsenf, Majoran, Reismehl sowie Salz und Pfeffer gut vermischen. Ein Drittel der Masse mit dem Blattspinat vermengen. Das Tomatenmark in die restliche Kirchererbsenmasse ruhren, und diese zu einer Rolle (ca. 25 cm lang, 4 cm ø) formen.

• Nun ein Stück Frischhaltefolie mit 40 cm Länge vorbereiten und mit 1 EL Olivenöl einseitig bestreichen. Den Blattspinat im unteren Drittel der Frischhaltefolie auflegen, die Frischhaltefolie von oben herunterklappen und mit einem Nudelholz dünn und rechteckig (ca. 25 x 12 cm) ausrollen. Die übergeschlagene Frischhaltefolie entfernen, die Blattspinatmasse mit etwas Wasser bepinseln, die Kirchererbsenrolle am unteren Ende darauflegen und mithilfe der Frischhaltefolie wie einen Strudel aufrollen. Nun die Rolle in der Frischhaltefolie locker verpacken (Inhalt geht noch etwas auf) und die Enden einschlagen. Auf einem gelochten Garblech im DG bei 100° C 18 Minuten dämpfen.

• Nach dem Dämpfen die Terrine in der Frischhaltefolie auskühlen lassen und bis zur Verwendung im Kühlschrank aufbewahren.

• Vor dem Servieren in Scheiben schneiden.

ZUBEREITUNGSZEIT: ca. 35 Minuten
GARZEIT: 18 Minuten

Tipp

Dazu passen verschiedene Dips wie Sauerrahm-Kräuter-Dip, Guacamole oder Tsatsiki.

Dinkel-Spinat-Braten

ZUTATEN

200 g	Blattspinat (TK)
200 g	Dinkelschrot
500 ml	Gemüsebrühe
100 g	Tofu
2	Knoblauchzehen, geschält
	Salz
	Pfeffer
¼ TL	Majoran
40 g	Glutenmehl
2 EL	Olivenöl

ZUBEREITUNG

• Den Blattspinat antauen lassen, klein schneiden und ausdrücken. Den Dinkelschrot in einen ungelochten Garbehälter geben und mit 400 ml Gemüsebrühe aufgießen. Im DG bei 100° C 15 Minuten dämpfen. Danach aus dem DG nehmen und abkühlen lassen.

• Den Tofu mit 100 ml Gemüsebrühe, Knoblauchzehen, Salz, Pfeffer und Majoran fein mixen. Den Blattspinat, das Glutenmehl und den Dinkelschrot dazugeben und gut vermengen. Mit nassen Händen eine längliche runde Rolle formen und auf ein mit Olivenöl ausgestrichenes ungelochtes Garblech legen. Im DG bei 100° C 20 Minuten dämpfen.

• In Scheiben geschnitten anrichten.

• Dazu passt beispielsweise Wokgemüse.

ZUBEREITUNGSZEIT: ca. 30 Minuten
GARZEIT: 20 Minuten

Tipp

Sollte vom Braten etwas übrig bleiben, schneiden Sie ihn in Scheiben, legen diese in einen ungelochten Garbehälter und gießen zwei verschlagene Eier darüber. Salzen und pfeffern und im DG bei 100° C 10 Minuten dämpfen.

Nepalesische Momos

ZUTATEN

TEIG
500 g Dinkelmehl glatt
¼ Wasser lauwarm
1 Msp. Salz

FÜLLUNG
250 g Lupinenschrot
(oder Dinkelschrot)
500 ml Gemüsebrühe
3 rote Zwiebeln
3 Knoblauchzehen
30 g Ingwer (ca. 3 cm)
4 EL Olivenöl
4 TL Garam Masala
1 TL Sojasauce
¼ TL Salz
½ Bd. Koriander
(oder Petersilie), frisch

ZUBEREITUNG

• Für den Teig das Mehl in eine Schüssel geben und salzen. Das Wasser langsam zum Mehl geben und dabei ständig kneten, bis ein elastischer Teig entstanden ist. Den Teig zu einer Kugel formen und in Frischhaltefolie gewickelt bei Raumtemperatur rasten lassen.

• In der Zwischenzeit den Lupinenschrot in eine Schüssel geben, die Gemüsebrühe erhitzen und den Schrot damit übergießen. Beiseite stellen. Jetzt Zwiebel, Knoblauch und Ingwer schälen und alles in feine Würfel schneiden. In einer Pfanne 2 EL Olivenöl erhitzen und die Zwiebel darin glasig anschwitzen. Den Knoblauch und den Ingwer zugeben. Nun das Garam Masala mitrösten und mit der Sojasauce ablöschen. Den überkühlten Lupinenschrot dazugeben, die Masse mit Salz abschmecken und den gehackten Koriander unterrühren. Abkühlen lassen.

• Währenddessen den Teig nochmals durchkneten und zu einer ca. 4 cm dicken Rolle formen. 2 cm breite Stücke von der Rolle abschneiden und mithilfe eines Nudelholzes auf einer bemehlten Arbeitsfläche rund (ca. 10 cm ø) und ca. 1,5 mm dünn auswalken. Arbeitsfläche wieder bemehlen und die Teigkreise auflegen. Jetzt mit einem Esslöffel etwas Füllung in die Teigmitte legen und den Teig nach oben hin mittig zusammenfassen, etwas andrücken, damit die Luft entweicht und dann zu einem „Bonbon" eindrehen.

• Nun ein gelochtes Garblech mit den restlichen 2 EL Olivenöl ausstreichen, die Momos daraufsetzen und im DG bei 100° C 15 Minuten dämpfen.

• Momos schmecken hervorragend mit zerlassener Butter und Salat und besonders gut zu süßsauren Saucen.

ZUBEREITUNGSZEIT: ca. 45 Minuten
GARZEIT: 15 Minuten

Tipp

Die Gewürzmischung **Garam Masala** kann man als fertige Mischung kaufen. Oder selbst herstellen. Dazu vermischen Sie:
¼ TL Zimt, gemahlen
¼ TL Nelken, gemahlen
1 Lorbeerblatt, gemörsert
¼ TL Kardamom, gemahlen
1 Msp. geriebene Muskatnuss
1 Msp. Kreuzkümmel

Pilz-Bonbons

ZUTATEN

24 Strudelteigblätter à 10 x 10 cm
(= 1 Pkg. Strudelteig)
400 g mehlige Kartoffeln
300 g Pilze
1 Zwiebel
1 Knoblauchzehe
¼ TL Majoran
¼ TL Thymian
1 EL frische Petersilie, gehackt
Salz
Pfeffer
1 Ei
100 g Dinkelvollkornmehl
1 EL Tomatenmark
4 EL Butter
4 EL Olivenöl

ZUBEREITUNG

• Die ungeschälten Kartoffeln in einen gelochten Garbehälter geben und je nach Größe im DG bei 100° C ca. 45 Minuten dämpfen (Garprobe machen).

• Die Pilze putzen, Zwiebel und Knoblauch schälen und alles fein hacken. 2 EL Olivenöl in einer Pfanne erhitzen und die Zwiebeln glasig anschwitzen. Nun die Pilze dazugeben und solange rösten, bis kein Wasser mehr austritt. Erst jetzt mit Majoran, Thymian, Knoblauch und Petersilie würzen. Mit Salz und Pfeffer abschmecken und zum Abkühlen zur Seite stellen.

• Die Kartoffeln aus dem DG nehmen, heiß schälen und durch die Kartoffelpresse drücken. Mit Ei, Salz und Mehl rasch zu einem Teig verarbeiten. Nun die Pilzmasse untermischen.

• Um nun einen Teil der Fülle einzufärben, von der Masse ein Drittel entnehmen und die restlichen zwei Drittel mit dem Tomatenmark gut vermengen. Damit die Bonbons gleichmäßig aussehen, empfiehlt es sich, beim Füllen mit einem Eisportionierer zu arbeiten.

• Die Butter erwärmen. Ein 10 x 10 cm großes Strudelteigblatt auslegen und mit der flüssigen Butter bestreichen.
In einen zuvor in Wasser getauchten Eisportionierer nun mithilfe eines Löffels die rot-weiß-rote „Bonbonmasse" einfüllen: ein Drittel von der roten Masse, ein Drittel von der weißen und wieder ein Drittel von der roten Masse.
Die Füllung aus dem Eisportionierer in die Mitte des Strudelteiges drücken und diesen nach oben zusammenfassen. Leicht andrücken und etwas eindrehen. Mit allen Strudelteigblättern so verfahren.

• Ein gelochtes Garblech mit 2 EL Olivenöl ausstreichen und die Bonbons daraufsetzen. Im DG bei 100° C 15 Minuten dämpfen.

• Mit einem Joghurt-Kräuter-Dip, als Krönung für ein Gemüsegericht oder einfach mit brauner Butter und Salat servieren.

ZUBEREITUNGSZEIT: ca. 35 Minuten
GARZEIT: 55 Minuten

Ziegenkäsemedaillons in der Hanfkruste auf Grüne Bohnen-Tomaten-Ragout

ZUTATEN

600 g Ziegenhartkäse

400 g Grüne Bohnen

80 g Hanfkörner, geschält

4 Tomaten

1 Ei

1 EL Mineralwasser

3 EL Reismehl

1 EL Olivenöl

1 Zwiebel

Salz, Pfeffer

1 Knoblauchzehe, zerdrückt

Bohnenkraut

ZUBEREITUNG

• Den DG bzw. Kombi-DG auf 100° C vorheizen.

• Die Grünen Bohnen putzen, auf ein gelochtes Garblech geben und im DG bzw. Kombi-DG bei 100° C 18 Minuten dämpfen. Danach kalt abschrecken.

• Den Ziegenhartkäse zu Rechtecken oder Quadraten schneiden oder mit einem runden Keksausstecher ausstechen.

• Die Hanfkörner in einer Pfanne vorsichtig trocken anrösten. Die Tomaten halbieren, die Kerne entfernen. Das Fruchtfleisch in kleine Würfel schneiden.

• Das Ei mit dem Mineralwasser verschlagen. Das Reismehl und die gerösteten Hanfkörner jeweils in eine passende Schüssel geben. Nun die Käsemedaillons einseitig zuerst in das Mehl drücken, anschließend durch das Ei ziehen und dann in die Hanfkörner drücken. Mit der „panierten" Seite nach oben auf ein ungelochtes, geöltes Garblech geben.

• Den Kombi-DG auf 160° C Kombidampf aufheizen.

• Die Zwiebel abziehen und in kleine Würfel schneiden. Die Grünen Bohnen, Zwiebel-und Tomatenwürfel vermischen, mit Salz, Pfeffer, Knoblauch und Bohnenkraut würzen und in eine ungelochte Garschale geben.

• Nun Gemüse und Medaillons gleichzeitig dämpfen.

DG: Bei 100° C 15 Minuten.

Kombi-DG: Bei 160° C Kombidampf 10 Minuten.

• Gemeinsam anrichten.

ZUBEREITUNGSZEIT: ca. 20 Minuten

GARZEIT: 26 Minuten

Gefüllte Paprika mit mexikanischem Gemüse

ZUTATEN

200 g Reis
350 ml Gemüsebrühe (oder Wasser)
10 g gekörnte Gemüsebrühe
4 Paprika grün
½ Paprika grün
½ Paprika rot
100 g Zucchini
50 g Zuckermais (aus der Dose)
100 g Indianerbohnen (aus der Dose)
100 g Bergkäse
500 g Tomaten, gewürfelt (aus der Dose)
Salz, Pfeffer
1 Knoblauchzehe
Chilipulver, Oregano
1 Lorbeerblatt

ZUBEREITUNG

• Den DG bzw. Kombi-DG auf 100° C vorheizen.

• Den Reis in einen ungelochten Garbehälter geben. Die Gemüsebrühe und die gekörnte Gemüsebrühe dazugeben und bei 100° C 20 Minuten dämpfen. Danach etwas überkühlen lassen.

• Von den vier grünen Paprika die Deckel abschneiden, die Trennwände und Kerne entfernen. Die Paprika waschen und zum Füllen beiseite stellen.

• Die halbe grüne und rote Paprika in feine Würfel schneiden. Zucchini ebenfalls fein würfeln. Nun den Reis mit Paprika- und Zucchiniwürfeln, Zuckermais und Indianerbohnen mischen.

• Den Bergkäse in kleine Würfel schneiden (oder raspeln), zu der Reismasse geben und mit Salz, Pfeffer, Knoblauch, Chilipulver und Oregano würzen. Die Masse in die vorbereiteten grünen Paprikaschoten füllen.

• Jetzt den Kombi-DG auf 180° C Kombidampf aufheizen.

• Die gewürfelten Tomaten mit Salz, Pfeffer, Knoblauch, Oregano und dem Lorbeerblatt würzen und in einen ungelochten Garbehälter geben. Die Paprika auf die Tomaten setzen.

DG: Bei 100° C 40-45 Minuten dämpfen.
Kombi-DG: Bei 180° C Kombidampf 30 Minuten garen.

ZUBEREITUNGSZEIT: ca. 25 Minuten
GARZEIT: 65 Minuten

Bachsaibling auf Alpin-Minestrone

ZUTATEN

4 Bachsaiblingsfilets
100 g Rollgerste
100 g Karotten
100 g Gelbe Rüben
100 g Sellerie
100 g Zwiebel
100 g Lauch
2 Knoblauchzehen
1 Lorbeerblatt
600 ml Gemüsebrühe
(oder Wasser)
je 1 Zweig Petersilie,
Liebstöckel, Majoran
½ TL Schabzigerklee
Salz, Pfeffer

ZUBEREITUNG

• Die Rollgerste 8 Stunden in reichlich Wasser einweichen, dann abgießen.
• Den DG auf 95° C vorheizen.
• Karotten, Gelbe Rüben und Sellerie schälen, Zwiebel abziehen und alles in kleine Würfel schneiden. Den Lauch waschen und in feine Ringe schneiden. Den Knoblauch abziehen und in feine Scheiben schneiden.
• Alles gemeinsam mit der Rollgerste und dem Lorbeerblatt in einen ungelochten Garbehälter geben und mit der Gemüsebrühe auffüllen. Mit Salz und Pfeffer würzen. Im DG bei 95° C 12 Minuten dämpfen.
• Danach die gewaschenen Saiblingsfilets nur leicht salzen, auf die Minestrone legen und mit Petersilie, Liebstöckel, Majoran und Schabzigerklee würzen. Bei 95° C weitere 8 Minuten dämpfen.
• Die Minestrone nochmals abschmecken und servieren. Dazu passt frisches Dinkelbrot.

ZUBEREITUNGSZEIT: ca. 15 Minuten
GARZEIT: 20 Minuten
EINWEICHZEIT: 8 Stunden

Fisch-Mangold-Röllchen an asiatischen Nudeln

ZUTATEN

400 g Fischfilet
(weißfleischiges, z. B. Petersfisch, Kabeljau, Scholle etc.)
Salz, Pfeffer
Zitronensaft
1 EL Öl
1 Knoblauchzehe
3 EL Reismehl
1 Ei
1 Mangold
1 Pkg. Asia-Nudeln

ZUBEREITUNG

• Den DG auf 100 °C vorheizen.
Vom gewaschenen Mangold die großen Blätter abnehmen und im DG 4 Minuten dämpfen.
• Danach eiskalt abschwemmen und die groben Stiele ausschneiden.
• Die Fischfilets würzen, auf ein ungelochtes, geöltes Garblech legen und im DG 6 Minuten dämpfen.
• Die Fischfilets mit einer Gabel zerdrücken, noch einmal abschmecken, gehackten Knoblauch beifügen, mit dem Reismehl und dem Ei vermischen.
• Die großen Mangoldblätter auflegen, einen Teil der Fischfarce daraufgeben und wie eine Roulade zusammendrehen. Mit allen Mangoldblättern so verfahren, bis die Fischfarce verbraucht ist.
• Die Nudeln auf ein ungelochtes Blech legen. 500 ml Salzwasser einfüllen und die Nudeln 5 Minuten dämpfen.
• Die Fisch-Mangold-Röllchen schräg durchschneiden und zum Servieren auf die Nudeln setzen.

ZUBEREITUNGSZEIT: ca. 20 Minuten
GARZEIT: 15 Minuten

Kabeljau-Lachs-Türmchen auf Gerstotto

ZUTATEN

200 g Kabeljaufilet
200 g Lachsfilet
1 Zitrone (Saft)
Salz, bunter Pfeffer
100 g Rollgerste
250 ml Wasser
15 g gekörnte Gemüsebrühe
Salz, Pfeffer
Liebstöckel

ZUBEREITUNG

• Die Rollgerste kräftig abspülen und mit Wasser und den Gewürzen in einen ungelochten Garbehälter geben. Bei 100° C im DG zunächst 18 Minuten dämpfen.

• Die Kabeljau- und Lachsfilets mit Salz, Pfeffer und Zitronensaft würzen, dann jedes Filet in 8 gleichmäßige Stücke schneiden (je 1 Längsschnitt und 3 Querschnitte). Nun die Stücke abwechselnd zu einem Türmchen aufbauen, diese auf ein ungelochtes Garblech legen.

• Dann den DG auf 85° C zurückschalten und den Fisch gemeinsam mit der Rollgerste weitere 10 Minuten dämpfen.

ZUBEREITUNGSZEIT: ca. 15 Minuten
GARZEIT: 28 Minuten

Tipp

Beim Gerstotto können Sie je nach Lust und Laune auch klein geschnittenes Gemüse dazugeben.

Räucherlachs-Spinat-Blätterteigquiche

ZUTATEN

FÜR EINE FORM MIT 26 CM Ø

1 Pkg. Blätterteig (270 g)	
750 g frischer Blattspinat	
250 g Räucherlachs	
250 g Sauerrahm	
80 g Gouda	
3 Eier	
½ TL geriebene Zitronenschale	
1 Spritzer Zitronensaft	
Salz, Pfeffer	
Muskatnuss, frisch gerieben	

ZUBEREITUNG

• Den DG bzw. Kombi-DG auf 100° C vorheizen, das Backrohr auf 220°C Grillfunktion stellen.

• Den frischen Spinat waschen, abtropfen lassen, auf ein gelochtes Garblech geben und bei 100° C 3 Minuten dämpfen. Danach sofort kalt abschrecken und mit Zitronenschale, Zitronensaft, Salz, Pfeffer und Muskatnuss abschmecken.

• Den Kombi-DG auf 195° C Kombidampf umschalten.

• Den Räucherlachs in kleine Streifen schneiden und mit dem Spinat vermischen.

• Anschließend eine Quicheform mit dem Blätterteig auskleiden und mit einer Gabel mehrmals einstechen. Die Fülle darauf verteilen.

Den Käse reiben, mit dem Sauerrahm und den Eiern verquirlen und über die Fülle gießen.

DG: Bei 100° C 65 Minuten dämpfen. Danach im Backrohr 10 Minuten gratinieren.

Kombi-DG: Bei 195° C Kombidampf 40 Minuten garen.

• Schmeckt ausgezeichnet zu Salat.

ZUBEREITUNGSZEIT: ca. 20 Minuten
GARZEIT: 68 Minuten

Fischlaibchen

ZUTATEN

500 g Fischfilet (weißfleischig)	
100 g Shrimps (Bio-Aquakultur)	
½ Zitrone (Saft)	
50 g Semmelbrösel	
50 g Haferflocken	
2 EL Reismehl	
2 Eier	
Thymian, Oregano, Majoran, fein gehackt	
Salz, Pfeffer	
1 EL Olivenöl	

ZUBEREITUNG

• Den DG auf 95° C vorheizen.

• Den Kombi-DG auf 180° C Kombidampf vorheizen.

• Die Fischfilets mit Salz, Pfeffer und Zitronensaft würzen, mit den Shrimps auf ein ungelochtes geöltes Garblech legen und im DG bzw. Kombi-DG 6 Minuten dämpfen.

• Die Fischfilets mit einer Gabel zerdrücken, die Shrimps fein würfelig schneiden und mit den Semmelbröseln, den Haferflocken, dem Reismehl und den Eiern zu einer homogenen Masse vermischen. Die Kräuter beigeben und mit Salz und Pfeffer würzen.

• Mit nassen Händen flache Laibchen formen und auf ein ungelochtes geöltes Garblech legen.

DG: Bei 95° C 15 Minuten dämpfen.

Kombi-DG: Bei 180° C Kombidampf 10 Minuten garen.

• Gemeinsam mit Salat oder Reis servieren.

ZUBEREITUNGSZEIT: ca. 20 Minuten
GARZEIT: 21 Minuten

Cevapcici vom Fisch

ZUTATEN

600 g Fischfilet (weißfleischig)
½ Zitrone (Saft)
2 Semmeln, entrindet
1 Zwiebel

1 Knoblauchzehe
2 Eier
2 EL Reismehl
Thymian, Oregano, Majoran
Salz, Pfeffer
1 EL Olivenöl

ZUBEREITUNG

• Den DG auf 95° C vorheizen.

• Den Kombi-DG auf 180° C Kombidampf vorheizen.

• Die Fischfilets mit Salz, Pfeffer und Zitronensaft würzen und für 30 Minuten in den Tiefkühler geben.

• In der Zwischenzeit die Semmeln einweichen, Zwiebel und Knoblauch abziehen. Die Zwiebel in feine Würfel schneiden, den Knoblauch fein hacken.

• Nun die Semmeln gut ausdrücken und gemeinsam mit dem Fischfilet fein faschieren. Die Masse mit den Eiern und dem Reismehl mischen, die Zwiebel- und Knoblauchwürfel dazugeben, zum Schluss mit den Kräutern, Salz und Pfeffer kräftig würzen.

• Mit nassen Händen Cevapcici formen und auf ein geöltes Garblech legen. (Alternativ kann man die Masse in einen Spritzsack ohne Tülle füllen, auf das Garblech aufspritzen und in gleichmäßige Stücke schneiden.)

DG: Bei 95° C 10 Minuten dämpfen. Währenddessen das Backrohr auf 230° C Grillfunktion vorheizen. Die Cevapcici im Backrohr 5 Minuten Farbe nehmen lassen.

Kombi-DG: Bei 180° C Kombidampf 10 Minuten garen. Oder: Bei Grillfunktion 15 Minuten braten.

ZUBEREITUNGSZEIT: ca. 20 Minuten
GARZEIT: 15 Minuten

Fischfilet in der Folie

ZUTATEN

4 Stück Fischfilet
(je ca. 200 g)
Saft von ½ Zitrone
2 EL Olivenöl
1 kleine Zwiebel
150 g Karotten
150 g Zucchini
1 Knoblauchzehe
Salz, (weißer) Pfeffer

ZUBEREITUNG

• Den DG auf 95 °C vorheizen.

• Die Fischfilets waschen, trocken tupfen, mit Salz, Pfeffer und Zitronensaft würzen.

• Die Zwiebel schälen und fein hacken. In einer Pfanne das Öl erhitzen, Zwiebel darin anbraten, das in Würfel geschnittene Gemüse, den gehackten Knoblauch dazugeben, würzen und kurz durchschwenken.

• Ein großes Stück Alufolie auf einem ungelochten Blech ausbreiten. Das Gemüse und den Fisch daraufsetzen. Die Alufolie locker zuschlagen und die Nahtstellen fest zusammendrücken. Den Fisch im DG 15 Minuten dämpfen.

ZUBEREITUNGSZEIT: ca. 15 Minuten
GARZEIT: 15 Minuten

Tipp

In der Folie lassen sich viele Gerichte dämpfen, so auch Huhn, Lamm usw. Alles bleibt saftig, behält den vollen Geschmack und sämtliche Vitalstoffe.

Seeteufelkotelett auf Artischocken-Tomaten-Sauce, dazu Kräuter-Dinkelgrieß-Laibchen

ZUTATEN

4 Seeteufelkoteletts
250 ml Artischockenherzen im Glas
400 g Tomaten gewürfelt (Dose)
125 ml Schlagobers
1 Knoblauchzehe, gehackt
250 g Dinkelgrieß
500 ml Gemüsebrühe
1 Ei
frische Kräuter, gehackt:
1 EL Petersilie
1 TL Kresse
1 EL Schnittlauch
1 TL Kerbel
½ Zitrone (Saft)
Salz, Pfeffer

ZUBEREITUNG

- Den DG auf 100° C vorheizen.
- Die Artischocken abtropfen lassen. Die gewürfelten Tomaten in einem Topf erhitzen und die Hälfte der Artischocken dazugeben. Mit Salz, Pfeffer und dem fein gehackten Knoblauch würzen, das Schlagobers zugießen. Alles 3 Minuten kochen und mit einem Standmixer oder Pürierstab fein mixen.
- Den Dinkelgrieß in einen geschlossenen Garbehälter geben, mit der Gemüsebrühe aufgießen, salzen und im DG bei 100° C 12 Minuten dämpfen.
- Danach das Ei und die gehackten Kräuter dazugeben und gut vermischen.
- Mit einem Eisportionierer auf eine ungelochte Garschale Kugeln platzieren und diese mit der Hand zu Laibchen flachdrücken.
- Die Seeteufelkoteletts säubern, salzen und mit dem Zitronensaft beträufeln.
- Auf ein ungelochtes Garblech geben, die restlichen Artischocken dazu und im DG mit den Kräuter-Dinkelgrieß-Laibchen bei 100° C 5 Minuten dämpfen. Dekorativ anrichten.

ZUBEREITUNGSZEIT: ca. 20 Minuten
GARZEIT: 20 Minuten

Tipp

Die Kräuter-Dinkelgrieß-Laibchen sowie die Artischocken-Tomaten-Sauce abkühlen lassen und zugedeckt in den Kühlschrank stellen. Bei Bedarf die Sauce mit den Laibchen und dem rohen Seeteufel-kotelett auf Teller portionieren und, zugedeckt mit Frischhaltefolie, im vorgewärmten DG bei 100° C 5 Minuten regenerieren.

Gefülltes Schollenröllchen mit Garnelencreme auf Gemüsecouscous

ZUTATEN

4 Schollenfilets

4 Riesengarnelen

1 Zitrone (Saft)

100 g Topfen, passiert

Salz, Pfeffer

1 Zweig Dill

2 Karotten

1 Paprika rot

1 Paprika gelb

1 großer Zucchini

250 g Couscous

500 ml Gemüsebrühe

je 1 Zweig Petersilie, Koriandergrün

2 EL kalte Butter

ZUBEREITUNG

• Das Gemüse putzen und in Würfel schneiden, danach im DG 5 Minuten bei 100° C dämpfen.

• Die Riesengarnelen putzen und ebenfalls im DG 5 Minuten bei 95° C dämpfen. Die Schollenfilets mit der ursprünglichen Hautseite nach unten auflegen und mit dem Zitronensaft beträufeln.

• Die Garnelen aus dem DG nehmen, klein schneiden, mit dem Topfen, etwas Salz, Pfeffer und Dill in einer Moulinette oder mit einem Pürierstab cremig mixen.

• Die Schollenfilets mit der Garnelencreme bestreichen, Röllchen formen und im DG bei 95° C 5 Minuten dämpfen.

• Währenddessen den Couscous in eine große Schüssel geben, die gut abgeschmeckte, heiße Gemüsebrühe unterrühren und zudecken. 10–15 Minuten quellen lassen. Das heiße, gedämpfte Gemüse dazugeben, Petersilie und Koriander grob hacken und darüberstreuen. Anschließend mit einer Gabel auflockern und dabei die kalte Butter zugeben.

• Den Gemüsecouscous in der Tellermitte platzieren, je ein Schollenröllchen darauflegen.

ZUBEREITUNGSZEIT: ca. 25 Minuten

GARZEIT: 10 Minuten

Tipp

Die Schollenfilets aus dem DG nehmen, abkühlen lassen und zudecken. Ebenso den Couscous abkühlen lassen und zudecken. Alles in den Kühlschrank geben.

Bei Bedarf wie oben beschrieben anrichten und mit Frischhaltefolie zudecken. Im vorgewärmten DG 10 Minuten bei 95° C regenerieren.

Scampi mit Guacamole

ZUTATEN

12 Scampi, geschält
50 g Bärlauch (oder Basilikum)
2 EL Olivenöl
2 reife Avocados
100 g Sauerrahm
1 Limette (Saft)
50 ml Gemüsebrühe, gut gewürzt
2 Tomaten
1 rote Zwiebel
1 Chili
Salz, Pfeffer

ZUBEREITUNG

• Den Bärlauch mit dem Olivenöl und der halben Menge vom Limettensaft im Standmixer oder mit dem Stabmixer zu einer cremigen Masse mixen.

• Die Scampi waschen, trocknen und mit der Bärlauchcreme bepinseln.

• Den DG auf 90° C bzw. den Kombi-DG auf 180° C Kombidampf vorheizen.

• Die Avocados schälen (siehe Tipp), mithilfe einer Gabel in einer Schüssel fein zerdrücken, so dass eine cremige Masse entsteht.

• Die Tomaten halbieren, die Kerne entfernen. Das Fruchtfleisch in kleine Würfel schneiden. Zwiebel und Chili (von den Kernen befreit) ebenfalls fein würfelig schneiden. Alles mit dem restlichen Limettensaft, dem Sauerrahm und der Gemüsebrühe unter die Avocadomasse rühren, mit Salz und Pfeffer würzen.

• Die marinierten Scampi in eine gelochte Garschale geben.

DG: Bei 90° C 6 Minuten dämpfen.

Kombi-DG: Bei 180° C Kombidampf 4 Minuten garen.

• Dazu passen Weißbrot oder Tacos.

ZUBEREITUNGSZEIT: ca. 20 Minuten
GARZEIT: 6 Minuten

Tipp

Zum Schälen die Avocado der Länge nach einschneiden, die zwei Teile verdrehen, mit einem Esslöffel den Kern aus dem Fruchtfleisch heben, dann das Fruchtfleisch aus der Schale lösen.

Muschelpfanne à la Fritz

ZUTATEN

500 g Miesmuscheln
2 Tassen Reis
500 ml Gemüsebrühe
2 EL Olivenöl
1 Zwiebel
1 Knoblauchzehe
300 g buntes Gemüse (Zwiebel, Zucchini, Paprika, Tomaten)
Thymian
2 EL Weißwein
Salz, Pfeffer aus der Mühle

ZUBEREITUNG

• Den DG auf 100° C vorheizen.
Gemüsebrühe in ein ungelochtes Blech füllen, den Reis hineingeben und 25 Minuten dämpfen.

• Die Muscheln unter fließendem, kaltem Wasser gut waschen und abbürsten. Die Bartfäden dabei entfernen und die offenen Muscheln aussortieren.

• Das Öl in einer großen Pfanne erhitzen. Zwiebel und Knoblauch fein hacken und darin andünsten. Das Gemüse grobwürfelig schneiden und dazugeben, kurz mitbraten, den Thymian, Salz und Pfeffer zufügen und mit dem Weißwein ablöschen.

• Gemüse und Muscheln zum Reis geben und weitere 15 Minuten dämpfen. Gemeinsam anrichten.

ZUBEREITUNGSZEIT: ca. 15 Minuten
GARZEIT: 40 Minuten

Gedämpfte Riesengarnelen auf Rucola

ZUTATEN

12 Riesengarnelen
Salz
½ Zitrone (Saft)
1 EL Olivenöl
2 Knoblauchzehen
2 Kapernbeeren
¼ l trockener Weißwein
1 TL Balsamicoessig
½ l Fischfond, gekauft (oder selbst gemacht)
1 TL Stärkemehl (zum Binden)
Salz, Cayennepfeffer
1 Handvoll Rucola
Basilikum, Oregano
60 g Pinienkerne

ZUBEREITUNG

• Den DG auf 85° C vorheizen.

• Garnelen aus den Karkassen brechen und den Darm herausziehen. In einen geschlossenen Garbehälter legen, mit Salz, Zitrone und Olivenöl würzen und im DG 8 Minuten garen.

• Knoblauch und Kapernbeeren hacken, dazugeben und eine weitere Minute mitgaren.

• Weißwein, Balsamico und Fischfond in einem Topf reduzieren. Mit dem in kaltem Wasser angerührten Stärkemehl binden und mit Salz und Cayennepfeffer würzen.

• Die Garnelen mit der Sauce und frischem Rucola auf Tellern anrichten und mit gehackten Kräutern und gerösteten Pinienkernen bestreuen.

ZUBEREITUNGSZEIT: ca. 15 Minuten
GARZEIT: 8 Minuten

Gedämpfte Forelle
mit Petersilienkartoffeln

ZUTATEN

4 frische Forellen im Ganzen
600 g Kartoffeln
100 g zerlassene Butter
4 EL Petersilie, gehackt
Salz, Pfeffer
1 EL Zitronensaft

ZUBEREITUNG

• Die gewaschenen, ungeschälten Kartoffeln auf eine gelochte Garschale geben und 40 Minuten dämpfen.

• Die gesäuberten Fische innen und außen mit Salz, Pfeffer und Zitronensaft würzen, auf eine ungelochte Garschale geben und zu den Kartoffeln in den DG geben. Gemeinsam noch 15 Minuten dämpfen.

• Die Kartoffeln schälen, in Spalten schneiden und salzen. In der heißen Butter mit der gehackten Petersilie schwenken.

• Die Kartoffeln auf den Teller geben, den Fisch daneben platzieren und mit der übrigen Butter (aus der Pfanne) übergießen.

ZUBEREITUNGSZEIT: ca. 15 Minuten
GARZEIT: 40 Minuten

Gefüllte Seeforelle
im Filoteig auf Gemüse

ZUTATEN

4 Seeforellenfilets

50 g Räucherlachs

1 EL Olivenöl

2 Eier

2 Blatt Filoteig (Supermarkt)

2 EL Butter, zerlassen

2 Karotten

2 Gelbe Rüben

1 Zucchini

½ Lauchstange

2 EL Butter

70 ml Weißwein (Riesling)

500 ml Milch

1 EL Speisestärke

Salz, Pfeffer

ZUBEREITUNG

• Den DG bzw. Kombi-DG auf 100° C vorheizen.
Die Seeforellenfilets waschen und trocknen. Den Räucherlachs in kleine Würfel schneiden.

• Das Olivenöl in einer Pfanne erwärmen, die Eier verschlagen, in die Pfanne gießen, salzen und pfeffern. Kurz vor dem Stocken den Räucherlachs dazugeben und unter die Eiermasse rühren. Etwas abkühlen lassen, dann gleichmäßig auf den Seeforellenfilets verteilen. Die Fischfilets in der Mitte zusammenklappen.

• Karotten und Gelbe Rüben schälen. Mit Zucchini und Lauch in grobe Würfel schneiden. Auf ein gelochtes Garblech geben und bei 100° C 9 Minuten dämpfen.

• Inzwischen ein Blatt Filoteig auf einem Küchentuch auflegen und mit der zerlassenen Butter bestreichen, das zweite Blatt darauflegen. Den Teig mit einem scharfen Messer oder einer Küchenschere in 4 Teile schneiden und je ein Stück vom gefüllten Fischfilet in den Teig rouladenartig eindrehen.

DG: Auf einem gelochten Garblech bei 90° C 10 Minuten dämpfen.

Kombi-DG: Auf einem ungelochten, leicht geölten Garblech 3 Minuten bei 90° C andämpfen. Bei 95° C Trockenhitze in 5 Minuten fertig garen.

• Währenddessen die Gemüsewürfel in Butter kurz anschwitzen, mit dem Weißwein ablöschen, die Milch dazugeben und mit Salz und Pfeffer würzen. Die Speisestärke in Wasser auflösen und das Gemüse damit binden.

• Die Fischpäckchen halbieren und auf dem Gemüse anrichten.

ZUBEREITUNGSZEIT: ca. 25 Minuten
GARZEIT: 19 Minuten

Zanderfilet mit Gemüse-Kartoffeln und Schnittlauchdip

ZUTATEN

4 Zanderfilets	
600 g Kartoffeln	
200 g Karotten	
200 g Kohlrabi	
200 g Brokkoli	
2 EL Olivenöl	
Schabzigerklee	
1 Limette (Saft)	
Salz, Pfeffer	
400 g Sauerrahm	
1 Bd. Schnittlauch	

ZUBEREITUNG

• Kartoffeln waschen und mit der Schale in einer gelochten Garschale im DG bei 100° C ca. 50 Minuten dämpfen.

• Karotten und Kohlrabi schälen und in Würfel (ca. 2 x 2 cm) schneiden. Die Gemüsestücke nach ca. 35 Minuten zu den Kartoffeln auf die Garschale geben und 8 Minuten mitdämpfen. Den Brokkoli in kleine Röschen teilen, mit dem Gemüse im DG vermengen und alles mit Olivenöl, Salz und Schabzigerklee würzen. Die Gemüse-Kartoffeln in weiteren 6 Minuten fertig dämpfen.

• Währenddessen für den Dip den Schnittlauch fein schneiden, mit dem Sauerrahm leicht vermengen und salzen.

• Die Limette auspressen und mit Salz und Pfeffer verrühren.

• Die Zanderfilets kalt abspülen, mit dem gewürzten Limettensaft bepinseln und zusammen mit dem Gemüse-Kartoffelgemisch die letzten 4 Minuten im DG mitdämpfen.

• Alles gemeinsam anrichten und mit dem Schnittlauchdip genießen.

ZUBEREITUNGSZEIT: ca. 20 Minuten
GARZEIT: 54 Minuten

149

Hühner-Satay-Spieße mit Erdnusssauce

ZUTATEN

4 Hühnerfilets
8 Holzspieße
1 EL Sojasauce
1 EL Hanföl (oder Sesamöl)
½ Limette (Saft)

SAUCE

100 g Erdnüsse, ungesalzen
250 ml Wasser
2 Jungzwiebeln
2 Knoblauchzehen
1 EL Olivenöl
1 TL Honig
1 TL Sojasauce
je 1 Prise Salz, Currypulver,
Kreuzkümmel, Koriander

ZUBEREITUNG

• Für die Erdnusssauce die Jungzwiebeln in kleine Ringe schneiden. Das Wasser mit allen Zutaten im Standmixer cremig mixen. Danach die Sauce in einen Topf geben und 4 Minuten unter ständigem Rühren einkochen lassen. Nochmals abschmecken.

• Den DG auf 100° C, den Kombi-DG auf 180° C Kombidampf vorheizen.

• Die Hühnerfilets waschen und trocknen. Nun in schmale, längliche Stücke schneiden und wellenförmig auf Holzspieße stecken.

• Sojasauce, Öl und Limettensaft verrühren.

• Die Hühnerspieße auf ein ungelochtes, geöltes Garblech legen und mit der Soja-Limettensauce bestreichen.

DG: Bei 100° C 12 Minuten dämpfen.
Kombi-DG: Bei 180° C Kombidampf 8 Minuten garen.

• Die Spieße mit der Erdnusssauce anrichten. Gut passen dazu Basmatireis oder frische, in grobe Scheiben geschnittene Salatgurken.

ZUBEREITUNGSZEIT: ca. 20 Minuten
GARZEIT: 16 Minuten

Tipp

Sie können die Erdnusssauce ohne Weiteres am Vortag zubereiten, dann ist das Gericht in wenigen Minuten fertig!

Saltimbocca vom Huhn mit leichtem Salbeisaft, dazu Champignonreis

ZUTATEN

4 Hühnerfilets
12 Salbeiblätter
8 Blatt Rohschinken
4 cl Weißwein
250 ml Schlagobers
1 EL Speisestärke

200 g Langkornreis
200 g Champignons
400 ml Wasser
2 EL Butter
Salz, Pfeffer

ZUBEREITUNG

• Den DG auf 100° C vorheizen.

• Die Hühnerfilets (ohne Haut) der Länge nach einschneiden und flach, mit der ursprünglichen Hautseite nach oben, auflegen. Dann mit jeweils 3 Salbeiblättern belegen, mit Salz und Pfeffer würzen, straff aufrollen und mit jeweils 2 Blatt Rohschinken umwickeln. Die Röllchen mit der Verschlussseite nach unten in einen ungelochten Garbehälter geben.

• Den Reis und die blättrig geschnittenen Champignons mit Wasser, Butter und Salz in einen ungelochten Garbehälter geben.

• Den Reis im DG bei 100° C 30 Minuten dämpfen.

• Das Fleisch nach 15 Minuten zum Reis in den DG geben und die restlichen 15 Minuten mitdämpfen. Die Hühnerröllchen aus dem Saft nehmen und warm stellen.

• Den Fleischsaft durch ein feines Sieb in einen Topf streichen, etwas reduzieren, mit dem Weißwein parfümieren. Schlagobers mit der Speisestärke verrühren, zugeben und den Saft damit binden.

• Nochmals abschmecken und anrichten.

ZUBEREITUNGSZEIT: ca. 20 Minuten
GARZEIT: 30 Minuten

Tipp

Das Hühnerfleisch und den Reis erkalten lassen und zugedeckt in den Kühlschrank stellen.
Bei Bedarf das Hühnerfleisch mit dem Reis auf Teller platzieren und, zugedeckt mit Frischhaltefolie, im vorgewärmten DG bei 95° C 8 Minuten regenerieren.
Die Sauce auf dem Herd erwärmen und darübergießen.

Gefüllte Putenroulade mit Bärlauchsauce und Hanfpolenta

ZUTATEN

4 Putenschnitzel

4 Scheiben à 50 g
vom echten Beinschinken

1 große Karotte

300 g Maisgrieß fein

600 ml Gemüsebrühe
(oder Wasser)

1 EL Sauerrahm

100 g Hanfkörner, geröstet und
geschält (oder Sesam)

50 g Bärlauch
(oder Basilikum)

50 g Butter

2 EL Weißwein

200 ml Schlagobers

2 EL Speisestärke

Salz, Pfeffer

- Den DG auf 100° C vorheizen.
- Die Putenschnitzel zwischen Frischhaltefolie plattieren. Die Karotte schälen und mit dem Sparschäler in dünne Streifen schneiden.
- Die Putenschnitzel salzen und pfeffern, je eine Scheibe vom Beinschinken darauflegen und die Karottenstreifen gleichmäßig auf alle Schnitzel verteilen.
- Die Putenschnitzel wie eine Roulade zusammenrollen und in Alufolie einwickeln, in eine ungelochte Garschale geben.
- Den Maisgrieß in eine Garschale (kann ein Glasbehältnis oder eine Keramikform sein) geben, salzen und mit Gemüsebrühe oder Wasser aufgießen. Die Polentamasse in den DG schieben und für 20 Minuten bei 100° C dämpfen.
- Nach 10 Minuten die Putenroulade dazugeben und gemeinsam fertig dämpfen.
- In der Zwischenzeit den Bärlauch waschen und klein schneiden. Die Butter in einem Topf erhitzen und den Bärlauch kurz darin anschwitzen. Nun mit dem Weißwein ablöschen, etwas reduzieren. Die Sauce salzen, 3 Minuten kochen lassen und mit dem Stabmixer pürieren. Das Schlagobers mit der Speisestärke verrühren und die Sauce damit binden.
- Die Polenta mit dem Sauerrahm und den gerösteten Hanfkörnern vermengen, die Putenschnitzel zwei Mal schräg durchschneiden und die Polenta mithilfe eines Eisportionierers kugelförmig ausstechen. Alles gemeinsam mit der Sauce gefällig anrichten.

ZUBEREITUNGSZEIT: ca. 25 Minuten
GARZEIT: 20 Minuten

Tipp

Die fertigen Putenschnitzel in der Alufolie in kaltem Wasser abschrecken und auskühlen lassen.
Die Hanfpolenta zudecken und auskühlen lassen.
Bei Bedarf die ausgekühlten Putenrouladen auswickeln und zwei Mal schräg durchschneiden.
Von der kalten Polenta mit einem Eisportionierer Kugeln auf einen Teller geben und die Rouladenscheiben dazulegen.
Den angerichteten kalten Speiseteller mit Frischhaltefolie zudecken und für 10 Minuten im vorgewärmten DG bei 95° C regenerieren.
Die Sauce auf dem Herd im Topf erwärmen.

Putenmedaillons im Gomasiomantel an Orangensauce und Curryreis

ZUTATEN
8 kleine Putenmedaillons

50 g Dinkelmehl

2 Eier

150 g Gomasio (geriebener und gerösteter Sesam)

2 EL Olivenöl

200 g Basmatireis

Salz

½ TL Curry

ORANGENSAUCE
1 EL brauner Zucker

300 ml Orangensaft

1 TL Zitronensaft

200 ml Gemüsebrühe

Salz, Cayennepfeffer

1 EL Stärkemehl

3 EL Schlagobers

ZUBEREITUNG
• Den DG auf 100° C vorheizen.

• Die Putenmedaillons mit dem Mehl, den Eiern und dem Gomasio panieren und auf eine geölte, ungelochte Garschale legen.

• Den Basmatireis mit Salz und Curry in eine ungelochte Garschale geben und mit 400 ml Wasser aufgießen. 20 Minuten dämpfen. Nun die Garschale mit dem Fleisch dazugeben und beides weitere 8 Minuten dämpfen.

• Braunen Zucker kurz karamellisieren, mit dem Orangen- und Zitronensaft ablöschen, kurz einkochen, mit der Gemüsebrühe auffüllen und 5 Minuten kochen. Mit Salz und Cayennepfeffer würzen. Stärke und Schlagobers verrühren und den Saft damit binden.

• Putenmedaillons mit Reis und Orangensauce anrichten.

ZUBEREITUNGSZEIT: ca. 20 Minuten
GARZEIT: 18 Minuten

Kokos-Putenmedaillons mit Chili-Limetten-Hirsotto

ZUTATEN
400 g Putenbrust

1 Ei

100 g Kokosflocken

1 EL Olivenöl zum Bestreichen

200 g Hirse

200 g heiße Gemüsebrühe

100 g Schlagobers

1 Limette (Schale)

4 Chili (süßlich-scharf), klein geschnitten

Salz

ZUBEREITUNG
• Den DG bzw. Kombi-DG auf 100° C vorheizen.

• Die Putenbrust in 50 g schwere Medaillons schneiden.

• Das Ei verschlagen und salzen, die Medaillons durchziehen, anschließend in den Kokosflocken wälzen. Auf ein ungelochtes, geöltes Garblech legen.

• Für das Hirsotto die zuerst heiß, dann kalt abgespülte Hirse mit der heißen Gemüsebrühe, dem Schlagobers, der Limettenschale, Chili und Salz vermischen und in einen ungelochten Garbehälter geben.

DG bzw. Kombi-DG: Das Hirsotto bei 100° C 15 Minuten dämpfen. Dann mit Alufolie zudecken.

Kombi-DG auf 230° C Grillfunktion, Backrohr auf 230° C Grillfunktion stellen. Nun die Medaillons 12 Minuten gratinieren.

• Putenmedaillons mit Hirsotto anrichten.

ZUBEREITUNGSZEIT: ca. 20 Minuten
GARZEIT: 27 Minuten

157

Putenschnitzel gefüllt mit Tomaten-Schafskäse-Tatar, dazu Gemüse und Quinoa

ZUTATEN

4 Putenschnitzel
4 getrocknete Tomaten
200 g Schafskäse
100 g Karotten
100 g Gelbe Rüben
100 g Zucchini
200 g Quinoa
500 ml Gemüsebrühe
1 TL gekörnte Gemüsebrühe
100 ml Schlagobers
2 EL Speisestärke
Schabzigerklee, Petersilie
Salz, Pfeffer

ZUBEREITUNG

• Den DG auf 100° C vorheizen.

• Die Putenschnitzel zwischen Frischhaltefolie plattieren, salzen und pfeffern. Die Tomaten fein hacken und den Schafskäse mit der Gabel zerkleinern. Tomaten und Schafskäse mischen, Masse auf die Schnitzel verteilen und diese zusammenklappen. Die Schnitzel auf eine ungelochte Garschale geben.

• Die Karotten und die Gelben Rüben schälen, der Länge nach durchschneiden und dann quer in Stifte schneiden.
Die Zucchini waschen und ebenfalls in Stifte schneiden.
Das Gemüse auf eine gelochte Garschale geben.

• Quinoa mit heißem Wasser abspülen und mit 400 ml Gemüsebrühe in einen ungelochten Garbehälter geben und 20 Minuten dämpfen.
Nach 10 Minuten das Gemüse und die Schnitzel dazugeben und gemeinsam fertig dämpfen. Alles aus dem DG nehmen.

• Den aus den Schnitzeln ausgetretenen Saft in einen Topf geben und mit 100 ml Gemüsebrühe aufgießen. Dann mit der gekörnten Gemüsebrühe, Salz und Pfeffer würzen und um ein Drittel reduzieren.
Das Schlagobers mit der Speisestärke verrühren und die Sauce damit binden.

• Das Gemüse mit Salz und Schabzigerklee würzen. Quinoa mit Salz, Pfeffer und der Petersilie würzen.
Quinoa und Gemüse auf die Teller aufteilen, die Schnitzel ein Mal schräg durchschneiden und auf die Quinoa legen, mit der Sauce umgießen.

ZUBEREITUNGSZEIT: ca. 20 Minuten
GARZEIT: 30 Minuten

Tipp

Für den späteren Gebrauch alle Zutaten erkalten lassen und zugedeckt in den Kühlschrank geben.
Bei Bedarf die schräg durchgeschnittenen Schnitzel samt Gemüse und Quinoa auf Teller portionieren, mit Frischhaltefolie zudecken und im vorgewärmten DG bei 95° C ca. 10 Minuten regenerieren.
Die Sauce auf dem Herd erwärmen.

Reisfleisch von der Pute

ZUTATEN

250 g Putenbrust
250 g Langkornreis
500 ml Gemüsebrühe (oder Wasser)
100 ml Rindsuppe
1 große Zwiebel
1 Paprika rot
50 g Paprikapulver (edelsüß)
1 Knoblauchzehe, gehackt
1 EL Rapsöl
frischer Parmesan, gerieben
Salz, Pfeffer

ZUBEREITUNG

• Den DG auf 100° C vorheizen.

• Putenbrust in Würfel schneiden. Zwiebel fein würfeln. Paprikaschote vierteln, entkernen, von Samen und Trennhäuten befreien und würfeln.

• Öl in einer Pfanne erhitzen, Zwiebel- und Paprikawürfel anbraten. Das Fleisch dazugeben und kurz mitrösten. Mit Paprikapulver bestreuen, die gehackte Knoblauchzehe dazugeben, mit Salz und Pfeffer würzen und mit der Rindsuppe aufgießen. Das Putengulasch entweder auf dem Herd belassen und 20 Minuten köcheln lassen oder in eine ungelochte Garschale umleeren.

• Den Reis mit der Gemüsebrühe in eine ungelochte Garschale geben und salzen. Den Reis und das Putengulasch im DG bei 100° C ca. 25 Minuten dämpfen.

• Wenn man den Reis und das Putengulasch getrennt dämpft, bleibt der Reis schön kernig. Erst danach vermengen und mit Parmesan bestreut anrichten.

ZUBEREITUNGSZEIT: ca. 18 Minuten
GARZEIT: 45 Minuten

Tipp

Fleisch und Reis abkühlen lassen und zugedeckt in den Kühlschrank stellen. Bei Bedarf das Reisfleisch auf Teller portionieren und mit Frischhaltefolie zugedeckt im vorgewärmten DG bei 95° C ca. 8 Minuten regenerieren. Mit dem Parmesan bestreuen.

Mit Tomatenreis gefülltes Putenröllchen auf Blattspinat

ZUTATEN

4 Putenschnitzel
600 g Blattspinat (TK)
150 ml Schlagobers
1 Knoblauchzehe, gehackt
150 g Langkornreis
300 ml Wasser
3 EL Tomatenkonzentrat
50 g getrocknete Tomaten
2 EL Butter
Salz, Pfeffer

ZUBEREITUNG

• Den Reis mit dem Wasser, dem Tomatenkonzentrat, den klein geschnittenen, getrockneten Tomaten, der Butter und dem Salz im DG bei 100° C 25 Minuten dämpfen.

• Die Putenschnitzel zwischen Frischhaltefolie dünn klopfen. Den überkühlten Tomatenreis auf das untere Drittel der Schnitzel geben, seitlich einschlagen und zu einer Roulade formen. In Alufolie einwickeln, die Enden zudrehen und die Päckchen auf ein ungelochtes Garblech legen.

• Den Blattspinat auf ein gelochtes Garblech geben und im DG bei 100° C 10 Minuten dämpfen. Bei frischem Spinat genügt eine Garzeit von 3 Minuten. Danach den Spinat aus dem DG nehmen, fest ausdrücken und in einen ungelochten Garbehälter geben. Schlagobers beifügen und mit Salz, Pfeffer und einer gehackten Knoblauchzehe abschmecken.

• Die Putenröllchen im DG bei 100° C 10 Minuten dämpfen. Dann den Spinat in den DG dazugeben und 8 Minuten mitdämpfen.

• Die Putenröllchen auswickeln, in stärkere Scheiben schneiden, den Blattspinat auf die Teller geben und die Röllchen daraufsetzen.

ZUBEREITUNGSZEIT: ca. 18 Minuten
GARZEIT: 45 Minuten

Entenbrust mit Kirschbalsamico

ZUTATEN

4 Entenbrustfilets (je etwa 150 g)
3 EL Olivenöl
1 cl Kirschwasser
2 EL Balsamicoglasur
Salz, Pfeffer

ZUBEREITUNG

• Den DG auf 100° C vorheizen.

• Die Entenbrustfilets abspülen, trocken tupfen und die Haut mit einem scharfen Messer in gleichmäßigen Rauten einschneiden.

• Danach die Entenfilets salzen und pfeffern, auf eine ungelochte, geölte Garschale geben und 12–14 Minuten dämpfen.

• Den Entenfond vom Blech in einen Topf geben, ein Mal aufkochen und mit dem Kirschwasser ablöschen. Etwas reduzieren lassen und die Balsamicoglasur dazugeben. Nochmals abschmecken und mit den Filets anrichten.

ZUBEREITUNGSZEIT: ca. 10 Minuten
GARZEIT: 14 Minuten

Backhendl IM KOMBI-DG

ZUTATEN

1 ganzes Huhn	
180 g Mehl griffig	
300 g Semmelbrösel	
2 Eier, verschlagen	
125 g Butter	
Salz, Pfeffer	

ZUBEREITUNG

• Das Huhn waschen, trocknen und in gleich große Stücke teilen. Danach würzen. In je einen tiefen Teller Mehl, Eier und Semmelbrösel geben. Nun die Stücke panieren, also zuerst in Mehl wenden, dann durchs Ei ziehen und zum Schluss in die Semmelbrösel drücken. Die Butter erwärmen und mit einem Backpinsel rundherum auf die panierten Hühnerteile auftragen. Auf ein Backblech oder Patisserieblech legen.

• Im Kombi-DG bei 100° C 5 Minuten dämpfen, danach bei 230° C Kombidampf je nach Fleischdicke 15 Minuten braten. Für den Bräunungseffekt weitere 3 Minuten mit der Grillfunktion auf jeder Seite fertig braten. Noch heiß anrichten.

ZUBEREITUNGSZEIT: ca. 10 Minuten

GARZEIT: 15 Minuten

Im Backofen mit Dampfgarfunktion ist die Zubereitungsform ebenfalls möglich. Hierzu wählen Sie das Programm Klimadampf oder Intervalldampf und heizen das Gerät auf 230° C vor. Das Huhn backen Sie dann bei 220° C Intervalldampf fertig.
Bei gewissen Gerätemodellen wird man nach der Anzahl der Dampfstöße gefragt: Wählen Sie einen Dampfstoß, wobei dieser in der ersten Minute ideal ist.

Wiener Schnitzel IM KOMBI-DG

ZUTATEN

4 Stk. Schnitzel vom Kalb	
180 g Mehl griffig	
300 g Semmelbrösel	
2 Eier, verschlagen	
125 g Butter	
Pfeffer	
Salz	

ZUBEREITUNG

• Die Schnitzel waschen, trocknen und würzen. In je einen tiefen Teller Mehl, Eier und Semmelbrösel geben. Nun die Schnitzel zuerst in Mehl wenden, dann durchs Ei ziehen und zum Schluss in die Semmelbrösel drücken. Die Butter erwärmen und mit einem Backpinsel beidseitig auf die panierten Schnitzel auftragen. Auf ein Backblech oder Patisserieblech legen.

• Im Kombi-DG bei 220° C Kombidampf je nach Fleischstärke 12–14 Minuten garen.

• Noch heiß anrichten.

ZUBEREITUNGSZEIT: ca. 15 Minuten

GARZEIT: 14 Minuten

Ein Wiener Schnitzel wird im Original aus Kalbfleisch zubereitet. Es kann aber auch Schwein oder Pute verwendet werden. Wichtig ist: die Backdauer!
Auch Cordon Bleu kann auf diese Weise zubereitet werden, die Backzeit verlängert sich dabei auf ca. 18–20 Minuten.

Gedämpfte Kalbsmedaillons
an Lavendelduft mit Spargel

ZUTATEN

8 Kalbsmedaillons à 80 g

500 g grüner Spargel

750 g weißer Spargel

100 ml trockener Weißwein

100 ml Gemüsebrühe

100 ml Schlagobers

2 Lavendelblüten

2 EL Olivenöl

20 g Butter

Salz, Pfeffer

ZUBEREITUNG

• Spargel schälen – den weißen ganz, den grünen nur am unteren Ende.

• Den weißen Spargel auf eine gelochte Garschale legen und im DG bei 100 °C vorerst 4 Minuten dämpfen.

• Nun den grünen Spargel, die Kalbsmedaillons und eine Lavendelblüte auf eine geölte, ungelochte Garschale legen und zum weißen Spargel in den DG geben.

• Gemeinsam weitere 9 Minuten dämpfen.

• Den beim Garen entstandenen Kalbsfond vom DG in einen Topf geben, ein Mal aufkochen, mit Wein ablöschen. Mit Gemüsebrühe und Schlagobers aufgießen, die andere Lavendelblüte dazugeben und einkochen lassen. Mit Salz und Pfeffer abschmecken.

• Den gegarten Spargel in heißer Butter schwenken und zusammen mit den Medaillons servieren. Dazu passen junge Kartoffeln.

ZUBEREITUNGSZEIT: ca. 20 Minuten
GARZEIT: 13 Minuten

Kalbsrückensteak
mit Artischocken-Tomaten-Gemüse

ZUTATEN

4 Kalbsrückensteaks

4 Artischockenböden
(aus dem Glas)

½ Stange Lauch

4 Salbeiblätter

⅛ l Weißwein

50 g kalte Butter

2 Tomaten

2 EL Olivenöl

Salz, Pfeffer

ZUBEREITUNG

• Den DG auf 100° C vorheizen.

• Die Kalbsrückensteaks salzen, pfeffern, auf ein geöltes Garblech legen und im DG bei 100° C 8 Minuten dämpfen.

• Artischocken achteln, Lauch in Streifen schneiden und beides in Olivenöl anbraten. Die Salbeiblätter dazugeben, mit dem Weißwein ablöschen und 2 Minuten einkochen lassen.

• Das Artischockengemüse würzen und mit der Butter verfeinern.

• Tomaten achteln, in den Topf zu den Artischocken geben, einmal kurz umrühren und vom Feuer nehmen. Gemeinsam anrichten.

ZUBEREITUNGSZEIT: ca. 20 Minuten
GARZEIT: 8 Minuten

Kalbspaillard aus dem Teesud auf grünem Spargel

ZUTATEN

4 Schnitzel
vom Kalbsrücken à 200 g
800 g grüner Spargel
250 ml Gemüsebrühe
(oder Wasser)
100 ml Schlagobers
½ Limette (Saft)
2 Säckchen (Teebeutel)
Kräutertee mit Lavendel
½ TL Salz
1 TL Rohrohrzucker
1 EL Speisestärke
Salz, Pfeffer

ZUBEREITUNG

• Den DG auf 100° C vorheizen.

• Vom grünen Spargel die holzigen Enden wegschneiden und nur den unteren Teil schälen.

• Die Kalbsschnitzel zwischen Frischhaltefolie hauchdünn zu Paillards klopfen.

• Für den Teesud die Gemüsebrühe in einen ungelochten Garbehälter gießen, dann Schlagobers, Limettensaft und die Kräuterteesäckchen dazugeben.
Den Spargel auf ein gelochtes Garblech geben und mit Salz und Rohrohrzucker bestreuen.

• Den Teesud in den untersten und den Spargel in den mittleren Einschub geben.

• Beides 12 Minuten bei 100° C dämpfen.

• Jetzt die Kalbspaillards in den Teesud legen und alles weitere 4 Minuten dämpfen.

• Den Spargel und das Fleisch zugedeckt mit Alufolie warm halten, den Teesud in einen Topf umleeren, salzen und pfeffern, und ein Mal aufkochen. Die Speisestärke mit etwas kaltem Wasser verrühren und den Teesud damit binden.

• Die Spargelstangen auf Tellern anrichten, Kalbspaillard darauflegen und mit der Teesauce umgießen.

• Als Beilage eignen sich gedämpfte Kartoffeln oder Weißbrot.

ZUBEREITUNGSZEIT: ca. 25 Minuten
GARZEIT: 12 Minuten

Lammrücken an Honig-Apfelsauce, dazu Brokkoli-Trauben-Gemüse

ZUTATEN

2 Lammrücken

2 EL Olivenöl

Salz, Pfeffer

2 Zweige frischer Thymian

1 Brokkoli

200 g Weintrauben, blau und weiß

2 EL Olivenöl

2 EL Balsamicoessig

SAUCE

1 Zwiebel

1 säuerlicher Apfel

2 EL Butter

2 EL Honig

⅛ l Apfelsaft

¼ l Gemüsebrühe

1 EL Stärkemehl

ZUBEREITUNG

• Die Zwiebel und den Apfel in feine Würfel schneiden, in einer Pfanne mit der Butter anschwitzen, den Honig dazugeben, kurz mitrösten und mit dem Apfelsaft aufgießen. 5 Minuten leicht kochen lassen und die Gemüsebrühe dazugießen. Nochmals 5 Minuten kochen und mit dem in kaltem Wasser angerührten Stärkemehl binden.

• Den DG auf 100° C vorheizen.

• Die Lammrücken würzen, mit Thymian belegen und auf eine mit Olivenöl bestrichene, ungelochte Garschale geben.

• Den Brokkoli in Röschen teilen und in eine gelochte Garschale geben.

• Das Fleisch 18 Minuten rosa dämpfen, den Brokkoli die letzten 10 Minuten in den DG geben.

• Die Weintrauben halbieren und entkernen.

• In einer Pfanne Olivenöl erwärmen, die Weintrauben recht heiß und kross kurz anbraten. Mit dem Balsamicoessig ablöschen und die Brokkoliröschen dazu geben. Alles mit Salz und Pfeffer würzen und auf einem Teller anrichten.

• Die Lammrücken in schräge, gleichmäßige Stücke schneiden und auf das Gemüse setzen. Die Sauce rundum angießen.

ZUBEREITUNGSZEIT: ca. 25 Minuten
GARZEIT: 12 Minuten

Lammspieß in geschältem Hanf

ZUTATEN

800 g Lammschlögel, ausgelöst

8 Holzspieße

1 Zwiebel

2 Knoblauchzehen

1 EL Sojasauce

1 EL Apfelessig

½ TL Sambal Oelek

1 TL Hanföl

1 EL Mehl

1 Ei

2 EL Hanfkörner geschält, geröstet (oder Sesam- bzw. Kokosflocken)

ZUBEREITUNG

• Den DG auf 100° C bzw. den Kombi-DG auf 180° C Kombidampf vorheizen.

• Den Lammschlögel in gleichmäßige Würfel (2 x 2 cm) schneiden. Zwiebel und Knoblauch abziehen und fein hacken. Alles mit der Sojasauce, Apfelessig, Hanföl und Sambal Oelek vermengen und die Lammfleischwürfel darin über Nacht marinieren.

• Am nächsten Tag die Fleischwürfel aus der Marinade nehmen, diese etwas abstreifen und das Fleisch auf Holzspieße stecken. Dann in Mehl, Ei und Hanfkörnern wenden. Die „panierten" Spieße auf ein ungelochtes Garblech legen.

DG: Bei 100° C 25 Minuten dämpfen.
Kombi-DG: Bei 180° C Kombidampf 15 Minuten garen.

ZUBEREITUNGSZEIT: ca. 10 Minuten
GARZEIT: 20 Minuten
ZEIT ZUM MARINIEREN: 12 Stunden

Weidelammrücken aus dem Heuaroma auf Gemüsemelange

ZUTATEN

800 g Lammrücken mit Knochen	
Salz, bunter Pfeffer	
300 g Bio-Heu*	
100 ml Schlagobers	
1 EL Stärkemehl	
100 g Jungzwiebel	
100 g roter Paprika	
50 g Erbsen	
50 g Grüne Bohnen	
50 g Zuckermais	
1 EL Butter, flüssig	
Salz, Schabzigerklee	

* Je nach Höhe der Alm und Region sind meist folgende Kräuter in gutem Bio-Heu enthalten und ergeben ein einzigartiges Aroma: Arnika, Gänsefingerkraut, Johanniskraut, Labkraut, Schafgarbe, Kornblume. Erhältlich ist es unter anderem im Kleintierhandel.

ZUBEREITUNG

• Den DG bzw. Kombi-DG auf 100° C vorheizen.

• Grüne Bohnen putzen, halbieren und bei 100° C 20 Minuten dämpfen, danach sofort kalt abschrecken.

• Jungzwiebel und Paprika grob schneiden und mit den Erbsen, Grünen Bohnen und dem Zuckermais vermengen. Mit der flüssigen Butter, Salz und Schabzigerklee würzen. Das Gemüse auf ein ungelochtes Garblech geben.

• Den Lammrücken sorgfältig vom Knochen befreien oder schon vom Fleischhauer auslösen lassen. Die Knochen in kleine Teile hacken (lassen). Vom Lammrücken das Silberhäutchen abziehen. Die Parüren, also Knochen und Silberhäutchen, in einen ungelochten Garbehälter geben.

• Den Lammrücken mit Salz und Pfeffer würzen. Das Bio-Heu auf ein gelochtes Garblech geben.

• Nun den ungelochten Garbehälter mit den Parüren in den untersten Einschub geben, das gelochte Garblech mit dem Heu in den mittleren Einschub. Das Fleisch auf den Gitterrost legen.

• Zur Heuaromaherstellung die Parüren und das Bio-Heu bei 100° C 8 Minuten vordämpfen. Danach das Fleisch auf dem Gitterrost über dem Bio-Heu platzieren.

• Auf diese Art verteilt sich das Heuaroma im gesamten Garraum und das Fleisch kann, noch bevor das Eiweiß denaturiert, das Aroma aufnehmen. Gleichzeitig gelangen die Aromastoffe des Heus (gelochtes Garblech) aber auch auf die Garschale mit den Parüren. So entsteht ein würziger Bratensaft.

• Nun das Fleisch 8 Minuten bei 100° C dämpfen.

DG: Auf 80° C zurückschalten und weitere 15–20 Minuten bis zu einer Kerntemperatur von 56° C dämpfen.

Kombi-DG: Auf 80° C Kombidampf einstellen und weitere ca. 15 Minuten bis zu einer Kerntemperatur von 56° C garen.

Am besten kontrolliert man den Bratfortschritt mithilfe des Kerntemperaturfühlers.

• Danach das Fleisch in Alufolie wickeln und rasten lassen.

• DG bzw. Kombi-DG erneut auf 100°C bringen und das vorbereitete Gemüse einschieben. 5 Minuten dämpfen.

• Den entstandenen Lamm-Heufond vom Garbehälter durch ein Sieb in einen Topf gießen und ein Mal aufkochen lassen. Das Stärkemehl mit dem Schlagobers verrühren und den Fond damit binden.

• Den Lammrücken auswickeln und in schräge Scheiben schneiden. Das Gemüse auf Teller platzieren, das Fleisch dazu anrichten und mit dem Fond umgießen.

ZUBEREITUNGSZEIT: ca. 25 Minuten
GARZEIT: 56 Minuten

Lammkeulensteak mit Gemüse und Schwammerlreis

ZUTATEN

4 Lammkeulensteaks
100 ml Schlagobers
1 TL Speisestärke
2 Lavendelblüten
Salz, Pfeffer

1 Brokkoli
100 g Cocktailtomaten
100 g Zucchini
100 g Paprika rot
1 EL Olivenöl
Salz

300 g Langkornreis
(+ 600 ml Wasser)
100 g Eierschwammerl, blanchiert
2 EL Butter
Salz

ZUBEREITUNG

● Den DG auf 100° C vorheizen.

● Den Brokkoli in Röschen teilen, die Cocktailtomaten waschen, die Zucchini waschen und in Würfel schneiden, vom Paprika den Deckel abschneiden, die Trennwände und den Samen ausschneiden und die Schoten grob würfeln. Alles Gemüse auf eine gelochte Garschale geben.

● Den Reis mit der auf der Packung angegebenen Menge Wasser, den Schwammerln, Butter und Salz in einen ungelochten Garbehälter geben.

● Die Lammkeulensteaks mit Salz und Pfeffer würzen und mit den Lavendelblüten auf ein ungelochtes Garblech geben.

● Der DG wird nun folgendermaßen bestückt: In die oberste Etage kommt der Reis und in die unterste das Fleisch. Die mittlere Etage für das Gemüse frei halten.

● Den Reis und das Fleisch also einschieben und bei 100° C 18 Minuten dämpfen. Nun das Gemüse in die mittlere Schiene dazugeben und zusammen weitere 8 Minuten dämpfen.

● Den entstandenen Fleisch-Gemüsesaft in einen Topf geben, ein Mal aufkochen, mit dem Schlagobers auffüllen und mit der in kaltem Wasser angerührten Speisestärke binden.

● Das Gemüse salzen und mit dem Olivenöl vermischen. Alles gefällig auf Tellern anrichten.

ZUBEREITUNGSZEIT: ca. 25 Minuten
GARZEIT: 18 Minuten

Tipp

Das fertig gegarte Gemüse sofort kalt abschrecken, mit dem Olivenöl mischen, salzen und erkalten lassen. Den Reis ebenso erkalten lassen. Den Saft im Topf abkühlen lassen und alles zugedeckt in den Kühlschrank stellen.

Bei Bedarf eine Portion auf einem Teller anrichten und, zugedeckt mit Frischhaltefolie, im vorgewärmten DG bei 95° C 8 Minuten regenerieren.

Die Sauce auf dem Herd erwärmen und zum Gericht geben.

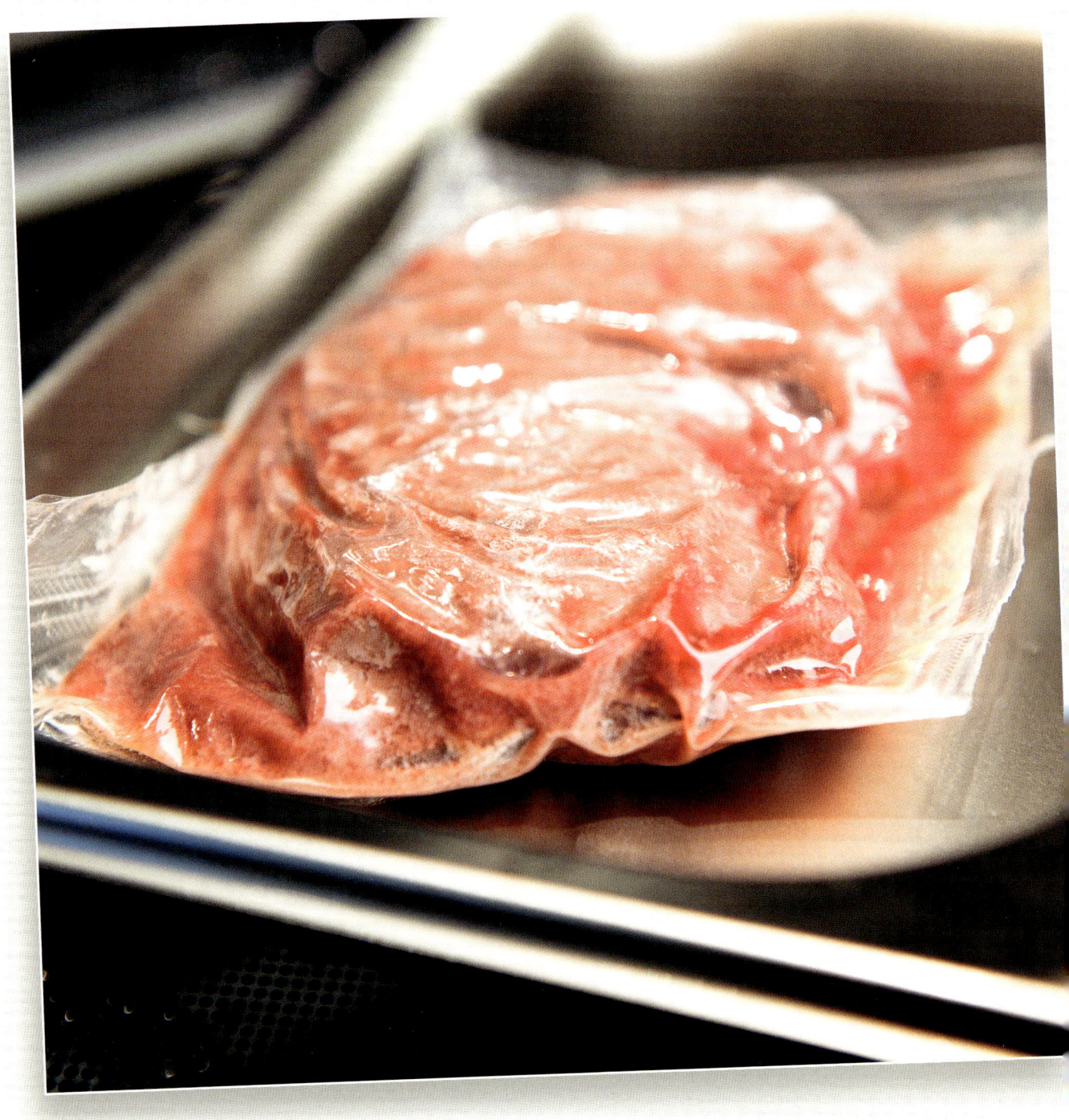

Sous-vide-Garen Fleisch

ZUTATEN

1 Huftsteak
Kräuter nach Belieben
(z. B. Kräuterpad von Soul Spice, siehe Anhang)
Öl
evtl. Whiskey oder Cognac

ZUBEREITUNG

● Das Fleisch von Sehnen und Häuten befreien, nach Wunsch marinieren und vakuumieren.

● Das vakuumierte Fleisch kann auch über Nacht im Kühlschrank ziehen und am Tag danach verwendet werden. Dabei aber keinesfalls Salz oder Senf verwenden, dadurch würde die Fleischoberfläche rot werden.

● Zur Fertigstellung im DG bei 50° C 90 Minuten dämpfen.

● Um Röststoffe – für den Geschmack – zu bekommen, kann man das Steak anschließend in einer Pfanne mit heißem Öl auf beiden Seiten scharf anbraten.

● Das Ergebnis ist jenem des Niedertemperaturgarens ähnlich.

ZUBEREITUNGSZEIT: ca. 10 Minuten
GARZEIT: 15 Minuten

Tipp

• Empfehlung für Rindsfilet und Beiriedschnitte (Fleischstärke 30 mm): Temperatur 56° C, Gardauer 50 Minuten

• Sinnvoll ist es, das Fleisch gleich zu portionieren. Die Garzeit ist kürzer und beim abschließenden Anbraten ist man flexibel – wer das nicht haben möchte, kann das Fleisch „nur" sous-vide-gegart genießen.

• Der Eigengeschmack ist vortrefflich und das Fleisch besonders saftig.

• Nicht geeignet für diese Methode:
  Fischfilet (das punktgenaue Dampfgaren ist die beste Zubereitungsmethode)
  Geflügel- bzw. im Speziellen Hühnerfleisch (hier gilt es grundsätzlich durchzugaren)
  Entenbrust (diese kann jedoch zart rosa dampfgegart zubereitet werden)

Niedertemperaturgaren Fleisch IM KOMBI-DG

Schweinsfilet im Ganzen

ZUTATEN

1 Schweinsfilet im Ganzen
Gewürzmischung aus Salz,
Pfeffer, Knoblauchpulver,
Majoran, Thymian und Rosenpaprika
1 EL Olivenöl

ZUBEREITUNG

• Das Schweinsfilet parieren, also von Sehnen und Häuten befreien. Dann das Fleisch gut mit der Gewürzmischung einreiben. Auf ein gelochtes Garblech legen und direkt darunter ein ungelochtes Garblech einschieben.
• Den Kombi-DG auf 100° C Dampf vorheizen.
• Das gewürzte Schweinsfilet bei 100° C Dampf für 5 Minuten dämpfen.
• Den Kerntemperaturfühler in die dickste Stelle des Fleisches einstechen, dann mit 80° C Kombidampf bis zu einer Kerntemperatur von 60° C in circa 60–70 Minuten fertigbraten.
• Danach in einer Pfanne 1 EL Olivenöl erhitzen und das Schweinsfilet von jeder Seite ca. 1 Minute scharf anbraten.
• Mit dem aufgefangenen Saft servieren!

ZUBEREITUNGSZEIT: ca. 10 Minuten
GARZEIT: 75 Minuten

Tipp

Kerntemperaturfühler mit einem kalten, nassen Tuch abkühlen, sonst bleibt der Einstich später sichtbar!

Schweinsrücken

ZUTATEN

1 Schweinsrücken (Schweins-
karree, Lachsrose, Lummerbraten)
Gewürze nach Geschmack oder
die Gewürzmischung
(siehe Schweinsfilet)

ZUBEREITUNG

• Den gewürzten Braten auf ein ungelochtes Garblech legen.
• Den Kombi-DG auf 100° C Dampf vorheizen.
• Den gewürzten Schweinsrücken bei 100° C Dampf für 10 Minuten dämpfen, dann die Türe des Kombi-DG für ca. 10 Sekunden öffnen.
• Den Kerntemperaturfühler in die dickste Stelle des Fleisches einstechen, dann mit 80° C Kombidampf bis zu einer Kerntemperatur von 65° C in ca. 3 Stunden fertig braten.

VARIANTE KRUSTENBRATEN (mit Schwarte):
• Den Kombi-DG auf 100° C Dampf vorheizen.
• Den gewürzten Schweinsrücken bei 100° C Dampf für 10 Minuten dämpfen, dann die Türe des Kombi-DG für ca. 10 Sekunden öffnen.
• Danach den Kerntemperaturfühler in die dickste Stelle des Fleisches einstechen, mit 80° C Kombidampf bis zu einer Kerntemperatur von 62° C in ca. 3 Stunden fertig braten.
• Die Türe nochmals kurz öffnen, damit die Feuchtigkeit austreten kann.
• Den Grill auf höchste Stufe einstellen und so lange weiterbraten, bis die Schwarte des Bratens schön knusprig und braun ist.

ZUBEREITUNGSZEIT: ca. 15 Minuten
GARZEIT: 3 Std. 14 Minuten

Rindsbraten

ZUTATEN

1 Rindsfilet (= Lungenbraten)
im Ganzen oder Beiried,
Rostbraten (auch Schnitzelfleisch,
Huftsteak oder Weißes Scherzel
sind geeignet)

Gewürzmischung aus Senf, Honig,
Salz, Pfeffer, Lorbeerblatt,
Majoran, Wacholderbeeren

ZUBEREITUNG

• Das Rindsfilet parieren, also von Sehnen und Häuten befreien. Dann das Fleisch mit der Gewürzmischung einreiben und auf ein ungelochtes Garblech legen.

• Den Kombi-DG auf 100° C Dampf vorheizen.

• Den gewürzten Rindsfilet bei 100° C Dampf für 2–10 Minuten dämpfen (je nach Fleischdicke). Als Faustregel gilt: pro Zentimeter Fleisch 2 Minuten Dämpfzeit.

• Danach den Kerntemperaturfühler in die dickste Stelle des Fleisches einstechen, mit 80° C Kombidampf bis zu einer Kerntemperatur von 54° C in ca. 90–120 Minuten fertigbraten.

ZUBEREITUNGSZEIT: ca. 15 Minuten
GARZEIT: 120 Minuten

Tipp

Hat man einzelne Steaks bis 200 g, diese immer erst nach dem Braten mit Salz (evtl. Fleur de sel) und Pfeffer würzen! Bei guter Fleischqualität zählt der Eigengeschmack.

Schweinsrückensteak an Blauschimmel-käsesauce und Spaghetti

ZUTATEN

4 Schweinsrückensteaks
300 g Spaghetti
2 Frühlingszwiebeln
50 g roter Paprika
150 g Blauschimmelkäse
50 ml Weißwein
200 ml Schlagobers
Petersilie
Salz, weißer Pfeffer
1 TL Suppenwürze
2 EL Olivenöl

ZUBEREITUNG

• Den DG auf 100 °C vorheizen.

• Die Schweinsrückensteaks salzen und pfeffern und auf eine ungelochte, mit Öl ausgepinselte Garschale geben und im DG 16 Minuten dämpfen.

• Auf ein ungelochtes Garblech 1 l Wasser geben und salzen, 1 EL Olivenöl hinzufügen. Die Spaghetti locker in das Wasser legen und im DG bei 100 °C 15 Minuten dämpfen.

• Inzwischen die Frühlingszwiebeln in Ringe schneiden, den Paprika klein würfeln. Den Käse in Würfel schneiden.

• 1 EL Olivenöl in einer Pfanne erhitzen, Zwiebeln und Paprika darin anbraten. Mit dem Wein ablöschen, Schlagobers und den Käse zufügen, einkochen lassen. Mit Salz, Pfeffer, Petersilie und Suppenwürze abschmecken.

• Die Spaghetti abseihen, in einen tiefen Teller geben und mit Blauschimmelkäsesauce überziehen. Die Fleischstücke dazulegen.

ZUBEREITUNGSZEIT: ca. 20 Minuten
GARZEIT: 16 Minuten

Schweinsfiletspießchen mit Schmor-tomaten an Joghurt-Gurken-Sauce, dazu Kartoffeln

ZUTATEN

600 g Schweinsfilet	
600 g Kartoffeln	
4 EL Olivenöl	
400 g Cocktailtomaten	
Oregano	
Salz, Pfeffer	
8 Holzspießchen	

SAUCE

1 große Gurke	
250 ml Sauerrahm	
250 ml Joghurt	
2 EL Olivenöl	
2 Knoblauchzehen	
Salz	

ZUBEREITUNG

• Die Kartoffeln waschen und im DG auf einem gelochten Garblech bei 100° C 50 Minuten mit der Schale dämpfen.

• Schweinsfilet der Länge nach halbieren und quer in fingerbreite Stücke schneiden.

• Pro Person 2 kleine Spießchen mit Schweinsfiletstückchen (insgesamt je ca. 150 g) aufstecken. Mit Salz und Pfeffer würzen.

• Die Gurke schälen und längs halbieren. Die Kerne mit einem Teelöffel entfernen, Gurke grob raspeln, in eine Schüssel geben, mit 1 TL Salz mischen und ca. 10 Minuten Wasser ziehen lassen. Dann in ein sauberes Küchentuch geben und von oben her kräftig zudrehen, damit das ganze Wasser aus den Gurkenraspeln gepresst wird.

• Nun Sauerrahm, Joghurt, Olivenöl, gepressten Knoblauch, Salz dazugeben, nicht zu kräftig durchmischen.

• Ein ungelochtes Garblech mit 2 EL Olivenöl bestreichen und die gewürzten Spieße drauflegen. Im DG bei 100° C gemeinsam mit den Kartoffeln die letzten 15 Minuten mitdämpfen.

• Die Tomaten halbieren und in einer Pfanne mit dem restlichen Olivenöl ca. 5 Minuten schmoren. Mit Salz, Pfeffer und etwas Oregano abschmecken und anrichten.

ZUBEREITUNGSZEIT: ca. 15 Minuten
GARZEIT: 15 Minuten

Tipp

Diese Spießchen können auch abwechselnd mit in passende Stücke geschnittenen Paprika und Zucchini verfeinert werden.

Vitaminburger

ZUTATEN

4 Dinkelbrötchen

300 g Rindfleisch, faschiert (von der Schulter)

200 g Suppengemüse

4 frische Salatblätter

½ Zwiebel

1 Tomate

1 Essiggurkerl

50 g gemischte, gemahlene Nüsse (Haselnüsse, geschälte Hanfnüsse, Walnüsse, Cashewkerne)

Salz, Pfeffer

Senf, Majoran, Thymian, Chili

2 EL Rapsöl

ZUBEREITUNG

• Das Suppengemüse waschen, schälen und in sehr kleine Würfel schneiden. Das Gemüse auf eine gelochte Garschale geben und im DG bei 100° C 5 Minuten dämpfen. Danach kalt abschrecken.

• Das faschierte Rindfleisch mit Salz, Pfeffer, Senf, Majoran, Thymian, Chili und den Nüssen würzen und mit dem gedämpften Gemüse zu Laibchen formen. Eine ungelochte Garschale mit dem Öl auspinseln und die Laibchen daraufgeben.

• Im DG bei 100 °C 18 Minuten dämpfen.

• Die Dinkelbrötchen in der Mitte durchschneiden, den Burger daraufsetzen, mit einem Salatblatt abdecken.

• Zwiebel in Ringe, Tomate und Essiggurkerl in Scheiben schneiden, jeweils etwas davon auf den Burger legen. Mit der zweiten Hälfte vom Dinkelbrötchen abdecken.

• Ideal besonders für die gesunde Pause in der Schule oder im Büro.

ZUBEREITUNGSZEIT: ca. 20 Minuten
GARZEIT: 23 Minuten

Schweinsbraten mit Kruste

ZUTATEN

1,2 kg Vorderes Karree
(Schweinenacken) mit Schwarte

2 Zwiebeln

3 Knoblauchzehen

2 EL Schweineschmalz

2 Lorbeerblätter

Majoran, Thymian,
Brotgewürz oder Kümmel

Salz, Pfeffer

ZUM BESTREICHEN

2 EL Wasser

½ TL Salz

SAUCE

250 ml Gemüsebrühe
(oder Wasser)

1 EL Stärkemehl

1 EL gekörnte Gemüsebrühe

ZUBEREITUNG

• Den DG bzw. Kombi-DG auf 100° C vorheizen.

• Für die Gewürzmischung die Zutaten zu gleichen Teilen miteinander vermengen. Die Zwiebeln abziehen und in Scheiben schneiden. Den Knoblauch abziehen und fein hacken.

• Den Schweinsbraten mit der Gewürzmischung und dem Knoblauch einreiben.
Die Zwiebelringe auf ein ungelochtes Garblech geben, das Schweineschmalz dazugeben, und das Fleisch mit der Schwarte nach unten auflegen. Die Lorbeerblätter auf das Fleisch legen.

• Bei 100° C 20 Minuten dämpfen, dann den Braten wenden und mit einem scharfen Messer die Schwarte rautenartig einschneiden. (Achtung: Nicht in die darunterliegende Fettschicht schneiden.)

• DG: Bei 100° C weitere 70 Minuten dämpfen.
In der Zwischenzeit das Backrohr, mit Oberhitze oder Grillfunktion, auf höchster Stufe vorheizen.
Den Schweinsbraten aus dem DG nehmen, die Kruste mit dem Salzwasser bestreichen und den Braten im Backrohr in ca. 10–15 Minuten knusprig werden lassen. Immer wieder einen Blick darauf werfen, damit die Schwarte nicht verbrennt.

• Kombi-DG: Bei 180° C Kombidampf ca. 60 Minuten braten (mit Kombidampf kann der Braten nicht austrocknen). Dann das Gerät auf 230° C trockene Hitze einstellen, die Kruste mit dem Salzwasser bestreichen und den Braten in weiteren 10–15 Minuten knusprig werden lassen.

• Den Braten vom Garblech nehmen und warm stellen.

• Nun für die Bratensauce den Bratensatz mit der Gemüsebrühe lösen und in einen Topf umfüllen. Gekörnte Gemüsebrühe dazugeben, ein Mal aufkochen lassen und mit dem in etwas Wasser aufgelösten Stärkemehl binden.

ZUBEREITUNGSZEIT: ca. 25 Minuten
GARZEIT: 100 Minuten

Tipp

Durch das Dämpfen weichen die Zellwände und Fasern des Fleisches auf, das Eiweiß gerinnt und die Stärke quillt. Der permanente Dampf bewirkt die Denaturierung von Eiweiß, sodass kein Fleischsaft austreten kann und der Braten innen schön saftig bleibt.
Durch das Bestreichen mit Salzwasser wird der Schwarte Feuchtigkeit entzogen. Nur so kann sich eine schön krosse Kruste bilden.

Medaillons vom Schweinsfilet mit Pinienkernkruste auf Gemüse

ZUTATEN

600 g	Schweinsfilet
100 g	Pinienkerne, fein gehackt
1 EL	Senf (mittelscharf)
1 EL	Olivenöl
1 EL	Stärkemehl

100 g	Karotten
100 g	Gelbe Rüben
100 g	Zucchini
100 g	Sellerie
100 g	Jungzwiebel
1	Knoblauchzehe, gehackt
	Salz, Schabzigerklee

ZUBEREITUNG

• Den DG bzw. Kombi-DG auf 100° C vorheizen.

• Karotten, Gelbe Rüben und Sellerie schälen und gemeinsam mit dem Zucchini auf einem Juliennehobel in Streifen hobeln. Von den Jungzwiebeln das Grün und den Bart abschneiden. Jungzwiebeln vierteln.

• Das Gemüse mischen und mit Knoblauch, Salz und Schabzigerklee würzen, dann auf ein gelochtes Garblech geben.

• Das Schweinsfilet in 12 gleichmäßige Medaillons schneiden, mit der Hand etwas flachdrücken. Die Medaillons einseitig zuerst mit dem Senf bestreichen, dann in die fein gehackten Pinienkerne drücken.

• Ein ungelochtes Garblech mit dem Öl bestreichen und die Medaillons mit der „panierten" Seite nach oben darauflegen.

DG: Das Fleisch gleichzeitig mit dem Gemüse bei 100° C 8 Minuten dämpfen. Dabei das Gemüse in den mittleren Einschub und das Fleisch in den unteren Einschub geben.

Kombi-DG: Das Gemüse bei 100° C 8 Minuten dämpfen und die Medaillons während der letzten 2 Minuten zum Gemüse geben. Das Gemüse herausnehmen, das Gerät auf 180° C trockene Hitze einstellen und die Medaillons mithilfe des eingebauten Kerntemperaturfühlers fertig garen (64° C Kerntemperatur).

Niedertemperaturgaren: Das Gemüse bei 100° C 8 Minuten dämpfen und die Medaillons während der letzten 2 Minuten zum Gemüse geben. Das Gemüse herausnehmen, das Gerät auf 80° C trockene Hitze umschalten und die Medaillons in 20 Minuten fertig garen (64° C Kerntemperatur).

• Den entstandenen Fleischsaft in einen Topf gießen, erwärmen und mit dem in Wasser angerührten Stärkemehl binden.

• Die Medaillons auf dem Gemüse anrichten, mit der Sauce umgießen.

ZUBEREITUNGSZEIT: ca. 25 Minuten
GARZEIT: 10 Minuten

Schweinsfilet mit Tsatsiki und Kartoffeln

ZUTATEN

600 g Schweinsfilet im Ganzen
Salz, Pfeffer
600 g Kartoffeln
2 EL Butter
1 Salatgurke
500 g Naturjoghurt
1 Knoblauchzehe, fein gehackt
1 TL Weißweinessig
1 EL Olivenöl
Salz

ZUBEREITUNG

• Die Kartoffeln waschen und in einen gelochten Garbehälter geben. Im DG bei 100° C ca. 50 Minuten dämpfen.

• Für das Tsatsiki die Gurke der Länge nach durchschneiden und entkernen, anschließend grob raspeln und in eine Schüssel geben. Mit 1 TL Salz mischen und ca. 10 Minuten Wasser ziehen lassen. Dann die Gurkenraspeln in ein sauberes Küchentuch geben und gut auswringen. Joghurt und Gurkenraspeln vermengen und mit Knoblauch, Salz, Essig und Öl verrühren.

• Das Schweinsfilet säubern, mit Salz und Pfeffer würzen und in eine ungelochte Garschale geben. Das Fleisch im DG die letzten 15 Minuten mit den Kartoffeln bei 100° C mitdämpfen.

• Die Kartoffeln schälen und in der warmen Butter schwenken, salzen.

• Das Schweinsfilet schräg schneiden und mit Tsatsiki und Kartoffeln auf Tellern anrichten.

ZUBEREITUNGSZEIT: ca. 15 Minuten
GARZEIT: 50 Minuten

Tipp

Bei Bedarf das kalte Schweinsfilet mit den geviertelten Kartoffeln auf Tellern anrichten, mit flüssiger Butter und Salz verfeinern und mit Frischhaltefolie zugedeckt bei 90° C im vorgewärmten DG 8 Minuten regenerieren.
Das Tsatsiki beigeben und servieren.

Roulade vom Weidestier an Merlotsaft

ZUTATEN

4 große Rindschnitzel à 200 g
1 Karotte
1 Gelbe Rübe
4 Scheiben Bauchspeck
1 große Essiggurke
1 Zwiebel
1 Bd. Suppengemüse
4 EL Olivenöl
Senf
2 EL Tomatenmark
¼ l Merlot
⅛ l Rindsuppe
Salz, Pfeffer
2 EL Schlagobers
Kräutermischung: Kamille, Ringelblume, Apfelminze, Himbeerblätter, Brombeerblätter, Erdbeerblätter, Kornblumen, Sonnenblumenblütenblätter

ZUBEREITUNG

- Den DG auf 100° C vorheizen.
- Das Schnitzelfleisch plattieren, mit Salz, Pfeffer und Senf einreiben.
- Die Karotte und die Gelbe Rübe schälen und achteln. Die Essiggurke der Länge nach vierteln. 1 Stück von der Karotte, 1 Stück von der Gelben Rübe, 1 Scheibe Speck und 1 Stück Essiggurke auf den unteren Rand der Schnitzel legen und damit eine Roulade formen.
- Zwiebel fein würfeln, das geputzte Suppengemüse in grobe Würfel schneiden. In einem Topf mit dem Olivenöl anbraten, Senf und Tomatenmark dazugeben und kräftig mitrösten. Nun mit dem Rotwein ablöschen und mit der Rindsuppe aufgießen.
- Die Kräutermischung in ein Teeei einfüllen und zur Sauce geben. Die Sauce kurz aufkochen, danach den Schlagobers dazugeben. Die Sauce über die Rouladen gießen und im DG bei 100° C 90 Minuten dämpfen.
- Das Teeei und die Rouladen herausnehmen, das Gemüse fein pürieren. Die Sauce nochmals abschmecken.
- Die Rouladen in der Mitte schräg durchschneiden und auf der Sauce anrichten.
- Dazu passen Gemüse der Saison und Nudeln.

ZUBEREITUNGSZEIT: ca. 25 Minuten
GARZEIT: 90 Minuten

Rumpsteak mit Spargel und Gemüse-Senfsauce

ZUTATEN

4 Rumpsteaks
800 Spargel
frische Kräuter, wie Petersilie, Thymian, Oregano, Kamillenblüten, Ringelblumen
1 EL Senf
Salz, Pfeffer
2 EL Olivenöl

SAUCE

1 Bd. Suppengemüse
3 EL Rapsöl
1 EL Senf
1/16 l Weißwein
500 ml Wasser
100 ml Schlagobers
Salz, Pfeffer
1 EL gekörnte Gemüsebrühe

ZUBEREITUNG

- Den Spargel von der Spitze her schälen und das untere Ende großzügig wegschneiden. Die Stangen auf eine gelochte Garschale legen und bei 100° C 16 Minuten dämpfen.
- Die fein gehackten Kräuter mit dem Senf gut mischen und die Steaks damit einstreichen. Salzen und pfeffern. Ein ungelochtes Garblech mit Olivenöl ausstreichen und das Fleisch darauflegen.
- Gemeinsam mit dem Spargel die letzten 8 Minuten im DG dämpfen.
- Für die Sauce das Suppengemüse schälen, würfelig schneiden und in Rapsöl gut anbraten. Den Senf dazurühren, nochmals kräftig durchrösten und mit dem Weißwein ablöschen. Reduzieren lassen und mit dem Wasser auffüllen. Das Gemüse weich dünsten und mit dem Stabmixer pürieren.
- Danach die Gemüse-Senfsauce mit dem Schlagobers auffüllen. Salzen, pfeffern und die gekörnte Gemüsebrühe dazugeben, nochmals abschmecken und gemeinsam anrichten.

ZUBEREITUNGSZEIT: ca. 20 Minuten
GARZEIT: 16 Minuten

Gekochtes vom Rind an buntem Semmelkren und Röstkartoffeln

ZUTATEN

1 kg Tafelspitz (Schulterspitz, Schulterscherzel, Beinfleisch etc.)	
1 Karotte	
1 Stück Sellerie	
1 Stange Lauch	
2 Lorbeerblätter	
2 Petersilienstängel	
5 Pfefferkörner	
Schnittlauch	

SEMMELKREN

4 Semmeln, altbacken	
⅜ l Rindsbouillon	
Salz, Pfeffer	
Muskat	
Zitronensaft	
100 ml Schlagobers	
4 EL Kren, frisch gerieben	

RÖSTKARTOFFELN

800 g Kartoffeln	
1 Zwiebel	
80 g Butter	
Salz, Pfeffer	

ZUBEREITUNG

• Das Fleisch mit einem Hanffaden binden, damit es schön in Form bleibt.

• Den DG auf 100° C vorheizen.

• In einem ungelochten Garblech das grob geschnittene Wurzelgemüse, Lorbeer, Petersilienstängel und Pfefferkörner geben und mit Wasser auffüllen.

• Das Garblech mit dem Gemüse auf die unterste Schiene geben und das Fleisch auf den Rost legen. 15 Minuten bei 100° C dämpfen, danach auf 95° C zurückschalten und weitere 1,5 Stunden dämpfen.

• Die Kartoffeln in der Schale 55 Minuten dämpfen, schälen und in dünne Blättchen schneiden.

• Zwiebel feinwürfelig schneiden, in einer Bratpfanne mit Butter anschwitzen. Die gedämpften Kartoffelscheiben dazugeben und mitrösten. Mit Salz und Pfeffer abschmecken.

• Semmeln eventuell entrinden, in feine Würfel schneiden, mit heißer Bouillon übergießen und aufkochen. Mit einer Schneerute breiartig verrühren, mit Salz, Pfeffer, Muskat sowie einem Spritzer Zitronensaft abschmecken. Den Schlagobers einrühren, den Kren dazugeben, nochmals abschmecken. Das Gemüse (vom Fleisch) in kleine Würfel schneiden und zum Semmelkren geben.

• Das Fleisch kurz mit kaltem Wasser abschrecken, den Bindfaden entfernen, in gleichmäßige Scheiben schneiden. Die Röstkartoffeln mit dem bunten Semmelkren auf den Teller geben und je eine Scheibe Fleisch daraufsetzen. Mit fein geschnittenem Schnittlauch bestreuen.

ZUBEREITUNGSZEIT: ca. 25 Minuten
GARZEIT: 105 Minuten

Safranpulao mit Rind

ZUTATEN

300 g Rinderfilet oder Beiried
2 Frühlingszwiebeln
2 Pimentkörner
2 Gewürznelken
4 Pfefferkörner schwarz
4 Kardamomkapseln
250 g Basmatireis
2 EL Ghee (oder Butterschmalz), leicht erwärmt
2 EL Sultaninen
½ TL Safranfäden
½ Orange (Schale)
1 EL Mandeln
¼ Zimtstange
350 ml heiße Gemüsebrühe
Salz

ZUBEREITUNG

- Den DG auf 100° C, den Kombi-DG auf 160° C Kombidampf vorheizen.
- Das Fleisch in 2 x 2 cm große Würfel schneiden. Die Frühlingszwiebeln in kleine Würfel schneiden.
- Piment, Gewürznelken, Pfefferkörner und Kardamom im Mörser zerstoßen oder in der Gewürzmühle mahlen.
- Den Reis in eine ungelochte Garschale geben und mit dem Ghee gut mischen.
- Nun die Fleischwürfel, die Sultaninen, die Gewürzmischung, die Safranfäden sowie die geriebene Orangenschale beigeben und gut vermengen. Ebenso die Mandeln und die Zimtstange dazugeben. Mit der heißen Gemüsebrühe aufgießen, mit Salz würzen.

DG: Bei 100° C 35 Minuten dämpfen.

Kombi-DG: Bei 160° C Kombidampf 25 Minuten garen.

ZUBEREITUNGSZEIT: ca. 15 Minuten
GARZEIT: 35 Minuten

197

Rindsragout mit Gemüse und Nudeln

ZUTATEN

800 g Rindfleisch
aus der dicken Schulter

2 EL Rapsöl

1 Zwiebel

1 EL Tomatenmark

1 EL Senf

$1/16$ l Rotwein (Burgunder)

$1/2$ l Gemüsebrühe

1 Zweig Majoran

1 Zweig Thymian

$1/8$ l Schlagobers

2 EL Speisestärke

Salz, Pfeffer

100 g Karotten

100 g Gelbe Rüben

50 g Sellerie

100 g Kohlrabi

2 EL Olivenöl

1 EL Petersilie, fein gehackt

400 g Spiralennudeln

50 g Butter,
zerlassen

ZUBEREITUNG

- Den DG auf 100° C vorheizen.
- Das Fleisch in 3 x 3 cm kleine Würfel und die Zwiebel in feine Würfel schneiden.
- Das Öl in einem großen Topf erhitzen und das Fleisch von allen Seiten rundum scharf anbraten. Nun die Zwiebel, das Tomatenmark und den Senf dazugeben und kurz weiterrösten. Mit dem Rotwein ablöschen, etwas reduzieren und mit der Gemüsebrühe auffüllen. Salz, Pfeffer und die Kräuter dazugeben. Nun das Ragout in einen ungelochten Behälter geben und im DG bei 100° C 40 Minuten dämpfen. Das Schlagobers mit der Speisestärke mischen und in das Ragout einrühren.
- Das Gemüse waschen und schälen, wie das Fleisch in grobe Würfel schneiden und in einem gelochten Garbehälter 15 Minuten vor Garzeitende des Ragouts eine Etage darüber in den Dampfgarer geben.
Gemeinsam mit dem Fleisch fertig dämpfen.
- Währenddessen in reichlich Salzwasser die Nudeln al dente kochen, gut abtropfen lassen und mit zerlassener Butter und Salz mischen.
- Das Ragout und das Gemüse aus dem DG nehmen, mit Olivenöl, Petersilie und Salz abschmecken. Gemeinsam mit den Nudeln sofort anrichten.

ZUBEREITUNGSZEIT: ca. 25 Minuten
GARZEIT: 40 Minuten

Tipp

Das Gemüse aus dem DG nehmen und für das Regenerieren sofort kalt abschrecken. Dann mit Olivenöl, Salz und Petersilie mischen. Das Ragout aus dem DG nehmen, abkühlen lassen und zudecken. Die Nudeln sehr bissfest kochen (damit sie nach dem Regenieren al dente bleiben) und sofort in einem Sieb mit kaltem Wasser abspülen. Gut abtropfen lassen und mit zerlassener Butter und Salz mischen.
Alles in den Kühlschrank geben.
Bei Bedarf das erkaltete Ragout, das Gemüse und die Nudeln auf Tellern anrichten und mit Frischhaltefolie zudecken. Im Dampfgarer 12 Minuten bei 95° C regenerieren.

Hirschkeulenmedaillons an Hagebuttensauce, Maronipüree und Spinatspätzle

ZUTATEN

4 Medaillons aus der Hirschkeule
4 EL Rapsöl
Salz, Pfeffer
Majoran, Thymian, Rosmarin gerebelt

MARONIPÜREE

500 g Maroni
50 g Butter
4 EL Schlagobers, flüssig
1 EL Staubzucker
1 TL Weinbrand
Salz
¼ l Schlagobers, geschlagen

SPINATSPÄTZLE

100 g frischer Spinat (oder Cremespinat)
½ EL Butter
etwas Gemüsebrühe
300 g Mehl
3 Eier
Salz, Pfeffer
1 Knoblauchzehe

HAGEBUTTENSAUCE

80 ml Rotwein
1 EL Cognac
4 EL Hagebuttenmarmelade
1 TL Zitronensaft
Salz, Pfeffer, Zimt
100 ml Sauerrahm

ZUBEREITUNG

• Maroni einschneiden und im Backrohr bei 180° C backen, bis die Schale aufspringt. Nun die Maroni schälen und auf ein gelochtes Garblech geben.

• Den DG auf 100° C vorheizen und die Maroni in 35 Minuten weich dämpfen.

• Danach passieren, mit Butter und Schlagobers zu einem dicken Brei verrühren, mit Zucker, 1 Prise Salz und Weinbrand abschmecken. Zuletzt das geschlagene Obers unterheben.

• Geputzten und gewaschenen Blattspinat in heißer Butter schwenken und mit etwas Gemüsebrühe aufgießen. Danach mit dem Stabmixer fein mixen.

• Aus Mehl, verschlagenen Eiern, Salz, Pfeffer, zerdrücktem Knoblauch sowie dem passierten Spinat einen Spätzleteig rühren. Wenn nötig, noch etwas Wasser einrühren. Einen großen Topf mit Salzwasser zum Kochen bringen, die Spätzle mithilfe eines Spätzlehobels direkt ins kochende Wasser drücken und leicht wallend kochen, bis sie an die Oberfläche steigen. Spätzle abseihen, kalt abschrecken und abtropfen lassen.

• Die Hirschkeulenmedaillons auf ein geöltes, ungelochtes Garblech legen, mit den Kräutern (Majoran, Thymian, Rosmarin) sowie Salz und Pfeffer würzen und im vorgeheizten DG bei 100° C 18 Minuten dämpfen. Die Medaillons aus dem DG nehmen und warm halten.

• Den entstandenen Fond in einen Topf abgießen und mit Rotwein, Cognac, Hagebuttenmarmelade, Zitronensaft, Salz, Pfeffer und Zimt aufkochen. Zum Schluss den Sauerrahm unterziehen – nicht mehr kochen. Appetitlich anrichten.

ZUBEREITUNGSZEIT: ca. 35 Minuten
GARZEIT: 43 Minuten

Rehbraten an eigener Sauce
dazu Apfelrotkraut, Preiselbeeren
und Toastbrotknödel

ZUTATEN

1 Rehkeule	
3 EL Olivenöl	
Salz, Pfeffer	
frische Kräuter (Majoran, Thymian, Rosmarin)	
1 Lorbeerblatt	
1 Bd. Suppengemüse (Karotte, Lauch, Sellerie)	
2 Zwiebeln	
Wacholderbeeren, zerdrückt	

APFELROTKRAUT

50 g Zwiebel	
1 EL Olivenöl	
20 g Zucker	
50 ml Rotwein	
20 ml Orangensaft	
20 g Preiselbeeren	
300 g Rotkraut, geschnitten	
½ TL Lebkuchengewürz	
1 Apfel	

TOASTBROTKNÖDEL

200 g frisches Toastbrot	
40 g Butter	
50 g Zwiebel	
1 EL Petersilie, gehackt	
ca. 120 ml warme Milch	
Salz	
1 Prise Muskatnuss	
2 EL Weißbrotbrösel	
4 Eier	

ZUBEREITUNG

• Die Rehkeule von den Knochen befreien und mit einem Küchenspagat in Form binden. Die Keule mit Salz und Pfeffer würzen und auf ein mit dem Öl ausgestrichenes Garblech geben. Kräuter und Lorbeerblatt dazulegen.

• Das Suppengemüse waschen, putzen und in grobe Würfel schneiden. Die Zwiebeln grob würfeln. Alles mit den Wacholderbeeren ebenfalls auf das Blech geben.

• Braten bei 95° C ca. 1,5 Stunden dämpfen.

• Für das Apfelrotkraut die Zwiebel fein schneiden, in Olivenöl andünsten. Zucker zugeben, kurz karamellisieren lassen, mit Rotwein und Orangensaft ablöschen. Preiselbeeren, Rotkraut, Lebkuchengewürz und den geschnittenen Apfel zugeben.

• Das Rotkraut in einen ungelochten Garbehälter umfüllen und zum Braten in den DG geben und die letzten 35 Minuten mit dem Braten mitdämpfen.

• Inzwischen für die Toastbrotknödel in einem Topf die Butter zerlassen und die Zwiebel darin anschwitzen. Die Petersilie, Salz und Muskatnuss dazugeben und mit der Milch aufgießen. Leicht erwärmen und über das in Würfel geschnittene Toastbrot geben, mit den Weißbrotbröseln binden. 10 Minuten ziehen lassen, danach mit den Eiern gut vermengen.

• Frischhaltefolie auflegen, die zu einer Rolle geformte Semmelmasse daraufgeben und einwickeln. Die Enden gut abbinden, mit einer Gabel mehrmals einstechen und im DG, gemeinsam mit den anderen Speisen, bei 95° C ca. 25 Minuten mitdämpfen. Alles gefällig anrichten.

ZUBEREITUNGSZEIT: ca. 35 Minuten
GARZEIT: 105 Minuten

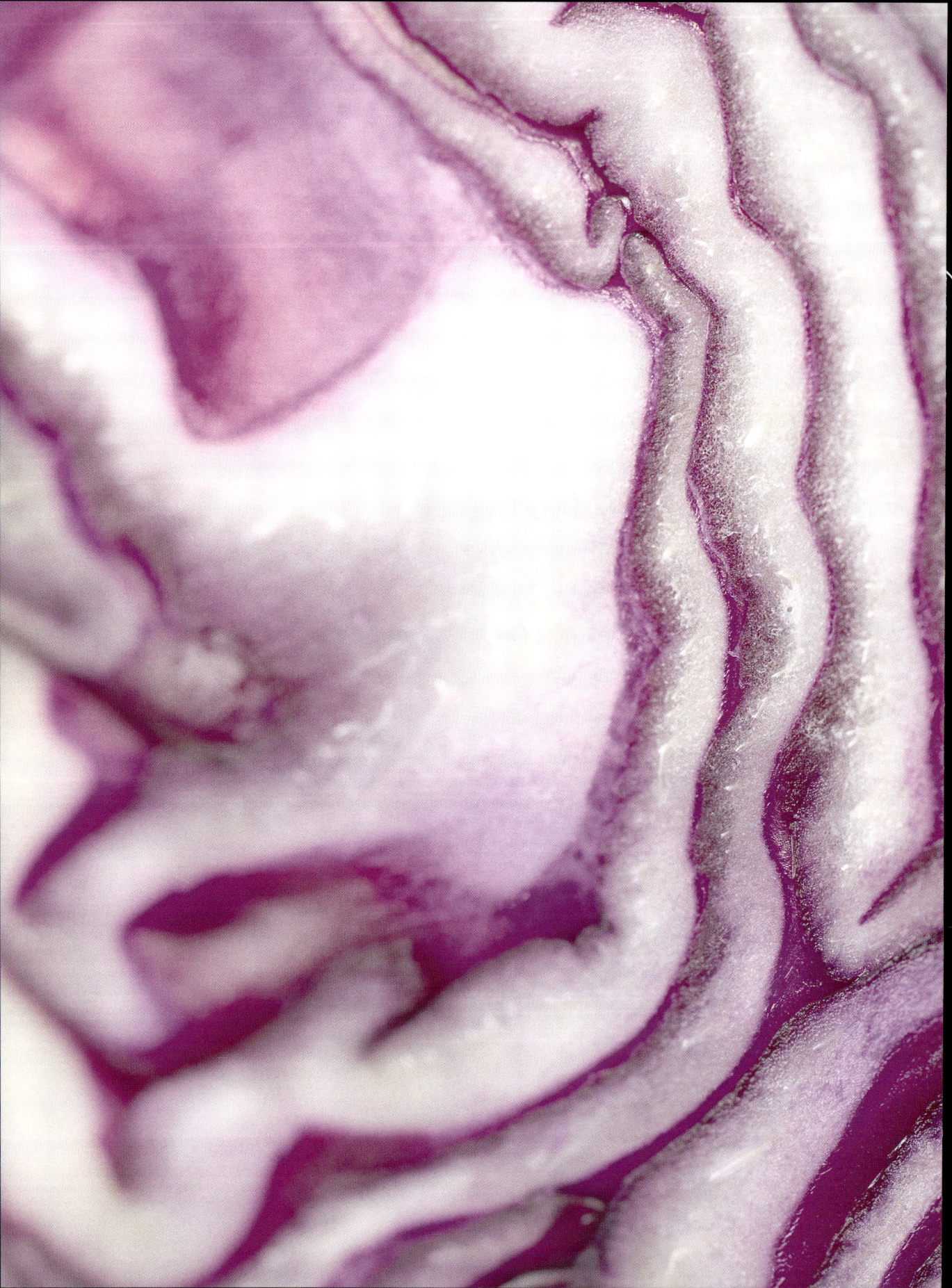

BEILAGEN

Rosmarinkartoffeln mit Sauerrahmdip

ZUTATEN
8 mittlere Kartoffeln
2 EL Olivenöl
2 Zweige frischer Rosmarin, gerebelt
500 g Sauerrahm
frische Kräuter, z. B. Petersilie, Schnittlauch, Kresse, Dill, Majoran
Salz, Pfeffer

ZUBEREITUNG
• Den DG auf 100° C vorheizen.
• Die Kartoffeln unter Wasser kräftig abbürsten und längs durchschneiden. Auf ein mit Olivenöl bestrichenes, mit Rosmarin bestreutes, ungelochtes Blech legen und im DG 45 Minuten dämpfen.
• Den Sauerrahm mit den fein gehackten Kräutern mischen, salzen und pfeffern.
Zubereitungs- und Garzeit: ca. 50 Minuten

Kartoffeln geschält

ZUBEREITUNG
• Den DG auf 100° C vorheizen.
• Kartoffeln schälen und in die gewünschte Größe schneiden, auf ein gelochtes Blech legen und 35 Minuten dämpfen.
Zubereitungs- und Garzeit: ca. 35 Minuten

Kartoffeln in der Schale

ZUBEREITUNG
• Kartoffeln gründlich waschen, den DG auf 100° C vorheizen.
• Die Kartoffeln in den gelochten Behälter geben und 55 Minuten dämpfen.
Zubereitungs- und Garzeit: ca. 55 Minuten

Kartoffel-Gemüsepuffer mit Topfendip

ZUTATEN
150 g Zucchini
150 g Karotten
200 g Kartoffeln
1 Ei
1 EL Reismehl
Salz, Pfeffer
Öl

TOPFENDIP
500 g Magertopfen
75 ml Schlagobers
1 Knoblauchzehe
1 Bd. Petersilie
1 Bd. Schnittlauch
Salz, Pfeffer
Kresse

ZUBEREITUNG
• Den DG auf 100° C vorheizen.
• Zucchini putzen, Karotten und Kartoffeln schälen. Alles waschen und in Stifte hobeln. Ei und Reismehl unterrühren. Mit Salz und Pfeffer würzen.
• Die Masse auf einem geölten, ungelochten Blech flach zu Puffern aufstreichen. Im DG 20 Minuten dämpfen.
• Für den Dip Topfen, Schlagobers, Knoblauchzehe, gehackte Petersilie und klein geschnittenen Schnittlauch verrühren. Mit Salz und Pfeffer würzen und mit Kresse anrichten.
Zubereitungs- und Garzeit: ca. 35 Minuten

Kartoffel-Grießknödel

ZUTATEN
600 g mehlige Kartoffeln, roh
40 g Butter
2 Eidotter
30 g Speisestärke
100 g griffiges Mehl
60 g Grieß
Salz, Pfeffer
200 g Butter

ZUBEREITUNG
- Den DG auf 100 °C vorheizen.
- Die Kartoffeln waschen, schälen, halbieren und 35 Minuten bei 100 °C dämpfen. Dann passieren. Noch heiß Butter, Eidotter, Mehl, Speisestärke, Grieß, Salz und Pfeffer unterrühren.
- Daraus auf einem bemehlten Brett eine Rolle formen, in 8 Stück portionieren und mit bemehlten Händen zu Knödeln formen. Auf ein gelochtes Blech geben und im DG ca. 25 Minuten dämpfen.
- Nach dem Anrichten mit zerlassener Butter beträufeln.

Zubereitungszeit: ca. 20 Minuten
Garzeit: 60 Minuten
Als Beilage zu feinen Fleischgerichten oder mit Salat als Hauptspeise.

Kartoffelgnocchi

ZUTATEN
750 g mehlige Kartoffeln
1 Ei
50 g Parmesan, gerieben
1 Prise Muskat
1 ½ TL Salz
225 g Mehl
4 EL Parmesan, gehobelt

ZUBEREITUNG
- Den DG auf 100° C vorheizen.
- Kartoffeln in der Schale ca. 55 Minuten dämpfen, schälen und heiß passieren, etwas auskühlen lassen.
- Ei, Parmesan, Muskat darunterrühren, mit Salz abschmecken. Mehl darunter mischen, Teig ca. 30 Minuten rasten lassen.
- Aus dem Teig etwa fingerdicke Rollen formen, in 2 bis 3 cm lange Stücke schneiden und mit Daumendruck über die Zinken einer Gabel rollen.
- Die Gnocchi nebeneinander (!) auf ein gelochtes Blech geben und bei 95° C ca. 8 Minuten dämpfen.
- Mit dem gehobelten Parmesan anrichten.

Zubereitungszeit: ca. 20 Minuten
Garzeit: 63 Minuten

Parboiled Reis

ZUTATEN
100 g Reis (350 ml)
250 ml Wasser
Salz

ZUBEREITUNG
- Gartemperatur: 100° C
- Garzeit: 25 Minuten

Basmatireis

ZUTATEN
100 g Reis
250 ml Wasser
Salz

ZUBEREITUNG
- Gartemperatur: 100° C
- Garzeit: 20 Minuten

Rundkornreis (Milchreis)

ZUTATEN
100 g Reis (350 ml)
500 ml Wasser (Milch)
Salz

ZUBEREITUNG
- Gartemperatur: 100° C
- Garzeit: 25 Minuten (30 Minuten in Milch)

Naturreis oder Dinkelreis

ZUTATEN
100 g Naturreis – immer ungesalzen dämpfen
270 ml Wasser

ZUBEREITUNG
- Gartemperatur: 100° C
- Garzeit: 40 Minuten (eingeweicht 25)

Safranreis-Shrimps-Laibchen

ZUTATEN
100 g Basmatireis
200 ml Wasser
1 g Safranfäden
300 g Shrimps (Bio-Aquakultur)
1 Kartoffel
100 g Zucchini
1 Frühlingszwiebel
1 Knoblauchzehe
2 EL Reismehl
3 Eier
2 Zweige Petersilie, fein gehackt
Salz, Pfeffer
1 EL Olivenöl

ZUBEREITUNG
- Den DG auf 100° C vorheizen.
- Den Kombi-DG auf 180° C Kombidampf vorheizen.
- Reis mit Wasser, Safranfäden und Salz in einen ungelochten Garbehälter geben und bei 100° C 25 Minuten im mittleren Einschub dämpfen.
- Die rohen Shrimps auf ein gelochtes Garblech geben und während der letzten 4 Minuten im untersten Einschub mit dem Reis dämpfen.
- Den Reis etwas überkühlen lassen. Die Shrimps grob hacken.
- In der Zwischenzeit die geschälte Kartoffel und die Zucchini fein raspeln sowie die Frühlingszwiebel waschen und in dünne Ringe schneiden. Die Knoblauchzehe abziehen und fein hacken. Alles zum Reis geben und mit dem Reismehl, den Eiern, der Petersilie und den Shrimps vermengen. Gut mit Salz und Pfeffer würzen.
- Mit nassen Händen flache Laibchen formen und diese auf ein ungelochtes geöltes Garblech legen.
- DG: Bei 100° C 15 Minuten dämpfen.
- Kombi-DG: Bei 180° C Kombidampf 10 Minuten garen.
Zubereitungszeit: ca. 20 Minuten,
Garzeit: 40 Minuten

Mangold mit Parmesanstücken

ZUTATEN
600 g Mangold
200 g Parmesan (oder Pecorino)
5 EL Olivenöl
Salz, Pfeffer
1 EL Zitronensaft
2 Muskatblüten
2 Chilischoten, getrocknet
2 Knoblauchzehen, gehackt

ZUBEREITUNG
• Den DG auf 100° C vorheizen.
• Den Mangold waschen und abtropfen lassen. Die Mangoldstiele mit einem Messer keilförmig aus den Blättern schneiden. Von der Hälfte der Stiele – wie bei Rhabarber – die Fäden abziehen und die Stiele in 4 cm große Stücke schneiden. (Die restlichen Stiele können beispielsweise in einer Suppe Verwendung finden.)
• Die Mangoldstiele auf ein gelochtes Garblech geben und im DG 20 Minuten bei 100° C dämpfen.
• Die Mangoldblätter ebenfalls auf ein gelochtes Garblech geben und die letzten 2 Minuten mit den Stielen mitdämpfen.
• Danach die Stiele warm stellen, die Mangoldblätter gut ausdrücken und in ca. 2 cm breite Streifen schneiden.
• In einer Pfanne das Olivenöl erwärmen, die gedämpften Mangoldstiele dazugeben und mit Salz, Pfeffer, Zitronensaft und Muskat würzen. Die Stiele kurz durchschwenken und den Knoblauch, die Chilischoten und die geschnittenen Mangoldblätter dazugeben. Das Ganze 2 Minuten rösten, dann auskühlen lassen.
• Das Mangoldgemüse auf Tellern anrichten und den grob geschnittenen Parmesan darüberstreuen.
Zubereitungszeit: ca. 5 Minuten
Garzeit: 20 Minuten

Käferbohnen

ZUTATEN
Käferbohnen, trocken
Wasser

ZUBEREITUNG
• Die Bohnen über Nacht einweichen, das Einweichwasser abschütten und die Bohnen in einen ungelochten Garbehälter geben, mit doppelter Menge Wasser auffüllen.
• Im DG bei 100° C gut 1 Stunde dämpfen und beliebig weiterverwenden.

Grüne Bohnen

ZUTATEN
Grüne Bohnen, frisch oder TK

ZUBEREITUNG
• Die Grünen Bohnen waschen und putzen, in Stücke schneiden oder ganz lassen. In einen gelochten Garbehälter geben und im DG bei 100° C 25 Minuten dämpfen. Grüne Bohnen beliebig weiter verwenden.

Erbsen natur

ZUTATEN
frische, ausgelöste Erbsen oder TK

ZUBEREITUNG
• Den DG auf 100° C vorheizen und die Erbsen auf eine gelochte Garschale geben.
• Im DG 4 Minuten dämpfen und beliebig weiter verwenden.

Gedämpfter Chicorée

ZUTATEN

500 g Chicorée, roh (4 Stück)
1 EL Öl
1 Karotte
80 g Zwiebel
30 g Butter
250 ml Gemüsebrühe
20 ml Zitronensaft
½ TL Zucker
Salz, Pfeffer
50 g Petersilie
evtl. einige Butterflocken

ZUBEREITUNG

• Vier Chicorée waschen, die Außenblätter entfernen, halbieren. Den festen Strunk keilförmig ausschneiden (dieser ist bitter).
Die Blätter sollten dabei nicht auseinanderfallen. Eine ungelochte Form mit Öl ausstreichen und den Chicorée darauflegen.
• Karotte schälen, halbieren, in Streifen schneiden und würfeln. Die Zwiebel ebenfalls würfeln und in etwas heißer Butter andünsten. Dann die Karottenwürfel dazugeben und kurz mitdünsten. Zu dem halbierten Chicorée in die Form legen.
• Die Gemüsebrühe mit dem Zitronensaft, Zucker, Salz und Pfeffer würzen und über den Chicorée gießen.
• Den DG auf 100° C vorheizen und den Chicorée ca. 20 Minuten dämpfen.
• Mit der gehackten Petersilie und ein paar Butterflocken bestreuen und servieren.
Zubereitungszeit: ca. 10 Minuten
Garzeit: 20 Minuten

Gemüsesoufflé

ZUTATEN

400 g Zucchini
    (alternativ Brokkoli, Karotten, Sellerie oder
    ein Mix aus allem)
2 Eier
2 Eidotter
4 EL Schlagobers
Muskatnuss
Salz
gekörnte Gemüsebrühe zum Würzen
Butter für die Formen

ZUBEREITUNG

• Den DG auf 100° C vorheizen.
• Gemüse waschen bzw. schälen und in kleine Würfel schneiden. Auf einen gelochten Einsatz geben und ca. 6 Minuten dämpfen.
• Gemüse abtropfen lassen, in einen Rührbecher geben, das Schlagobers beifügen und mit dem Pürierstab zerkleinern. Eier, Eidotter, etwas Muskatnuss und Salz sowie gekörnte Gemüsebrühe dazugeben und unter die Gemüse-Schlagobersmasse rühren.
• Kleine Auflaufförmchen, oder auch ein Muffinblech, gut einfetten, Gemüsebrei einfüllen.
• Im DG bei 95° C 35 Minuten dämpfen.
• Mit einem scharfen, kleinen Messer die Gemüsetörtchen aus der Form nehmen und anrichten.
Zubereitungszeit: ca. 20 Minuten
Garzeit: 41 Minuten

Hummusmedaillons

ZUTATEN
400 g Kichererbsen (gegart)
1 Zwiebel
1 Knoblauchzehe
7 EL Olivenöl
1 Ei
1 EL Zitronensaft
80–100 g Semmelbrösel
2 EL frische Petersilie, gehackt
½ TL Kreuzkümmel
1 Msp. Chilipulver
Salz
Pfeffer

ZUBEREITUNG
• Zwiebel und Knoblauch schälen und fein hacken. In einer Pfanne 2 EL Olivenöl erhitzen und beides glasig anschwitzen. Zum Auskühlen beiseite stellen.
• Nun die Kichererbsen zusammen mit 3 EL Olivenöl, dem Ei und dem Zitronensaft mithilfe eines Mixstabs pürieren. Die abgekühlte Zwiebel-Knoblauch-Mischung und die Semmelbrösel beigeben, alles mit Petersilie, Kreuzkümmel, Chilipulver, Salz und Pfeffer würzen und verrühren. (Bei einer zu weichen Masse fügen Sie mehr Semmelbrösel hinzu).
15 Minuten rasten lassen.
• Danach aus der Masse Medaillons formen. Ein ungelochtes Garblech mit 2 EL Olivenöl ausstreichen und die Medaillons im DG bei 100° C 15 Minuten dämpfen.
• Servieren Sie zu den Hummusmedaillons einen Joghurt-Knoblauch-Dip mit Salat oder geschmorte Aromatomaten.
Zubereitungszeit: ca. 20 Minuten
Garzeit: 15 Minuten

Lauch-Quiche

ZUTATEN
FÜR EINE FORM MIT CA. 26 CM Ø
4 Lauchstangen, ca. 800 g
25 g Butter
100 ml Weißwein
1 Pkg. Blätterteig
3 EL Mandeln, gemahlen
50 g Roquefort
Salz, Pfeffer aus der Mühle

GUSS
3 Eier
250 ml Milch
Muskatnuss
25 g Mandelsplitter

ZUBEREITUNG
• Eine Lauchstange längs vierteln und nochmals quer halbieren. Restlichen Lauch in 1 cm dicke Ringe schneiden.
• Alles in der Butter bei kleiner Hitze 5 Minuten dünsten. Mit Salz und Pfeffer würzen. Mit Wein ablöschen und diesen bei großer Hitze ganz verdampfen lassen. Auskühlen lassen.
• Den DG auf 100° C vorheizen. Auflaufform mit Wasser ausstreichen, Teig in die Form legen. Boden regelmäßig mit einer Gabel einstechen, gemahlene Mandeln daraufstreuen. Lauchringe darüber verteilen. Lange Lauchstücke obenauf legen. Roquefort in Stücken über den Lauch verteilen. Die Quiche im DG bei 100° C 10 Minuten dämpfen.
• Für den Guss alle Zutaten verquirlen. Über die Quiche gießen. Mit den Mandelsplittern bestreuen. 40–50 Minuten im DG bei 100° C fertig dämpfen.
Zubereitungszeit: ca. 20 Minuten
Garzeit: 50 Minuten

Zucchinitörtchen

ZUTATEN
150 g Blätterteig (TK)
250 g Zucchini
1 EL Butter
1 Knoblauchzehe
Salz, Pfeffer
½ TL Oregano, getrocknet
2 Eier
50 g Almkäse, frisch gerieben
Muskatnuss
2 TL Sesam, trocken geröstet
Mehl für die Arbeitsfläche

ZUBEREITUNG
• Den (aufgetauten) Blätterteig messerrückendick auf einer bemehlten Arbeitsfläche ausrollen und vierteln. 4 Dariol-formen oder Kaffeetassen kalt ausspülen und mit dem Teig auslegen, dabei einen 2 cm hohen Rand hochdrücken.
• Den DG auf 100 °C vorheizen.
• Die Zucchini von den Stielansätzen befreien, waschen und in ganz feine Stücke schneiden. Die Butter in einem Topf erhitzen und die Zucchini darin bei mittlerer Hitze etwa 3 Minuten nicht zu weich dünsten. Den Knoblauch schälen und dazupressen. Die Zucchini mit Salz, Pfeffer und Oregano würzen.
• Die Eier verquirlen, den Käse unterrühren und mit Salz, Pfeffer und Muskat würzen, den gerösteten Sesam ein-streuen.
• Die Zucchini in den Förmchen gleichmäßig verteilen und mit der Eier-Käse-Mischung übergießen.
• Im DG 25 Minuten dämpfen. Danach ganz kurz überkühlen lassen, die Törtchen aus den Formen nehmen und anrichten.
Zubereitungszeit: ca. 20 Minuten
Garzeit: 25 Minuten

Statt der Dariolformen kann man auch eine Muffinform nehmen.

Zucchinirisotto

ZUTATEN
250 g Risottoreis
3 Frühlingszwiebeln
200 ml Riesling
1 l Gemüsebrühe
400 g Zucchini
2 EL Schlagobers
1 Knoblauchzehe
100 g Parmesan, gerieben
50 g Butter (oder Olivenöl)
Salz, Pfeffer

ZUBEREITUNG
• Reis mit Salz, Pfeffer und den in feine Ringe geschnittenen Zwiebeln mischen.
• Den Wein dazugießen und im DG 5 Minuten bei 100 °C dämpfen. Dann mit der Hälfte der Gemüse-brühe aufgießen und weitere 8 Minuten bei 100 °C dämpfen. Den Reis umrühren und die restliche Gemüsebrühe angießen. Jetzt nochmals 10 Minu-ten dämpfen.
• Zucchini in Würfel schneiden, auf ein Garblech geben und die letzten 5 Minuten mitdämpfen. 300 g von den Zucchini und die zerdrückte Knob-lauchzehe mit dem Schlagobers fein pürieren und abschmecken, den Rest in Würfel belassen. Zucchinipüree und Zucchiniwürfel unter das Risotto mischen und mit Parmesan und Butter vollenden.
Zubereitungszeit: ca. 10 Minuten
Garzeit: 23 Minuten

Hirse-Gemüse-Laibchen

ZUTATEN
1 ½ Tassen Goldhirse
½ l Wasser
3 EL Karotten
2 EL Sellerie
2 EL Zwiebel
2 EL Lauch
2 EL grüner Paprika
2 EL roter Paprika
1 Knoblauchzehe, zerdrückt
½ TL Oregano
½ TL Basilikum
1 EL Petersilie, gehackt
½ TL Salz
Pfeffer
1 Ei

ZUBEREITUNG
• Hirse sorgfältig abspülen und in einen ungelochten Behälter geben. Mit Wasser aufgießen und bei 100° C im vorgeheizten DG 10 Minuten dämpfen. Das klein geschnittene Gemüse, die Knoblauchzehe sowie die Kräuter dazugeben, würzen und nochmals 12 Minuten dämpfen.
• Das Ei zur Masse geben und 12 Laibchen formen.
• Ein ungelochtes Garblech mit Olivenöl bepinseln, die Laibchen darauflegen und im DG bei 100° C 15 Minuten dämpfen.
• Wer es gerne knusprig hat, bräunt die Laibchen im Backrohr bei Grillfunktion, ca. 5 Minuten lang bei 200° C.
Zubereitungszeit: ca. 20 Minuten
Garzeit: 25 Minuten

Hirsegemüse vom Blech

ZUTATEN
300 ml heiße Gemüsebrühe (oder Wasser)
150 g Goldhirse
150 g Zucchini
150 g Paprika rot
150 g Paprika grün
50 g Zuckererbsenschoten
50 ml Schlagobers
10 g gekörnte Gemüsebrühe
1 EL Butter
Salz, Curry
Petersilie, fein gehackt

ZUBEREITUNG
• Den DG bzw. Kombi-DG auf 100° C vorheizen.
• Die Zucchini der Länge nach vierteln und in Scheiben schneiden. Die Paprika entkernen und in kleine Würfel schneiden.
• Die Goldhirse erst heiß, dann kalt abschwemmen.
• Alles gemeinsam mit der Butter in einen ungelochten Garbehälter geben, mit Salz, der gekörnten Gemüsebrühe und etwas Curry würzen. Mit der heißen Gemüsebrühe und dem Schlagobers auffüllen und im DG bzw. Kombi-DG bei 100° C 15 Minuten dämpfen.
• Danach die Zuckererbsenschoten dazugeben, die Temperatur des DG auf 60° C reduzieren, weitere 10 Minuten quellen lassen. Das fertige Hirsegemüse mit Petersilie bestreuen und servieren.
Zubereitungszeit: ca. 20 Minuten
Garzeit: 25 Minuten

Sie können natürlich ebenso jedes andere Gemüse der Saison verwenden!

Buchweizen-Gemüse-Terzett

ZUTATEN
200 g Karfiol
200 g Brokkoli
1 Radicchio
200 g Buchweizen
400 ml Gemüsebrühe
2 EL Olivenöl
Salz
Pfeffer

ZUBEREITUNG
• Den Buchweizen gut abspülen und mit der Gemüse-brühe in einen ungelochten Garbehälter füllen. Im DG bei 100° C 18 Minuten dämpfen.
• Karfiol und Brokkoli waschen, in kleine Röschen teilen, zusammen in einen ungelochten Garbehälter füllen und die letzten 5 Minuten zum Buchweizen in den DG geben.
• Währenddessen den Radicchio waschen und zer-pflücken.
• Den Buchweizen und die Karfiol-Brokkoli-Mischung aus dem DG nehmen.
• Eine Pfanne mit Olivenöl erhitzen, den Buchweizen mit dem Gemüse darin schwenken und mit Salz und Pfeffer würzen. Zum Schluss die Radicchioblätter dazugeben und alles nochmals kurz durchmischen.

Zubereitungs- und Garzeit: ca. 30 Minuten

Couscous-Wirsing-Roulade

ZUTATEN
1 Wirsingkohl
100 g Couscous
200 ml Gemüsebrühe
50 g Paprika rot
50 g Paprika grün
50 g Butter
1 Ei
Salz, Pfeffer
2 EL Olivenöl

ZUBEREITUNG
• Kohl putzen und im Ganzen etwa 10 Minuten im DG bei 100° C dämpfen. Die äußeren Blätter des Kohls ab-lösen. Die mittleren, dicken Blattrippen der abgelösten Blätter keilförmig wegschneiden. Kohlblätter im DG nochmals etwa 5 Minuten dämpfen.
• Danach in Eiswasser abschrecken.
• Den Couscous mit der heißen, gut gewürzten Gemüse-brühe übergießen, 1 EL Olivenöl dazugeben und 10–15 Minuten ziehen lassen.
• Die Paprika in kleine Würfel schneiden und in etwas Butter kurz braten.
• Das Ei, Salz und Pfeffer in den noch warmen Couscous einrühren und die Paprikawürfel dazugeben. Mit dem Kochlöffel verrühren, bis ein gute Bindung entsteht.
• Ein Kohlblatt auflegen, einen Esslöffel Fülle darauf-geben und wie eine Roulade zusammenrollen.
• Die Kohlroulade mit der Verschlussseite nach unten auf eine ungelochte, mit dem restlichen Olivenöl bepinselte Garschale geben und im DG bei 100° C ca. 30 Minuten dämpfen.
Zubereitungszeit: ca. 25 Minuten
Garzeit: 35 Minuten

Couscous-Schinken-Laibchen mit Currydip

ZUTATEN
250 g Couscous
500 ml heiße Gemüsebrühe
150 g Beinschinken
1 Karotte
1 EL Reismehl
2 Eier
½ Bund Petersilie, fein gehackt
Salz, Petersilie, Schabzigerklee
1 TL Olivenöl
200 g Sauerrahm
Salz, gelber Curry

ZUBEREITUNG
• Den DG bzw. Kombi-DG auf 80° C vorheizen.
• Den Couscous mit der heißen Gemüsebrühe übergießen
und bei 80° C 5 Minuten quellen lassen. Etwas überkühlen
lassen.
• Den DG auf 100° C, den Kombi-DG auf 180° C Kombidampf
umschalten.
• Die Karotte schälen und in feine Würfel schneiden oder
raspeln. Den Beinschinken in kleine Würfel schneiden. Beides
mit dem Couscous, der fein gehackten Petersilie, dem Reismehl
und den Eiern vermengen und mit den Gewürzen gut abschme-
cken. Mit nassen Händen Laibchen formen und auf ein unge-
lochtes geöltes Garblech legen.
• DG: Bei 100° C 18 Minuten dämpfen.
• Kombi-DG: Bei 180° C Kombidampf 10 Minuten garen.
• Für den Currydip den Sauerrahm mit Salz und Curry würzen.
Zu den Laibchen reichen.
Zubereitungszeit: ca. 20 Minuten
Garzeit: 23 Minuten

Polenta-Grundrezept

ZUTATEN
500 ml Milch
80 g Maisgrieß
3 g Salz
1 EL Butter, flüssig
50 g Parmesan (gerieben)
3 EL Sauerrahm

ZUBEREITUNG
• Den DG bzw. Kombi-DG auf 100° C vorheizen.
• Milch und Maisgrieß in einen ungelochten Gar-
behälter geben, salzen und 25 Minuten dämpfen.
• In die gedämpfte Polenta Butter einrühren, gerie-
benen Parmesan und Sauerrahm untermischen.

Kräuterpolenta

ZUTATEN
POLENTA LAUT GRUNDREZEPT
2 EL frische Kräuter, gehackt (z. B. Petersilie,
   Schnittlauch, Oregano, Kerbel, Thymian)

ZUBEREITUNG
• In die gedämpfte Polenta die Kräutermischung
einrühren.

Hanf- oder Sesam-
polentaschnitten

ZUTATEN
POLENTA LAUT GRUNDREZEPT
100 g Hanfkörner, geschält (oder Sesamkörner)

ZUBEREITUNG
• Die gedämpfte Polenta auf ein ungelochtes
Garblech streichen und in gleichmäßige Rechtecke
schneiden.
• Die ausgekühlten Stücke erst in Mehl, dann in ver-
schlagenem Ei wenden und schließlich in geschälte
Hanf- oder Sesamkörner drücken.
• Im vorgeheizten Kombi-DG bei 180° C trockene
Hitze bzw. im Backrohr bei 180° C 12 Minuten braten.

Gratinierte Polentaecken

ZUTATEN
POLENTA LAUT GRUNDREZEPT
Zum Belegen, beispielsweise:
Blattspinat und Gorgonzola
Tomate und Mozzarella
Gemüse und Schafskäse
Mortadella, Tomate und Mozzarella

ZUBEREITUNG
• Die gedämpfte Polenta auf ein ungelochtes
Garblech streichen und in gleichmäßige Rechtecke
schneiden.
• Die Polentaecken im vorgeheizten Kombi-DG oder
Backrohr 12 Minuten gratinieren (220° C Grillfunk-
tion).

Beim Belegen der Polentaecken sind der Fantasie
keine Grenzen gesetzt. Perfekt, um Übriggebliebenes
zu verwerten!

Polenta-Sauerrahm-Medaillons

ZUTATEN
250 g Maisgrieß
500 ml Gemüsebrühe oder Wasser
1 TL Salz
2 EL Olivenöl
2 EL Sauerrahm
50 g Parmesan, frisch gerieben

ZUBEREITUNG
• In einen ungelochten Garbehälter die Gemüsebrühe eingießen, salzen und 1 EL Olivenöl zugeben.
Den Maisgrieß einrühren und im vorgeheizten DG
bei 100° C ca. 18 Minuten dämpfen.
• Polenta mit Sauerrahm und geriebenem Parmesan
vermischen. Mit nassen Händen Medaillons formen
und auf eine ungelochte, mit dem restlichen Olivenöl
ausgestrichene Garform legen.
• Die Medaillons im DG bei 100° C 10 Minuten
dämpfen.
Zubereitungszeit: ca. 20 Minuten
Garzeit: 28 Minuten

Scharfes Polenta-Gemüsegröstl

ZUTATEN
140 g feiner Maisgrieß
300 ml Gemüsebrühe oder Wasser
Salz
3 EL Olivenöl
1 Zucchini
1 roter Paprika
1 Zwiebel
1 Karotte
1 Peperoncino
frischer Thymianzweig
50 g Parmesan, frisch gerieben

ZUBEREITUNG
• In einen ungelochten Garbehälter die Gemüsebrühe eingießen, salzen und 2 EL Öl zugeben. Den
Maisgrieß einrühren und im vorgeheizten DG bei
100° C ca. 18 Minuten dämpfen.
• Das Gemüse in kleine Würfel schneiden.
• Den Peperoncino aufschneiden, ausschaben und in
kleine Streifen schneiden.
• In einer Pfanne 1 EL Olivenöl erhitzen, den Thymianzweig hinzugeben, das Gemüse anschwitzen und mit
der zerpflückten Polenta knusprig braten. Peperoncino
zu dem Gröstl geben, anrichten und mit dem Parmesan
bestreuen.
Zubereitungszeit: ca. 20 Minuten
Garzeit: 18 Minuten

Serviettenknödel

ZUTATEN
400 g Semmelwürfel
500 ml Milch
Salz
130 g Butter (weich)
60 g Zwiebel, fein gehackt
Muskatnuss, gerieben
5 Eier

ZUBEREITUNG
• Zwiebel in 1 EL Butter anlaufen lassen. Die
Semmelwürfel mit Milch übergießen, salzen und
durchmischen. Die restliche Butter schaumig rühren.
Mit frisch geriebener Muskatnuss würzen.
• Die Eier locker verrühren und nach und nach zur
Butter geben. Die Butter-Ei-Mischung und die Zwie-
beln unter die Semmelwürfel mengen und alles gut
durcharbeiten. Die Masse leicht zusammendrücken
und ½ Stunde ziehen lassen.
• Dann die Knödelmasse in zwei Hälften teilen und
jeweils zu einer 6 cm dicken Rolle formen. Jede Rolle
in eine Frisch-haltefolie wickeln, diese mit einer Nadel
mehrmals einstechen. Die Enden verschließen und im
DG bei 100° C 17 Minuten dämpfen.
Zubereitungszeit: ca. 20 Minuten
Garzeit: 17 Minuten

Semmelknödel

ZUTATEN
400 g Semmelwürfel
100 g Butter
250–500 ml Milch (je nach Bedarf)
4 Eier
1 EL Petersilie, gehackt
Salz, Pfeffer
1 EL Öl

ZUBEREITUNG
• Die Semmelwürfel in eine Schüssel geben, Milch
und Butter erwärmen (DG 100° C, 3 Minuten) und
über die Semmelknödel gießen.
• Eier, Petersilie dazugeben und untermischen. Die
Semmelknödelmasse mit Salz, Pfeffer würzen. Die
Masse ca. 10 Minuten ziehen lassen.
• Aus der Semmelknödelmasse 12 Knödel formen,
nebeneinander in einen gefetteten, gelochten Gar-
behälter geben und 20 Minuten bei 100 °C dämpfen.
Zubereitungszeit: ca. 15 Minuten
Garzeit: 23 Minuten

Kräuter-Zartweizen

ZUTATEN
200 g Zartweizen
400 ml heiße Gemüsebrühe (oder Wasser)
frische Kräuter der Saison, fein gehackt (z. B. Petersilie,
  Kerbel, Schnittlauch)
Salz, Pfeffer

ZUBEREITUNG
• Den DG auf 100° C vorheizen.
• Zartweizen mit der Gemüsebrühe in einen ungeloch-
ten Garbehälter geben und bei 100° C 12 Minuten
dämpfen. Anschließend die frischen Kräuter unter-
mischen und mit Salz und Pfeffer abschmecken.
Zubereitungszeit: ca. 10 Minuten
Garzeit: 12 Minuten

Tomatenknödel

ZUTATEN
400 g Semmelwürfel
250–500 ml Milch (je nach Bedarf)
100 g Butter
2 EL Tomatenmark
4 Eier
Salz, Pfeffer
1 EL Öl

ZUBEREITUNG
• Die Semmelwürfel in eine Schüssel geben.
• Milch, Butter und Tomatenmark im DG bei 100° C
3 Minuten erwärmen und über die Semmelwürfel
gießen. Eier dazugeben. Die Semmelknödelmasse
mit Salz und Pfeffer würzen und ca. 10 Minuten
ziehen lassen.
• Anschließend mit nassen Händen 12 Knödel
formen und in einen geölten, gelochten Garbehälter
geben. Im DG bei 100° C 20 Minuten dämpfen.
• Als Beilage zu Kurzgebratenem oder als Hauptspeise mit zerlassener Butter und grünem Salat
angerichtet.
Zubereitungszeit: ca. 15 Minuten
Garzeit: 23 Minuten

Kaspressknödel

ZUTATEN
250 g Semmelwürfel
Salz
250 ml Milch
2–3 Eier
1 Zwiebel, gehackt
50 g Butter
frische Petersilie
250 g Bergkäse

ZUBEREITUNG
• Den DG auf 100 °C vorheizen.
• Die Semmelwürfel salzen, die Eier mit der Milch
versprudeln und darübergießen. Gut durchmischen
und ca. 10 Minuten ziehen lassen.
• Die Zwiebel in der Butter anschwitzen und mit der
gehackten Petersilie und dem geriebenen Käse zu
den Semmelwürfeln geben.
• Knödel formen, etwas flach drücken und im DG bei
100 °C 18 Minuten dämpfen.
• Mit zerlassener Butter und grünem Salat servieren.
Ideal auch als Suppeneinlage.
Zubereitungszeit: ca. 20 Minuten
Garzeit: 23 Minuten

Zartweizen mit Spinat

ZUTATEN
200 g Zartweizen
400 ml heiße Gemüsebrühe (oder Wasser)
100 g Blattspinat (TK)
Salz, Pfeffer
Knoblauch

ZUBEREITUNG
• Den DG auf 80° C vorheizen.
• Den tiefgekühlten Spinat auf ein gelochtes
Garblech geben und bei 80° C 10 Minuten auftauen.
(Bei Verwendung von frischem Spinat diesen nur
2 Minuten bei 95° C blanchieren.)
• Zartweizen mit der Gemüsebrühe und Blattspinat
vermischen, mit Salz, Pfeffer und Knoblauch würzen
und im DG bei 100° C 12 Minuten dämpfen.
Zubereitungszeit: ca. 15 Minuten
Garzeit: 24 Minuten

GÄSTEMENÜS

Gästemenü 1

Vorspeise: Tofu mit Balsamico-Tomatenaroma mit Oliventapenade und Prosciutto
Suppe: Cappuccino von der Süßkartoffel
Hauptspeise: Rosa Rehrückenfilet aus dem Kamillendampf, dazu kleiner Gemüsemix und Kartoffel-Topfen-Auflauf
Dessert: Waldbeerensoufflé

Zeitplanung:

Am Vortag
- Die Vorspeise wie beschrieben vorbereiten.

Am Vormittag
- Die Suppe kochen und wie beschrieben kalt stellen.
- Das Waldbeerensoufflé zubereiten und bis zur Verwendung in den Tiefkühler geben.
- Den Kartoffel-Topfen-Auflauf zubereiten (ohne Backen), in den Garbehälter geben und bis zum Gebrauch mit Frischhaltefolie zudecken.

2 Stunden vorher
- Den Kartoffel-Topfenauflauf backen. Herausnehmen und in Alufolie warm halten.

40 Minuten vorher
- Das Reh, wie im Rezept beschrieben, in den Dampfgarer bzw. Kombi-Dampfgarer geben.

30 Minuten vorher
- Die Suppe erwärmen. Etwas Wasser auf 80° C erwärmen, den Sahneapparat hineinstellen. Suppe zwischendurch umrühren.

20 Minuten vorher
- Zum Fleisch das Gemüse und den Kartoffel-Topfen-Auflauf in den Dampfgarer bzw. Kombi-Dampfgarer geben.
- Das Backrohr auf 40° C aufheizen und die Teller darin warm halten.

Kurz vor Eintreffen der Gäste
- Schritt 6 der Vorspeise erledigen (im Dampfgarer bzw. Kombi-Dampfgarer befinden sich zur Zeit: Reh, Kartoffel-Topfen-Auflauf und das Gemüse).
- Die Suppe ist warm und servierbereit, sobald die Vorspeise gegessen wurde.
- Für die Hauptspeise den Kartoffel-Topfen-Auflauf aus dem Gerät nehmen, aus den Dariolförmchen lösen und auf die Teller platzieren.
- Das Gemüse aus dem Gerät nehmen, würzen und ebenfalls auf die Teller geben.
- Den Rehrücken schräg schneiden und dazu anrichten, den Saft aus dem Garbehälter an das Fleisch geben.
- Gerät sofort nach dem Anrichten der Hauptspeise laut Rezept aufheizen und die tiefgekühlten Waldbeerensoufflés dämpfen.

Tofu mit Balsamico-Tomaten-Aroma, Oliventapenade und Prosciutto

ZUTATEN

200 g Tofu	
4 Blatt Prosciutto	
100 g Rucola	
20 g dunkle Bio-Balsamicoglasur	

TOMATENAROMA

½ Zwiebel	
1 TL Olivenöl	
10 ml Balsamicoessig	
20 g Tomatenmark	
500 ml Gemüsebrühe	
(oder Wasser)	
1 Knoblauchzehe	
Salz, Pfeffer	
Thymian, Oregano	

OLIVENTAPENADE

250 g schwarze Oliven, entkernt	
2 getrocknete Tomaten	
1 Kapernbeere	
1 Knoblauchzehe	
1 Chili	
2 EL Olivenöl	
Pfeffer, Thymian	

1 Einwegspritze

ZUBEREITUNG

Schritt 1

Die Zwiebel abziehen und in feine Würfel schneiden. In einem Topf das Olivenöl erhitzen, den Zwiebel darin anschwitzen, mit Balsamico ablöschen, das Tomatenmark einrühren und mit der Gemüsebrühe auffüllen. Die Knoblauchzehe zerdrücken, in den Sud geben, mit Salz, Pfeffer, Thymian und Oregano würzen und auf die Hälfte reduzieren lassen. Den Tofu vorsichtig ausdrücken (entwässern), in 4 gleichmäßige Stücke teilen und für 1 Stunde in den warmen Sud legen.

Schritt 2

Den DG bzw. Kombi-DG auf 100° C vorheizen.

Schritt 3

Den Tofu herausnehmen, den Tomatensud passieren, die Flüssigkeit in eine Spritze füllen und den Tofu damit „impfen". Den Tofu in einen ungelochten Garbehälter legen und bei 100° C 8 Minuten dämpfen. Abkühlen lassen.

Schritt 4

Für die Tapenade alle Zutaten in einem Mixer zu einer cremigen Masse mixen. (Wenn nötig, noch etwas Olivenöl dazugeben).

Schritt 5

Die abgekühlten Tofustücke auf einen Teller geben, Tapenade in eine Schüssel füllen und beides mit Frischhaltefolie zudecken. Über Nacht in den Kühlschrank stellen.

Schritt 6

Den DG bzw. Kombi-DG auf 80° C vorheizen.

Den Tofu mit der Oliventapenade bestreichen, mit dem Prosciutto umwickeln und bei 80° C 5 Minuten erwärmen. Den Rucola auf den Teller geben, mit der Balsamicoglasur beträufeln und den lauwarmen Tofu daraufsetzen. Servieren.

Cappuccino von der Süßkartoffel

ZUTATEN

400 g Süßkartoffeln
400 ml Gemüsebrühe (oder Wasser)
300 ml Milch
200 ml Schlagobers
8 Cocktailtomaten
1 Zwiebel
1 Säckchen Kräutertee mit Lavendel (Teebeutel)
1 TL gekörnte Gemüsebrühe
Salz, Pfeffer

WEITERS

Sahneapparat (z. B. iSi)

Lavendelblüten zur Dekoration

ZUBEREITUNG

Schritt 1

Den DG bzw. Kombi-DG auf 100° C vorheizen.

Schritt 2

Die Süßkartoffeln schälen, in kleine Würfel schneiden und in einen ungelochten Garbehälter geben. Mit Gemüsebrühe und Milch aufgießen, mit der gekörnten Gemüsebrühe würzen.

Schritt 3

Die Zwiebel abziehen, in feine Würfel schneiden und zu den Kartoffeln geben. Das Kräutersäckchen und die Cocktailtomaten dazulegen, mit Salz und Pfeffer würzen.

Schritt 4

Bei 100° C 20 Minuten dämpfen. Nach 10 Minuten die halbe Schlagobersmenge dazugeben und alles fertig dämpfen.

Schritt 5

Die Cocktailtomaten herausheben und als Dekoration zur Seite geben. Das Kräuterteesäckchen entfernen und alles andere in einem Standmixer (oder mit dem Mixstab) fein mixen. Nochmals abschmecken.

Schritt 6

250 ml der so entstandenen Suppe in einen Sahneapparat geben, das restliche Schlagobers dazugießen, verschließen und eine Sahnekapsel in den Apparat geben. Zum Warmhalten etwas Wasser in einen Topf geben, auf 80° C erhitzen und den Sahneapparat hineinstellen. Die restliche Suppe in einen Topf gießen.

Schritt 7

Die Suppe in Gläser füllen, die Cocktailtomaten aufteilen, und mit dem Schaum aus dem Sahneapparat auffüllen. Mit einer Lavendelblüte dekorieren.

 Tipp

Die Suppe lässt sich ideal (am Vortag) vorbereiten. Dazu den Topf mit der warmen Suppe mit Frischhaltefolie zudecken, damit sich keine Haut bilden kann.

Rosa Rehrückenfilet aus dem Kamillendampf, dazu kleiner Gemüsemix und Kartoffel-Topfen-Auflauf

ZUTATEN

1,2 kg Rehrücken	
100 ml Wasser	
2 Kamillenteesäckchen (Teebeutel)	
Salz, bunter Pfeffer	

GEMÜSEMIX
(kann je nach Saison variieren)

200 g Zuckererbsenschoten	
100 g kleine Karotten	
100 g Brokkoli	
200 g Frühlingszwiebeln	
200 g Eierschwammerl (oder Egerlinge)	
1 TL Olivenöl	
Salz, Schabzigerklee	

AUFLAUF

750 g Kartoffeln	
500 g Topfen	
100 g Gouda, gerieben	
1 Ei	
2 Eidotter	
100 ml Milch	
Salz, weißer Pfeffer	
1 Prise Muskatnuss, gerieben	
1 TL gekörnte Gemüsebrühe	
2 Eiklar	
1 TL Butter	
2 EL Semmelbrösel	

ZUBEREITUNG

Schritt 1
Den DG bzw. Kombi-DG auf 100° C vorheizen und, wenn nötig, wieder mit Wasser befüllen.

Schritt 2
Für den Kartoffel-Topfen-Auflauf die Kartoffeln bei 100° C ca. 25 Minuten garen. Kalt abschrecken, schälen und in Scheiben schneiden.
Den Kombi-DG auf 200° C Kombidampf aufheizen.

Schritt 3
Topfen, 50 g Käse, Eidotter und Milch verrühren. Mit Salz, Muskatnuss, Pfeffer und der gekörnten Gemüsebrühe würzen. Eiklar und Salz steif schlagen und unter die Topfenmasse heben.

Schritt 4
4 Dariolförmchen (oder Kaffeetassen) mit Butter ausstreichen und mit den Semmelbröseln ausstreuen. Die Kartoffeln mit der Topfenmasse locker vermengen und einfüllen. Mit dem restlichen Käse bestreuen.
DG: Bei 100° C 55 Minuten dämpfen.
Kombi-DG: Bei 200° C Kombidampf 25 Minuten garen.

Schritt 5
Nach Fertigstellung des Kartoffel-Topfenauflaufs das Wasser mit dem Kamillenteesäckchen in ein ungelochtes Garblech geben und im DG bzw. Kombi-DG bei 100° C 5 Minuten dämpfen.
In der Zwischenzeit den Rehrücken waschen, von Sehnen und dem Silberhäutchen befreien und vom Knochen lösen. Mit Salz und buntem Pfeffer würzen.

Schritt 6
Nun die Rehrückenfilets nebeneinander auf den Gitterrost legen und über dem Garblech mit dem Kamillenwasser platzieren.
DG: Bei 100° C 5 Minuten dämpfen. Dann die Temperatur auf 80° C reduzieren und weitere 50 Minuten garen. (Bei der Niedertemperaturmethode messen Sie die Fleisch-Innentemperatur am besten mithilfe des Kerntemperaturfühlers: Kerntemperatur 55° C.)

Waldbeerensoufflé

ZUTATEN

40 g Himbeeren	
40 g Walderdbeeren	
2 cl Himbeergeist	
2 Eidotter	
2 EL Staubzucker	
1 TL Stärkemehl	
4 Eiklar	
1 EL Kristallzucker	
1 EL Butter	
2 EL Kristallzucker	

ZUBEREITUNG

Schritt 1

Die Beeren in den Himbeergeist einlegen.

Schritt 2

Den DG bzw. Kombi-DG auf 100° C vorheizen.

Schritt 3

Die Souffléförmchen mit Butter bestreichen und mit Kristallzucker ausstreuen. Zwei Drittel der Beeren in die Förmchen verteilen.

Schritt 4

Die Eidotter mit dem Staubzucker schaumig rühren und das Stärke-mehl unterheben. Die Eiklar mit dem Kristallzucker aufschlagen und mit den restlichen Beeren locker in die Dottermasse einrühren.

Schritt 5

Förmchen zu zwei Dritteln mit der Eimasse befüllen, mit Frischhalte-folie zudecken, auf ein ungelochtes Garblech stellen und sofort in den Tiefkühler geben. Bei Gebrauch herausnehmen und pochieren.

DG: Bei 100° C 40 Minuten garen.
Kombi-DG: Bei 200° C Kombidampf 30 Minuten garen.

Die Soufflés aus der Form stürzen und sofort servieren.

Tipp

Werden die Soufflés sofort nach Zubereitung verwendet (und nicht tiefgekühlt), reduziert sich die Garzeit um 10 Minuten.

231

Gästemenü 2

Vorspeise: Blätterteigröllchen gefüllt mit Avocadocreme
Suppe: Apfel-Sellerie-Suppe mit Selleriechip
Hauptspeise: Red Snapper mit Papaya im Pergament, dazu Pestognocchi
Dessert: Erdbeer-Nuss-Törtchen

Zeitplanung:

Am Vortag
- Die Blätterteigröllchen zubereiten.

1 Stunde vorher
- Die Avocadocreme in die Blätterteigröllchen füllen, den Schnittsalat waschen und trocken schleudern.
- Jetzt alles für die Hauptspeise von Schritt 8 bis 9 vorbereiten.
- Die Suppe erwärmen.
- Den Dampfgarer bzw. Kombi-Dampfgarer vorheizen.
- Das Backrohr auf 45° C aufheizen und die Teller darin erwärmen.
- Herdplatte einschalten und eine Pfanne für die Gnocchi bereitstellen.

Kurz vor Eintreffen der Gäste
- Den Schnittsalat auf Tellern anrichten und das Blätterteig-Avocado-Röllchen daraufsetzen. Kurz vor dem Servieren die Balsamicocreme dekorativ über den Salat geben.
- Schritt 10 der Hauptspeise erledigen.
- Die Suppe ist heiß und kann jederzeit serviert werden.
- Während die Suppe gegessen wird, die Hauptspeise in den Dampfgarer geben. Beim Kombi-Dampfgarer genügt es, die Hauptspeise nach dem Abservieren der Suppe in das Gerät zu geben.
- Die Gnocchi in der vorbereiteten Pfanne erwärmen und das Pesto untermischen. Alles gemeinsam mit dem Fisch auf die warmen Teller platzieren.
- Die Törtchen fertig dekorieren und anrichten.

233

Blätterteigröllchen gefüllt mit Avocadocreme

ZUTATEN

1 Pkg. Blätterteig (270 g)	
2 EL Butter	
2 Eidotter	
Backpapier	
kleine Schaumrollenformen	

CREME

2 Avocados	
100 g Frischkäse	
1 Limette (Saft)	
Salz, Pfeffer, Chili	
2 Handvoll Schnittsalat	
20 g dunkle Bio-Balsamicoglasur	

ZUBEREITUNG

Schritt 1

Den DG bzw. Kombi-DG auf 100° C vorheizen. Das Backrohr auf 190° C vorheizen.

Schritt 2

Den Blätterteig in ca. 2 cm breite Streifen schneiden und diese überlappend um die bebutterten Schaumrollenformen wickeln. Nun den Teig mit verschlagenem Eidotter bestreichen und die Rollen auf ein ungelochtes, mit Backpapier ausgelegtes Garblech geben.

DG: Bei 100° C 3 Minuten dämpfen, herausnehmen und im Backrohr bei 190° C goldgelb backen.

Kombi-DG: Bei 100° C 3 Minuten dämpfen, dann bei 190° C trockene Hitze in ca. 18 Minuten goldgelb backen.
Die Förmchen auskühlen lassen und erst dann die Blätterteigröllchen vorsichtig abstreifen.

Schritt 3

Die Avocados längs halbieren, die zwei Hälften verdrehen, den Kern herausheben und das Fruchtfleisch mit einem Esslöffel auslösen. Mit einer Gabel zerdrücken. Sofort gemeinsam mit Limettensaft und Frischkäse mit dem Stabmixer pürieren. Mit Pfeffer, Salz und Chili würzen.

Schritt 4

Die Avocadocreme mithilfe eines Spritzsacks in die Blätterteigröllchen spritzen.

Schritt 5

Teller mit Schnittsalat auslegen, mit Balsamicoglasur beträufeln und je ein Blätterteigröllchen daraufsetzen.

Apfel-Sellerie-Suppe mit Selleriechip

ZUTATEN

500 g	Sellerie
1	Apfel
1	Kartoffel
100 ml	Apfelsaft
100 ml	Schlagobers
500 ml	Gemüsebrühe
	(oder Wasser)
1 EL	gekörnte Gemüsebrühe
	Salz

CHIPS

100 g	Sellerie
250 ml	Olivenöl

ZUBEREITUNG

Schritt 1

Den DG bzw. Kombi-DG auf 100° C vorheizen.

Schritt 2

Sellerie, Apfel und Kartoffel schälen und in grobe Würfel schneiden. In einen ungelochten Garbehälter geben und bei 100° C 5 Minuten dämpfen.

Schritt 3

Nun die Apfelwürfel, den Apfelsaft, das Schlagobers sowie die Gemüsebrühe, die gekörnte Gemüsebrühe und Salz dazugeben: Weitere 10 Minuten dämpfen. Danach die Suppe mit dem Stabmixer (oder im Standmixer) fein pürieren und nochmals abschmecken.

Schritt 4

Für die Selleriechips die Sellerie in dünne Scheiben schneiden und in heißem Fett zu Chips frittieren, kurz auf Küchenpapier abtropfen lassen, dann zur Suppe reichen.

Red Snapper mit Papaya im Pergament, dazu Pestognocchi

ZUTATEN

4 Red Snapper-Filets
1 Banane
1 Papaya
1 Zwiebel
1 roter Chili
1 Jungzwiebelgrün
4 Knoblauchzehen
12 Cranberrys
½ Zitrone (Saft)
1 Orange (Saft)
8 cl Weißwein (Riesling)
Salz, Pfeffer
4 Blatt Pergament
(oder doppelt Backpapier)

GNOCCHI

750 g mehlige Kartoffeln
1 Ei, verschlagen
50 g Parmesan, gerieben
1 Prise Muskatnuss, gerieben
1 ½ TL Salz
225 g Mehl
+ für die Arbeitsfläche
Backpapier

PESTO

200 g getrocknete Tomaten (in Öl eingelegt)
80 g Pinienkerne
100 ml Gemüsebrühe
50 g Parmesan, gerieben
15 Blätter frisches Basilikum
2 Knoblauchzehen
1 roter Chili
1 EL Tomatenmark
Salz

ZUBEREITUNG

Schritt 1
Den DG bzw. Kombi-DG auf 95° C vorheizen.

Schritt 2
Für die Gnocchi die Kartoffeln in der Schale kochen, schälen, heiß passieren und etwas auskühlen lassen. Ei, Parmesan, Muskatnuss, Salz und Mehl daruntermischen. Den Teig rasten lassen.

Schritt 3
Währenddessen für das Pesto die Pinienkerne in einer Pfanne trocken rösten oder im Backrohr bzw. Kombi-Dampfgarer auf einem ungelochten Garblech kurz grillen. Dabei die Pinienkerne immer wieder rütteln, damit sie nicht verbrennen.

Schritt 4
Den Knoblauch abziehen und grob schneiden, den Chili aufschneiden und die Kerne entfernen. Die getrockneten, eingelegten Tomaten abtropfen lassen, Basilikum, Pinienkerne, Salz, Parmesan, Gemüsebrühe und Tomatenmark mit dem Stab- oder im Standmixer und zu einer cremigen Masse mixen.

Schritt 5
Nun für die Gnocchi aus dem Teig fingerdicke Rollen formen, in 2–3 cm lange Stücke schneiden und mit Daumendruck über die Zinken einer Gabel rollen.

Schritt 6
Ein Blech mit Backpapier auslegen, dabei mit einer Gabel Löcher einstechen (der Dampf kann besser durchdringen und die Gnocchi lassen sich später leichter vom Papier lösen). Nun die Gnocchi auflegen und bei 95° C 8 Minuten ziehen lassen. Abkühlen lassen.

Schritt 7
Den Kombi-DG auf 160° C Kombidampf umschalten.

Schritt 8
Die gewaschenen Fischfilets mit Salz und dem Pfeffer würzen.
Die Banane schälen, in Scheiben schneiden und mit dem Zitronensaft marinieren. Die Papaya schälen, der Länge nach durchschneiden, die Kerne entfernen und in grobe Würfel schneiden.
Die Zwiebel abziehen und gemeinsam mit dem Chili in Ringe schneiden. Das Jungzwiebelgrün in feine Ringe schneiden. Den Knoblauch in feine Scheiben schneiden.

Schritt 9
Bananenscheiben, Papayawürfel, Zwiebelringe, Chiliringe, Knoblauchscheiben und je 3 Cranberrys sowie die Jungzwiebelringe auf den Pergamentbogen verteilen und die gewürzten Fischfilets darauflegen.

Schritt 10
Das Pergament hochziehen und vor dem Verschließen die Filets mit Orangensaft und Weißwein beträufeln. Die Päckchen gut verschließen.
DG: Bei 95° C 18 Minuten dämpfen.
Kombi-DG: Bei 160° C Kombidampf 10 Minuten garen.
Währenddessen die vorbereiteten Gnocchi in einer Pfanne leicht anbraten und mit dem Pesto vermischen.

Schritt 11
Den Fisch mit den Früchten anrichten. Die Gnocchi dazureichen.

Erdbeer-Nuss-Törtchen

ZUTATEN

3 Eier	
50 g Zucker	
50 g Haselnüsse, gerieben	
30 g Semmelbrösel	
1 TL Rum	
Backpapier	

CREME

200 g Erdbeeren	
50 g Staubzucker	
10 g Vanillezucker	
150 g Topfen	
100 g Mascarpone	

ZUBEREITUNG

Schritt 1

Die Semmelbrösel mit dem Rum vermengen.

Schritt 2

Den DG auf 100° C bzw. den Kombi-DG auf 180° C Kombidampf vorheizen.

Schritt 3

Die Eier trennen und das Eiklar mit dem Zucker sehr steif schlagen. Nun die Eidotter langsam einrühren und zum Schluss die Semmelbrösel und die geriebenen Nüsse untermischen. Die Masse auf ein mit Backpapier ausgelegtes, ungelochtes Garblech aufstreichen.

DG: Bei 100° C 18 Minuten dämpfen.

Kombi-DG: Bei 180° C Kombidampf 10 Minuten backen.

Schritt 4

100 g Erdbeeren mit dem Stabmixer pürieren, Staubzucker und Vanillezucker unterrühren. Den Mascarpone mit dem Handmixer aufschlagen, dann den Topfen sowie das Erdbeerpüree unterrühren.

Schritt 5

Vom ausgekühlten Nussbiskuit Kreise (ca. 5 cm Ø) ausstechen und mit der Erdbeercreme zu einem Turm zusammensetzen. Den Abschluss bilden die Creme und frische Erdbeeren als Dekoration.

ALLERLEI

Warmes Couscous-Frühstück

ZUTATEN

250 g Couscous
400 ml heiße Milch
50 g Müsli
50 g Rosinen
1 EL Honig
1 EL Hanföl

ZUBEREITUNG
- Den DG auf 80° C vorheizen.
- Couscous in einen ungelochten Garbehälter geben und mit der heißen Milch übergießen, die Rosinen dazugeben und im DG bei 80° C 5 Minuten quellen lassen. Danach das Müsli, den Honig und das Hanföl untermischen.

Zubereitungszeit: ca. 10 Minuten, Garzeit: 23 Minuten

Der Jahreszeit entsprechend können Sie auch frisches Obst in den fertigen Couscous mischen.

Das Frühstücksei aus der Mokkatasse

ZUBEREITUNG
- In eine Mokkatasse 1 Ei gleiten lassen und im DG bei 100° C 5 Minuten dämpfen.

Brühwürste

ZUTATEN

Frankfurter
Selchwürste

ZUBEREITUNG
- Frankfurter oder Wiener Würste bei 95 °C 5 Minuten dämpfen.
- Selchwürste bei 95 °C 25 Minuten dämpfen.

Hirse-Power-Frühstück

ZUTATEN

200 g Goldhirse
400 ml Wasser
2 EL rohe Braunhirse, gemahlen
50 g Rosinen
2 EL Hanföl

ZUBEREITUNG
- Den DG bzw. Kombi-DG auf 100° C vorheizen.
- Die Goldhirse erst heiß, dann kalt abschwemmen. Danach in einen ungelochten Garbehälter geben, mit Wasser auffüllen und 15 Minuten dämpfen.
- Die warme Goldhirse mit den anderen Zutaten verrühren – und genießen.

Zubereitungszeit: ca. 10 Minuten, Garzeit: 15 Minuten

Pochiertes Ei

ZUTATEN
Ein bzw. mehrere Eier

ZUBEREITUNG IM HOHEN GLAS
• Den DG auf 75° C vorheizen.
• Das Ei aufschlagen und dabei in ein Glas gleiten lassen. Je höher das Glas, desto besser ist der Eidotter im Eiklar eingebettet. Im DG bei 75° C 13–14 Minuten, je nach Dicke des Glases, pochieren. Serviert wird im Glas.

ZUBEREITUNG IN EINER KAFFEETASSE
(ALS STÜRZEI)
• Den DG auf 75° C vorheizen.
• Das Ei aufschlagen und dabei in eine gebutterte Kaffeetasse gleiten lassen. Je höher die Tasse, desto besser ist der Eidotter im Eiklar eingebettet. Im DG bei 75° C 14–16 Minuten, je nach Dicke der Tasse, pochieren. Danach aus der Tasse auf die Speise gleiten lassen.

ZUBEREITUNG IN DER EIERSCHALE
Zeitaufwändiger, aber besonders geschmacksintensiv
• Den DG auf 60° C vorheizen.
• Das Ei oder die Eier in der Schale auf das Garblech legen und bei 60° C für 60 Minuten dämpfen. Danach die Schale zur Hälfte vorsichtig entfernen und das pochierte Ei auf die jeweilige Speise gleiten lassen oder – für Mutige – das Ei einfach aufschlagen.

Schnelle Variante
• Den DG auf 75° C vorheizen.
• Wie oben das Ei oder die Eier in der Schale auf das Garblech legen, jedoch bei 75° C für 14 Minuten dämpfen.

Aus der gehobenen Gastronomie kennt man pochierte Eier in ovaler Form. Ein pochiertes Ei aus dem Dampfgarer wird niemals die „genormte" Form erreichen, was aber dem schmackhaften Ergebnis keinen Abbruch tut.

Leberwurst im Glas

ZUTATEN
800 g Schweinsbauch oder -goder
8 Pfefferkörner
1 Lorbeerblatt
100 g Zwiebel
150 g Bauchspeck
200 g Kalbs- oder Schweinsleber
80 g Schweineschmalz
½ Apfel entkernt, geschält
Knoblauch
Majoran
Salz, Pfeffer
½ TL Honig
5 Twist-off-Gläser à 500 ml

VARIANTEN
Kräuter, Schinkenwürfel oder Gänseschmalz beigeben

ZUBEREITUNG
• Twist-off-Gläser im auf 100 °C erwärmten DG sterilisieren.
• Den Schweinsbauch 1,5 Stunden in Salzwasser sehr weich kochen, Pfefferkörner, Lorbeerblatt beigeben und im Sud abkühlen lassen.
• Zwiebeln, Speck fein würfeln und im Schmalz glasig anrösten, die in grobe Stücke geschnittene Leber dazugeben und weiterrösten.
• Apfel aufhobeln und dazugeben, nochmals kurz durchrösten und erkalten lassen.
• Dann Fleisch und Lebergemisch fein faschieren. Mit Knoblauch, Majoran, Salz und Pfeffer würzen, Honig dazugeben und nochmals gut durchrühren.
• Sofort in die vorbereiteten Gläser füllen (nur 2/3 des Glases füllen!), fest verschließen und 40 Minuten bei 95 °C im Dampfgarer einkochen.
• Gläser herausnehmen, auf ein Tuch stellen und erkalten lassen. Bei kühler Lagerung ist die Leberwurst mindestens 2 Monate haltbar.
Zubereitungszeit: ca. 35 Minuten, Garzeit: 130 Minuten

Roh gerührte Erdbeermarmelade

ZUTATEN

1 kg Erdbeeren
500 g Gelierzucker 2:1
Saft von 1 Zitrone
1 Vanilleschote
2 Twist-off-Gläser à 500 ml

ZUBEREITUNG

• Gläser und Deckel im DG bei 100° C 10 Minuten sterilisieren.

• Erdbeeren waschen, putzen, halbieren und in einer Schüssel mit Gelierzucker und Zitronensaft gut vermengen. Vanilleschote der Länge nach aufschneiden, Mark herauskratzen und mit der Schote beifügen. Zugedeckt etwa 1 Stunde kalt stellen.

• Danach die Vanilleschote entfernen und die Erdbeeren mit dem Pürierstab oder Standmixer gut durchmixen, bis sich der Zucker vollständig aufgelöst hat.

• Marmelade in die vorbereiteten Gläser füllen, diese verschließen und kalt stellen. Die Marmelade bleibt einige Tage dünnflüssig und wird erst nach einer Woche fester.

• Im Kühlschrank gelagert, ist die Marmelade etwa 4 Wochen haltbar.

Zubereitungszeit: ca. 20 Minuten

Optimal ist es, die Gläser nach dem Verschließen für 15 Minuten bei 85° C im DG zu sterilisieren.

Ribiselmarmelade

ZUTATEN

2 kg Ribiseln (rot)
500 g Gelierzucker 2:1
1 kg Kristallzucker
5 Twist-off-Gläser à 500 ml

ZUBEREITUNG

• Gläser und Deckel im DG bei 100 °C 10 Minuten sterilisieren.

• Die Ribiseln waschen, abrebeln und roh in einen Topf passieren. Danach den Gelier- und den Kristallzucker untermischen und langsam aufkochen. Heiß in die vorbereiteten Gläser füllen.

• Die Gläser gut verschließen und auf einem Küchentuch 5 Minuten auf dem Deckel stehen lassen.

Zubereitungszeit: ca. 45 Minuten

Kirschmarmelade

ZUTATEN

750 g Kirschen
500 g Gelierzucker 2:1
1 EL Zitronensaft
5 Twist-off-Gläser à 500 ml

ZUBEREITUNG

• Gläser und Deckel im DG bei 100° C 10 Minuten sterilisieren.

Die Kirschen entsteinen und mit dem Gelierzucker und dem Zitronensaft mischen, auf eine ungelochte Garschale geben. Kirschen 20 Minuten bei 100° C dämpfen und anschließend mit dem Stabmixer mixen. In die vorbereiteten Gläser füllen.

Variante herkömmliche Zubereitung

In einem entsprechend großen Topf die entsteinten Kirschen mit dem Gelierzucker und dem Zitronensaft mischen. Mit dem Stabmixer zerkleinern.

• Danach die Marmelade langsam unter Rühren 3–5 Minuten aufkochen lassen, anschließend in die vorbereiteten Gläser abfüllen.

• Die Gläser gut verschließen, für einige Minuten – auf einem Küchentuch – auf den Kopf stellen.

Zubereitungszeit: ca. 40 Minuten, Garzeit: 20 Minuten

Brombeermarmelade

ZUTATEN

1 kg Brombeeren
400–500 g Gelierzucker 2:1
Zitronensaft (von ½ oder 1 Zitrone)
3–4 Twist-off-Gläser à 500 ml

ZUBEREITUNG

• Gläser und Deckel im DG bei 100° C 10 Minuten sterilisieren.

• Vorsichtig gewaschene Brombeeren mit Gelierzucker und Zitronensaft in einen Topf geben und mit dem Stabmixer leicht pürieren, sodass Fruchtteile noch erkennbar bleiben.

• Diese Masse ca. 30 Minuten ziehen lassen, anschließend am Herd ein Mal rasch aufkochen.

• Den Schaum abschöpfen, Geliertest machen (ein wenig Marmelade auf eine Untertasse geben – wird sie dickflüssig, ist sie fertig).

• Die Marmelade noch heiß in die vorbereiteten Gläser füllen. Diese gut verschließen und für ca. 30 Minuten kopfüber auf ein Küchentuch stellen.

Zubereitungszeit: ca. 40 Minuten

Apfelmus

ZUTATEN

| 1 kg Äpfel |
| Zimt- und Nelkenpulver |
| Zucker (Vanillezucker) |
| 2 Twist-off-Gläser à 500 ml |

ZUBEREITUNG

• Gläser und Deckel im DG 10 Minuten bei 100° C sterilisieren.

• Die Äpfel waschen und entkernen und im DG 10 Minuten bei 100 °C dämpfen. Durch ein Sieb streichen und je nach Sorte etwas zuckern.

• Gewürzvarianten: Zimt, Nelke, Vanillezucker je nach Belieben.

• Danach das heiße Apfelmus in die vorbereiteten Gläser abfüllen, sofort gut verschließen und auf den Kopf stellen.

Zubereitungszeit: ca. 30 Minuten, Garzeit: 10 Minuten
Dieses Apfelmus ist mindestens 6 Monate haltbar.

Marillenchutney

ZUTATEN

| 750 g Marillen |
| 250 g Zwiebeln |
| 125 ml Orangensaft |
| 125 ml Weißweinessig |
| 250 g Gelierzucker |
| Salz, Pfeffer |
| 4 Twist-off-Gläser à 500 ml |

ZUBEREITUNG

• Gläser und Deckel im DG 10 Minuten bei 100° C sterilisieren.

• Marillen waschen, entsteinen und schneiden. Zwiebeln fein würfeln.

• Alle Zutaten – bis auf Salz und Pfeffer – in einem Topf mit Gelierzucker gut verrühren. Alles unter Rühren bei starker Hitze zum Kochen bringen und etwa 40 Minuten kochen, dabei ab und zu umrühren.

• Chutney mit Salz und Pfeffer aus der Mühle abschmecken und sofort in die vorbereiteten Gläser füllen.

Zubereitungszeit: ca. 30 Minuten, Garzeit: 40 Minuten

Mangochutney

ZUTATEN

| 2 große Mangos |
| 6 EL kaltes Wasser |
| 80 g brauner Zucker |
| 4 EL Himbeeressig |
| 2 EL Weißwein |
| 1 TL Salz |
| 1 Prise Cayennepfeffer |
| 1 Prise Paprikapulver |

| 10 g Ingwer |
| 6 Pfefferkörner |
| 1 TL rosa Pfefferkörner |
| ½ Zimtstange |
| 2 Nelken |
| 1 Lorbeerblatt |
| 1–2 Twist-off-Gläser à 500 ml |

ZUBEREITUNG

• Gläser und Deckel im DG 10 Minuten bei 100° C sterilisieren.

• Die festen Gewürze in ein Teeei geben.

• Die Mangos schälen, das Fruchtfleisch in Würfel schneiden und in einen Topf geben. Wasser, braunen Zucker, Himbeeressig, Weißwein, Salz, Cayennepfeffer und Paprikapulver hinzufügen. Das Teeei dazugeben.

• Mangochutney unter gelegentlichem Rühren kurz aufkochen und anschließend ca. 40 Minuten auf niedrigster Temperatur ohne Deckel köcheln lassen.

• Das Chutney ist fertig, wenn alle Mangostückchen weich gekocht sind und die Sauce leicht dicklich wird.

• Das Teeei wieder entfernen. Chutney in die vorbereiteten Gläser abfüllen.

Zubereitungszeit: ca. 35 Minuten, Garzeit: 40 Minuten

Ribiselchutney

ZUTATEN

1 kg rote Ribiseln

2 Zwiebeln

1 grüne Chilischote

1 Zitrone

1 Orange

150 g geschälte Hanfkörner

250 ml weißer Balsamico

400 g Rohrzucker

2 Lorbeerblätter

1 Prise Salz

4 Twist-off Gläser à 500 ml

ZUBEREITUNG

• In der Zwischenzeit die Zwiebeln schälen und fein würfeln. Die Chilischote fein hacken. Die Zitrone und die Orange mithilfe des Zestenreißers ziselieren, also die Haut von den Früchten ganz dünn (ohne das Weiße) abschälen und anschließend in sehr feine Streifen schneiden. Danach die Orange und Zitrone auspressen.
• Nun die Ribiseln waschen und verlesen.
Die geschälten Hanfkörner in einem Topf kurz trocken anrösten, aber so lange, bis man den Hanf riechen kann. Danach alle weiteren Zutaten zugeben und zum Kochen bringen. Die Hitze reduzieren und 1,5–2 Stunden einkochen lassen.
Zwischendurch immer wieder umrühren.
• Währenddessen Gläser und Deckel im DG 10 Minuten bei 100° C sterilisieren.
• Fertiges Chutney in die sterilen Twist-off-Gläser füllen, sofort verschließen und für 10 Minuten auf den Kopf stellen. Danach umdrehen und auskühlen lassen.
Zubereitungszeit: ca. 35 Minuten, Garzeit: 120 Minuten

Das Chutney passt gut zu Wild, rotem Fleisch, Gegrilltem oder auch „Veggie-Wild" (siehe Buch „Dampfgaren vegetarisch").

Apfelchutney

ZUTATEN

1,5 kg säuerliche Äpfel (z. B. Boskop)

⅛ l Zitronensaft

250 g Zwiebeln

2 grüne Paprika

⅜ l Apfelessig

1 TL Salz

250 g brauner Zucker

125 g kernlose Sultaninen

4 Twist-off-Gläser à 500 ml

ZUBEREITUNG

• Gläser und Deckel im DG 10 Minuten bei 100° C sterilisieren.
• Äpfel waschen, schälen, achteln und die Kerngehäuse herausschneiden. Die Apfelachtel sofort in den Zitronensaft legen.
• Zwiebeln schälen und fein hacken, Paprika fein würfeln. Die Apfelachtel quer in dünne Scheiben schneiden, mit Essig, Salz, Zwiebeln und Paprikawürfeln mischen. 10–15 Minuten zugedeckt bei nicht zu starker Hitze weich kochen.
• Dann erst den Zucker und die zuvor kurz abgespülten Sultaninen dazugeben. Alles gut mischen und 20 Minuten weiterkochen lassen, bis das Chutney eine sämige Konsistenz hat.
• Sofort in die vorbereiteten Gläser füllen, diese gut verschließen, kühl und dunkel aufbewahren.
Zubereitungszeit: ca. 40 Minuten, Garzeit: 35 Minuten

Kürbis-Apfel-Chutney

ZUTATEN

1,5 kg Langer von Neapel-Kürbis (oder Butternuss)
200 g Äpfel
2 Zwiebeln
4 Knoblauchzehen
50 g Ingwer
150 g Rohrzucker
60 g Rosinen
300 ml Apfelsaft
2 EL Apfelbrand
¼ TL Kreuzkümmel
¼ TL Senf, mittelscharf
1 Chili ohne Kerne, gehackt
½ TL Salz
Pfeffer
120 ml weißer Balsamicoessig
4 Twist-off-Gläser à 500 ml

ZUBEREITUNG

• Kürbis und Äpfel schälen und entkernen, die Zwiebeln abziehen und alles klein würfelig schneiden. Den Knoblauch abziehen und gemeinsam mit dem Ingwer blättrig schneiden.

• Den Zucker mit den Zwiebel- und Apfelwürfeln hell karamellisieren. Danach Knoblauch und Ingwer zugeben und kurz mitrösten. Jetzt die Kürbiswürfel und die heiß gewaschenen und abgetropften Rosinen hinzufügen und ebenso kurz mitrösten. Mit Apfelbrand und Apfelsaft ablöschen. Mit Kreuzkümmel, Senf, Chili, Salz und Pfeffer würzen. Alles gut aufkochen und auf kleiner Flamme gut 30 Minuten köcheln lassen. Zum Schluss mit Balsamicoessig abschmecken.

• Währenddessen Gläser und Deckel im DG 10 Minuten bei 100° C sterilisieren.

• Das fertige Chutney in die sterilen Twist-off-Gläser füllen, sofort verschließen und für 10 Minuten auf den Kopf stellen. Danach umdrehen und auskühlen lassen.

Zubereitungszeit: ca. 40 Minuten, Garzeit: 30 Minuten

Kürbis-Apfel-Chutney ist äußerst vielseitig verwendbar und kann zu gebratenem oder gegrilltem Fisch oder Fleisch, zu Hühnergerichten, aber auch zu Käse gereicht werden.

Exotisches Chutney

ZUTATEN

½ Ananas (etwa 400 g Fruchtfleisch)
1 Banane
2 EL Batida de Coco
50 g Rosinen
50 g Rohrzucker
1 Ingwer (ca. 1 cm)
1 EL Butterschmalz (Ghee)
¼ TL gemahlener Zimt
1 Msp. Nelken, gemahlen
2 Vanilleschoten (Mark)
½ TL Sternanis, gemahlen
¼ TL Chilipulver
4 Twist-off-Gläser à 500 ml

ZUBEREITUNG

• Die Ananas schälen und das Fruchtfleisch fein würfeln. Rosinen heiß abspülen und abtropfen lassen. Den Ingwer fein hacken und in einem kleinen Topf im heißen Butterschmalz 3 Minuten dünsten. Zimt, Nelken, das ausgekratzte Vanillemark, Sternanis und Chilipulver dazugeben und bei kleiner Hitze rösten. Nun mit Batida de Coco ablöschen und sofort Rosinen und Zucker hinzufügen. Unter Rühren etwa 10 Minuten dünsten (Vorsicht, brennt leicht an!).

• Danach die Banane schälen, in Scheiben schneiden und dazugeben. Alles gut rühren und nochmals 10 Minuten köcheln lassen.

• Währenddessen Gläser und Deckel im DG 10 Minuten bei 100° C sterilisieren.

• Das fertige Chutney in die sterilen Twist-off-Gläser füllen, sofort verschließen und für 10 Minuten auf den Kopf stellen. Danach umdrehen und auskühlen lassen.

Zubereitungszeit: ca. 35 Minuten, Garzeit: 20 Minuten

Zucchinichutney

ZUTATEN

1 kg Zucchini
500 g Tomaten
3 rote Paprika
1 Chilischote
2 Zwiebeln
2 Knoblauchzehen
250 g Gelierzucker (3:1)
350 ml Balsamicoessig
2 EL Olivenöl
1 TL Salz
Pfeffer
1 Msp. Oregano
4 Twist-off-Gläser à 500 ml

ZUBEREITUNG

• Gläser und Deckel im DG 10 Minuten bei 100° C sterilisieren.

• Zugleich die Tomaten im DG blanchieren. Dazu die Tomaten auf ein gelochtes Garblech geben, auf der Oberseite kreuzweise einritzen und für 2 Minuten mitdämpfen. Danach entnehmen und kalt abspülen.

• In einem Topf den Balsamicoessig und den Gelierzucker vermischen und unter großer Hitze um die Hälfte reduzieren lassen. Immer wieder umrühren!

• In der Zwischenzeit die Zucchini in kleine gleichmäßige Würfel schneiden, salzen und kurz stehen lassen. Von den Paprika und der Chilischote die Kerne entfernen, dann ebenfalls in kleine Stücke (wie die Zucchiniwürfel) schneiden.
Die abgekühlten Tomaten enthäuten und ebenso würfeln.
Die Zwiebeln und den Knoblauch abziehen, beides fein würfeln.
Nun die Zucchini in ein Sieb geben und gut ausdrücken.

• In einem Topf das Öl erhitzen und die Zwiebelwürfel kurz anschwitzen. Dann Knoblauch und übriges Gemüse zugeben und gut durchrösten. Jetzt mit dem Balsamico-Gelierzucker-Gemisch ablöschen, salzen, pfeffern und mit Oregano würzen. Alles ein Mal aufkochen lassen, die Hitze reduzieren und gut 30 Minuten unter mehrmaligem Umrühren köcheln lassen.

• Das fertige Chutney in die sterilen Twist-off-Gläser füllen, sofort verschließen und für 10 Minuten auf den Kopf stellen. Danach umdrehen und auskühlen lassen.

Zubereitungszeit: ca. 35 Minuten, Garzeit: 32 Minuten

Gurken-Buttermilch-Dressing

ZUTATEN

1 Salatgurke
500 ml Buttermilch
½ Zitrone (Saft)
1 EL Hanföl
1 Knoblauchzehe, klein geschnitten
1 Zweig Dill, klein geschnitten
Salz, Pfeffer

ZUBEREITUNG

• Die Salatgurke schälen, entkernen, die bitteren Enden entfernen, in kleine Stücke schneiden und im DG bzw. Kombi-DG bei 90° C 3 Minuten blanchieren (so wird die Gurke bekömmlicher).

• Die gedämpften Gurkenstücke mit Buttermilch, Zitronensaft, Hanföl, Knoblauch, Dill, Salz und Pfeffer in ein Mixglas geben und gut cremig mixen.

• Dieses Dressing eignet sich z. B. für Kartoffelsalat, Tomatensalat und als Dip für Gemüsesticks.

Zubereitungszeit: ca. 10 Minuten, Garzeit: 3 Minuten

Mit Mineralwasser verdünnt ergibt es einen idealen Durstlöscher an heißen Sommertagen.

Eier-Hüttenkäse-Dip

ZUTATEN

4 Eier
200 g Hüttenkäse
2 EL Schlagobers
80 g Jungzwiebel
1 Salatgurke
Salz, Pfeffer, Curry

ZUBEREITUNG

• Die Eier auf ein gelochtes Garblech geben und bei 100° C 13 Minuten dämpfen. Danach kalt abschrecken, schälen und würfelig schneiden.

• Den Hüttenkäse mit dem Schlagobers verrühren, die Jungzwiebeln in feine Ringe schneiden. Die Gurke schälen, längs halbieren und die Kerne mit einem Löffel auskratzen. Fruchtfleisch in feine Würfel schneiden.

• Die Eier- und Gurkenwürfel sowie die Jungzwiebelringe unter die Käsemischung rühren und alles mit Salz, Pfeffer und einer Prise Curry würzen.

Zubereitungszeit: ca. 15 Minuten, Garzeit: 13 Minuten

Schmeckt gut mit Weißbrot, Tacos oder Gemüsesticks.

Bohnendip

ZUTATEN

100 g Kidneybohnen (trocken)
1 EL Olivenöl
½ Zwiebel
1 Knoblauchzehe
80 ml heiße Gemüsebrühe
Salz, Pfeffer
Oregano
1 Lorbeerblatt

ZUBEREITUNG

• Die Bohnen 8 Stunden einweichen.
• Das Einweichwasser abschütten, die Bohnen auf ein ungelochtes Garblech geben und mit frischem Wasser bedecken. Im DG bzw. Kombi-DG bei 100° C 50 Minuten dämpfen.
• Die Bohnen kalt abspülen. Das Olivenöl erhitzen, Zwiebel sowie Knoblauch in feine Würfel schneiden und mit dem Lorbeerblatt kurz anschwitzen.
• Das Lorbeerblatt wieder entfernen und die Zwiebelmasse zu den Bohnen geben. Mit der heißen Gemüsebrühe aufgießen und mit Salz, Pfeffer und Oregano würzen. Alles mit dem Mixstab zu einer feinen Paste mixen. Nochmals abschmecken.
Zubereitungszeit: ca. 15 Minuten, Garzeit: 50 Minuten, Einweichzeit: 8 Stunden

Passt gut zu Weißbrot, Tacos oder Gemüsesticks.

Feta-Tomaten-Dip

ZUTATEN

200 g Feta
80 ml Joghurt
80 ml Sauerrahm
1 EL Tomatenmark
Salz, Pfeffer

ZUBEREITUNG

• Den Feta kleinwürfelig schneiden und mit den restlichen Zutaten mit dem Mixstab zu einer feinen Creme mixen.
Zubereitungszeit: ca. 15 Minuten

Schmeckt gut mit Gurken- und Zucchinisticks, Weißbrot und Tacos.

Kartoffeldressing

ZUTATEN

2 mehlige Kartoffeln
200 ml Gemüsebrühe, gut gewürzt
60 g Frühstücksspeck
1 Zwiebel
2 EL Apfelessig
2 EL Hanföl
2 EL Schlagobers
1 TL Senf
Salz, Pfeffer
1 Essiggurke (und 3 EL Gurkenwasser)
Petersilie, Schnittlauch
1–2 Twist-off-Gläser à 500 ml

ZUBEREITUNG

• Den DG bzw. Kombi-DG auf 100° C vorheizen.
• Die ungeschälten Kartoffeln auf ein gelochtes Garblech geben und je nach Größe 55–60 Minuten dämpfen.
• Den Frühstücksspeck in kleine Würfel schneiden, auf ein ungelochtes Garblech geben und über den Kartoffeln im DG bzw. Kombi-DG während der letzten 5 Minuten mitdämpfen.
• Die Kartoffeln schälen und noch warm in einen Standmixer (oder Mixbecher) geben. Nun die Gemüsebrühe zugießen, Salz, Pfeffer, Senf, Essig, Hanföl und Schlagobers dazugeben und alles fein mixen. Zum Schluss die fein gehackte Essiggurke und etwas Gurkenwasser untermengen.
• Vor dem Anrichten die Zwiebel abziehen und in feine Würfel schneiden. Petersilie fein hacken und den Schnittlauch in feine Röllchen schneiden. Zum Schluss alles, gemeinsam mit dem Speck, über den Salat streuen.
Zubereitungszeit: ca. 15 Minuten, Garzeit: 60 Minuten

Dieses Dressing eignet sich besonders für Vogerl- oder Schnittsalat.

Preiselbeer-Topfendip

ZUTATEN

150 g Preiselbeermarmelade
200 g Topfen
2 EL Milch
1 EL Honig
Salz, Pfeffer
Chili nach Geschmack

ZUBEREITUNG

• Alle Zutaten mit dem Mixstab zu einer feinen Creme mixen.

Dieser Dip passt besonders gut zu Süßem, z. B. Nuss- oder Marmorkuchen und zu Vollkornbiskotten.

Makrelendip

ZUTATEN

1 weiße Zwiebel
3 Gewürzgurken
5 grüne Oliven, entkernt
250 g Makrelenfilet (Sgombri)
1 EL Olivenöl
4 EL Sauerrahm
1 Limette (Saft)
1 TL weißer Balsamicoessig
Salz, Pfeffer

ZUBEREITUNG

• Die Zwiebel abziehen und gemeinsam mit den Gewürz-gurken und Oliven in feine Würfel schneiden.
• Die Makrelenfilets grob zerteilen und mit dem Olivenöl, dem Sauerrahm, dem Limettensaft und dem Balsamicoessig zu einer feinen Creme mixen.
• Nun die Zwiebel-, Gewürzgurken- und Olivenwürfel untermischen und mit Salz und Pfeffer abschmecken.
Zubereitungszeit: ca. 15 Minuten

Dieser Dip schmeckt gut zu italienischen Panini.

Räucherlachsdip

ZUTATEN

200 g Räucherlachs
200 g Doppelrahmfrischkäse
50 ml Sauerrahm
50 ml Joghurt
½ Limette (Saft)
1 Zweig Dill, fein gehackt
Pfeffer

ZUBEREITUNG

• Den Räucherlachs in sehr feine Würfel schneiden.
• Mit Käse, Sauerrahm, Joghurt und Limettensaft mischen, mit Pfeffer abschmecken und mit Dill bestreuen.
• Auf Toastbrot servieren.
Zubereitungszeit: ca. 15 Minuten

Knuspriges Baguette

ZUTATEN

450 g Dinkelmehl weiß (Type 480)
250 ml Wasser, lauwarm
50 ml Milch, lauwarm
1 Pkg. Trockengerm
1 EL Olivenöl
1 TL Salz
½ TL Zucker
Backpapier

ZUBEREITUNG

• Den DG bzw. Kombi-DG auf 40° C vorheizen. Das Backrohr auf 220° C Umluft einschalten.
• Das Dinkelmehl mit Trockengerm, Zucker und Salz am besten in einer Küchenmaschine vermischen. Nun das lauwarme Wasser, das Olivenöl und die Milch lang-sam zufügen und ca. 5 Minuten durchkneten.
• Ein ungelochtes Garblech mit Backpapier belegen.
• Auf einer bemehlten Arbeitsfläche den Teig dritteln und jeden Teil leicht auswalken, dann wie einen Stru-del einrollen. (So erhält man eine schöne Baguette-form.) Nun die Baguettes auf das vorbereitete Gar-blech legen, dabei ausreichend Platz zwischen den Teigstücken lassen. Bei 40° C 30 Minuten gehen lassen.
DG: Auf 100° C aufheizen und die Baguettes 10 Minu-ten anbacken. Im Backrohr: bei 220° C weitere 10 Minuten Farbe nehmen lassen.
Kombi-DG: Auf 220° C Kombidampf einstellen und die Baguettes 10 Minuten garen. Danach auf 220° C tro-ckene Hitze umstellen und in weiteren 10 Minuten fertig backen.
Zubereitungszeit: ca. 20 Minuten, Garzeit: 50 Minuten

Das sonst übliche Bepinseln der Baguettes mit Wasser entfällt, weil man ohnehin mit Dampf arbeitet.

Herzhaftes Dinkelvollkornbrot

ZUTATEN

300 g Dinkelvollkornmehl

300 ml Wasser, lauwarm

150 g Dinkelgrieß

100 g Hanfkörner, geschält (oder Sesam)

20 g Zucker

1 Pkg. Trockengerm

1 Eidotter, verschlagen

1 TL Olivenöl

1 TL Salz

½ TL Brotgewurz

Backpapier

ZUBEREITUNG

• Den DG bzw. Kombi-DG auf 40° C vorheizen.

• Das Salz und das Brotgewürz mit dem Wasser 5 Minuten erwärmen.

• Mehl und Grieß in eine Rührschüssel (einer Küchenmaschine) geben und die Trockengerm dazugeben. Das warme Gewürzwasser, Zucker und Olivenöl beimengen und die Masse mit dem Knethaken zu einem elastischen, aber noch klebrigen Teig rühren.

• Auf ein mit Backpapier belegtes ungelochtes Garblech geben und im DG bzw. Kombi-DG bei 40° C (Dampf) ca. 30 Minuten gehen lassen.

DG: Auf 100° C aufheizen, gleichzeitig das Backrohr auf 220° C Umluft einschalten.

Kombi-DG: Auf 100° C aufheizen.

• Den Teig auf eine bemehlte Arbeitsplatte geben und mit den Händen zu einem Rechteck formen. Die beiden kurzen Seiten nach innen schlagen und den Teig wie einen Strudel aufrollen.

• Den Brotteig zurück auf das mit Backpapier ausgelegte Garblech legen. Mit einem scharfen Messer einen Längsschnitt in das Brot machen, mit dem Eidotter bestreichen. Den Hanf darüberstreuen. Den Teig nochmals im DG bzw. Kombi-DG 10 Minuten bei 100° C gehen lassen.

Den Kombi-DG auf 220° C trockene Hitze aufheizen.

Backrohr: Bei 200° C 20 Minuten backen.

Kombi-DG: bei 220° C trockener Hitze 20 Minuten backen.

Zubereitungszeit: ca. 20 Minuten, Garzeit: 50 Minuten

Hanf-Kleingebäck

ZUTATEN

500 g Vollkorndinkelmehl	
1 Pkg. Trockenhefe	
Salz	
⅜ l lauwarme Milch	
1 EL Öl	

KRUSTE

50 g lauwarme Milch	
50 g Biohanfnüsse, geschält	

ZUBEREITUNG

• Den DG auf 40° C vorheizen.

• Backrohr auf 190° C vorheizen.

• Dinkelmehl, Trockenhefe und Salz mischen, mit der Milch zu einem homogenen Teig kneten. Aus dem Teig gleichmäßige, kleine Laibchen (ca. 60 g pro Stück) formen, auf ein geöltes Garblech legen. Mit der lauwarmen Milch bestreichen und mit den Hanfnüssen bestreuen.

• Ca. 30 Minuten bei 40° C im DG gehen lassen. Danach schiebt man das Gebäck in das Backrohr und bäckt es bei 190° C in 20 Minuten fertig.

Zubereitungszeit: ca. 20 Minuten, Garzeit: 50 Minuten

Burgerbrötchen

ZUTATEN

500 g Dinkelvollkornmehl	
220 ml Wasser, lauwarm	
100 ml Milch, lauwarm	
100 g Hanfsamen, geschält	
50 g Trockengerm	
1 EL Haferflocken	
1 TL Hanföl	
1 TL Salz	

ZUBEREITUNG

• Den DG bzw. Kombi-DG auf 40° C vorheizen. Das Backrohr auf 220° C Umluft einschalten.

• Das Dinkelmehl mit der Trockengerm und dem Salz vermischen (am besten in einer Küchenmaschine). Nun Wasser und 80 ml lauwarme Milch langsam zufügen und ca. 5 Minuten durchkneten.

• Ein ungelochtes Garblech mit Hanföl auspinseln und den Teig bei 40° C ca. 30 Minuten im DG bzw. Kombi-DG gehen lassen, bis sich das Volumen verdoppelt hat.

• Danach den Teig auf einer bemehlten Arbeitsfläche in 10 gleiche Stücke teilen. Diese mit der Hand zu Kugeln schleifen (formen), wieder auf das Blech legen. Mit der restlichen Milch bestreichen und den geschälten Hanfsamen sowie die Haferflocken darüberstreuen. Nun die Kugeln im DG bzw. Kombi-DG bei 40° C weitere 15 Minuten gehen lassen (das Volumen verdoppelt sich nochmals).

DG: Auf 100° C erhitzen und die Brötchen 25 Minuten dämpfen. Im vorgeheizten Backrohr bei 200° C 10 Minuten Farbe nehmen lassen.

Kombi-DG: Auf 220° C Kombidampf einstellen und die Brötchen 10 Minuten garen. Danach auf 220° C trockene Hitze umstellen und in weiteren 10 Minuten fertig backen.

Zubereitungszeit: ca. 20 Minuten, Garzeit: 55 Minuten

Semmeln selbst gemacht

ZUTATEN

500 g Weizenmehl (glatt)
210 ml Wasser, lauwarm
70 ml Milch, lauwarm
7 g Trockengerm
1 TL Feinkristallzucker
1 TL Salz
1 Eiklar

ZUBEREITUNG

• Den DG bzw. Kombi-DG auf 40° C vorheizen.

• Die lauwarme Milch mit Trockengerm, Wasser, Zucker, Salz und der halben Mehlmenge vermischen und zu einem schmierigen Teig verkneten. Im DG bzw. Kombi-DG gehen lassen, bis sich das Volumen verdoppelt hat.

• Dann das restliche Mehl beifügen, alles zu einem geschmeidigen Teig kneten und nochmals im DG bzw. Kombi-DG 10 Minuten gehen lassen.

• Danach wieder kneten und in 60-g-Stücke teilen. Daraus Semmeln formen und auf einem mit Backpapier belegten Garblech erneut 10 Minuten gehen lassen. Mit dem Eiklar bestreichen.

Den DG auf 100° C und das Backrohr auf 200° C vorheizen.

Den Kombi-DG auf 160° C Kombidampf vorheizen.

DG: Bei 100° C 10 Minuten dämpfen. Danach im Backrohr bei 200° C 12 Minuten Farbe nehmen lassen.

Kombi-DG: Bei 160° C Kombidampf 6 Minuten backen, dann auf 200° C Trockenhitze umschalten und in weiteren 14 Minuten fertig backen.

Es lohnt sich, gleich eine größere Menge zu produzieren. Dazu wie folgt vorgehen:

DG: Bei 100° C 8 Minuten dämpfen und im Backrohr bei 200° C 5 Minuten anbacken, herausnehmen und abkühlen lassen.

Kombi-DG: Bei 160° C 10 Minuten anbacken.

• Die Semmeln auf dem Blech belassen und tiefkühlen. Am nächsten Tag die Gebäckstücke vom Blech nehmen und in eine Papiertüte füllen.

Bei Verwendung die tiefgekühlten Semmeln aufbacken:

Backrohr: Semmeln mit Wasser bestreichen und bei 200° C 10 Minuten backen.

Kombi-DG: Bei 160° C Kombidampf 4 Minuten backen, dann auf 220° C umschalten und in 6 Minuten fertig backen.

Zubereitungszeit: ca. 35 Minuten, Garzeit: 32 Minuten

BABY & KIND

Gemüse-Kartoffel-Fleischbrei

ZUTATEN

AB DEM 5. LEBENSMONAT

50 g Kartoffeln

100 g Gemüse, z. B. Karotten,
Zucchini, Kohlrabi, Fenchel,
Kürbis, Pastinaken, Brokkoli

20 g mageres Fleisch

2–3 EL Obstsaft

5 g Baby-Beikostöl mit Hanföl

ZUBEREITUNG

• Den DG auf 100° C vorheizen.

• Das Fleisch von Haut und Sehnen befreien und in kleine Stücke schneiden. Das Gemüse und die Kartoffeln schälen und in grobe Stücke schneiden.

• Das Fleisch auf ein ungelochtes und das Gemüse mit den Kartoffeln auf ein gelochtes Garblech geben.

Wichtig: Das Gemüse kommt in den mittleren Einschub und das Fleisch darunter. So tropft der Gemüsedampf auf das Fleisch und es bleiben auch wirklich alle Vitamine und Nährstoffe erhalten.

• Alles im DG bei 100° C 12 Minuten dämpfen. Danach gemeinsam mit Obstsaft und Baby-Beikostöl sowie mit dem entstandenen Fleischfond fein mixen.

ZUBEREITUNGSZEIT: ca. 15 Minuten, GARZEIT: 12 Minuten

Tipp

Als mageres Fleisch verwenden Sie am besten Bio-Rindfleisch, Bio-Geflügel oder Bio-Kaninchenfleisch. Kaninchen ist sehr mager und enthält auch zwei bis drei Mal mehr Eisen als anderes Fleisch, außerdem ist es cholesterinarm und es hat einen niedrigen Puringehalt.

Gemüsebrei mit Ei

ZUTATEN

AB DEM 5. LEBENSMONAT

80 ml heißes,
abgekochtes Wasser

50 g Karotten

40 g Kartoffeln

20 g Sellerie

1 Ei

ZUBEREITUNG

• Das Gemüse putzen und in kleine Würfel schneiden.

• Das Gemüse in ein ungelochtes Garblech geben und mit dem rohen Ei vermischen.

• Im DG bei 100° C 8 Minuten dämpfen. Alles mit dem heißen Wasser in einem Mixer pürieren.

ZUBEREITUNGSZEIT: ca. 10 Minuten, GARZEIT: 8 Minuten

Getreide-Obstbrei

ZUTATEN

AB DEM 6.–8. LEBENSMONAT

20 g Vollkorn-Getreideflocken
(z. B. Haferflocken)

90 g Wasser

100 g Obstpüree oder -saft
(Vitamin-C-reich)

5 g Baby-Beikostöl mit Hanföl

ZUBEREITUNG

• Den DG auf 100° C vorheizen.

• Das Wasser mit den Getreideflocken in eine ungelochte Garschale geben und bei 100° C 1 bis 2 Minuten dämpfen. Das Obstpüree und das Baby-Beikostöl zugeben und vermengen. (Natürlich könnte auch der Obstbrei gedämpft werden, was aber nicht notwendig ist. Je weniger ein Lebensmittel verarbeitet wird, desto besser die Qualität.)

ZUBEREITUNGSZEIT: ca. 10 Minuten, GARZEIT: 2 Minuten

Tipp

Der Dampfgarer eignet sich auch zum Sterilisieren von Gegenständen wie z. B. Babyfläschchen und Schnuller.

Gemüse-Nudel-Fischbrei

ZUTATEN

AB DEM 5. LEBENSMONAT

90 g Karotten und Zucchini

16 g Nudeln

24 g Wasser (für die Nudeln)

20 g Wildlachsfilet

30 g Orangensaft

8 g Baby-Beikostöl mit Hanföl

ca. 36 g Wasser bei Bedarf

ZUBEREITUNG

• Den DG auf 100° C vorheizen.

• Den Fisch in kleine Würfel schneiden und auf ein ungelochtes Gar-blech geben. Die Karotten schälen und in feine Würfel schneiden. Die Zucchini in grobe Würfel schneiden. Das Gemüse auf ein gelochtes Garblech geben. Die Nudeln in einem ungelochten Garbehälter mit dem Wasser bedecken und für 16 Minuten bei 100° C in den DG geben.

• Nach 8 Minuten den Fisch und das Gemüse in den DG dazugeben. Die richtige Anordnung im Dampfgarer:

. Oberster Einschub, auf dem Rost – die Nudeln

. Mittlerer Einschub – das Gemüse

. Unterster Einschub – der Fisch

So tropft der Gemüsedampf auf den Fisch, alle Vitamine und Nähr-stoffe bleiben erhalten.

• Alles zusammen bei 100° C noch 8 Minuten dämpfen.

• Die Nudeln zwischenzeitlich ein Mal umrühren.

• Danach alles mit der Flüssigkeit aus der Fischgarschale, dem Orangensaft und dem Baby-Beikostöl fein mixen.

Bei Bedarf noch etwas Wasser zugeben.

ZUBEREITUNGSZEIT: ca. 15 Minuten, GARZEIT: 24 Minuten

Fröhliches Frühstücksallerlei vom Bauernhof

ZUTATEN

1 Kartoffel, gekocht
3 EL Gemüse, gekocht
2 EL Schinkenwürfel
1 großes Ei
1 EL Schlagobers
Salz, Pfeffer
Schnittlauch, Petersilie

ZUBEREITUNG

• Den DG auf 100° C vorheizen.

• Die Kartoffel in Scheiben, das Gemüse in Würfel schneiden.

• Alles zusammen mit den Schinkenwürfeln in einen Suppenteller geben. Mit Salz, wenig Pfeffer, Schnittlauch und Petersilie würzen.

• Das Ei mit dem Schlagobers in einer Tasse verrühren und salzen. Nun das Eiergemisch über den Inhalt im Suppenteller leeren.

• Den Teller in den DG geben und bei 100° C 8 Minuten dämpfen. Fertig ist das kraftgebende Frühstück wie am Bauernhof!

ZUBEREITUNGSZEIT: ca. 15 Minuten, GARZEIT: 8 Minuten

Rote Schmetterlinge

ZUTATEN

150 g Farfalle
(„Schmetterling"-Nudeln)
400 g Tomatenwürfel (Dose)
1 kleiner Zucchini
1 Zwiebel
2 EL Olivenöl
1 Knoblauchzehe, gehackt
Salz, Pfeffer, Oregano
frischer Parmesan

ZUBEREITUNG

• Den DG auf 100° C vorheizen.

• Die Farfalle in einen ungelochten Garbehälter geben, mit Wasser bedecken und im DG bei 100° C laut Zeitangabe auf der Packung kochen. Ein Mal umrühren.

• Die Zwiebel fein schneiden und in einem Topf mit dem Öl anbraten. Nun die Tomatenwürfel dazugeben und 2 Minuten zugedeckt kochen. Mit Salz, Pfeffer, dem fein gehackten Knoblauch und Oregano würzen. Zum Schluss die Zucchini putzen, fein raspeln und in die Sauce geben.

• Die Farfalle abseihen und mit der Sauce anrichten. Mit frisch geriebenem Parmesan bestreuen.

ZUBEREITUNGSZEIT: ca. 15 Minuten, GARZEIT: 12 Minuten

Fischstreifen am Erbsenreishügel

ZUTATEN

1 Zanderfilet

80 g Langkornreis

160 ml Wasser

3 EL Erbsen (TK)

2 EL Butter

Salz, Pfeffer, Zitronensaft

ZUBEREITUNG

• Den DG auf 100° C vorheizen.

• Den Reis mit den Erbsen in einen ungelochten Garbehälter geben. Mit 160 ml Wasser bedecken und 35 Minuten bei 100° C dämpfen.

• Das Fischfilet in breite Streifen schneiden, mit Salz, Pfeffer und einem Spritzer Zitronensaft würzen und auf ein ungelochtes Garblech geben. Im DG bei 100° C die letzten 5 Minuten mit dem Erbsenreis mitdämpfen.

• Zum Schluss die Butter und etwas Salz unter den Erbsenreis rühren. Mit dem Erbsenreis einen „Hügel" bauen und die Fischstreifen rundherum legen.

ZUBEREITUNGSZEIT: ca. 15 Minuten, GARZEIT: 35 Minuten

Hühnerschlangen mit Eier-Reisgemüse

ZUTATEN

250 g Hühnerbrust
80 g Basmatireis
½ Paprika rot
½ Paprika grün
½ Zucchini
1 Ei
Salz, Pfeffer

2 Holzspieße

ZUBEREITUNG

• Den DG auf 100° C vorheizen.

• Das Hühnerfleisch abspülen und trocken tupfen. Danach in Streifen schneiden und wellenförmig auf Holzspieße stecken.

• Den Reis laut Zeitangabe auf der Packung im DG in einer ungelochten Garschale bei 100° C dämpfen.

• Von den Paprika den Deckel abnehmen und die Kerne sowie die Trennwände ausschneiden. Paprika in kleine Würfel schneiden, den Zucchini fein raspeln.
Das Gemüse mit dem Reis vermischen und das Ei unterziehen.

• Das Fleisch salzen und pfeffern, auf eine ungelochte Garschale geben und gemeinsam mit dem Reis im DG bei 100° C weitere 8 Minuten dämpfen.
ZUBEREITUNGSZEIT: ca. 15 Minuten, GARZEIT: 30 Minuten

Frankfurter im Schlafrock

ZUTATEN

1 Paar Frankfurter

2 daumenbreite
Streifen Blätterteig

1 Ei

1 TL Ketchup

ZUBEREITUNG

• Den DG auf 95° C vorheizen.

• Die Würstchen in je zwei Teile teilen. Die Blätterteigstreifen mit
Ketchup einreiben und mit der Ketchupseite (innen) schräg über die
Würstchen wickeln.

• Auf ein ungelochtes Garblech legen, mit verquirltem Ei bestreichen
und im DG bei 95° C 18 Minuten dämpfen.

• Dazu passt das Lieblingsgemüse!

ZUBEREITUNGSZEIT: ca. 15 Minuten, GARZEIT: 18 Minuten

Knabberwürstchen im Pizzateig

ZUTATEN

1 Paar Frankfurter

100 g Pizzateig

ZUBEREITUNG

• Den DG auf 95° C vorheizen.

• Die Würstchen an jedem Ende zwei Mal einschneiden. Den ausgerollten
Pizzateig in Streifen schneiden.

• Die Würstchen mittig und auf das untere Ende vom Teig legen, einrollen,
sodass die eingeschnittenen Wurtsenden hervorschauen.

• Die Knabberwürstchen im DG bei 95° C 18 Minuten dämpfen.

• Dazu passt, je nach Vorliebe, buntes Gemüse.

ZUBEREITUNGSZEIT: ca. 15 Minuten, GARZEIT: 18 Minuten

SÜSSES

Germknödel

ZUTATEN

500 g Mehl

Zitronenschale, gerieben

1 Pkg. Trockengerm

ca. 250 ml Milch

50 g Zucker

1 Pkg. Vanillezucker

80–100 g Butter

1 Prise Salz

3 Eidotter

12 EL Powidl

2 EL Rapsöl

100 g Mohn, gerieben

50 g Staubzucker

200 g Butter

ZUBEREITUNG

• Den DG auf 40° C vorheizen.

• Die Milch mit Zucker, Vanillezucker, Butter, Salz im DG 5 Minuten erwärmen, die Eidotter unterrühren.

• Zum Mehl die Zitronenschale hinzugeben und mit der Trockengerm vermischen.

• Das Milchgemisch langsam in das Mehl einrühren und zu einem feinen Teig schlagen (bis er sich vom Rand löst).

• Teig zugedeckt ca. ½ Stunde rasten lassen, danach noch einmal durchkneten, ausrollen und in 12 gleichmäßige Stücke schneiden. In die Mitte einen Esslöffel Powidl setzen und den Teig zu einer Kugel schleifen.

• Nochmals im DG 15 Minuten gehen lassen. Danach den DG auf 100° C aufheizen und die Germknödel auf leicht geöltem, gelochtem Blech ca. 15 Minuten dämpfen.

• Mohn mit Staubzucker vermischen, die Germknödel damit bestreuen und mit zerlassener Butter beträufeln.

ZUBEREITUNGSZEIT: ca. 25 Minuten, GARZEIT: 15 Minuten
RASTZEIT TEIG: 30 Minuten

Grießflammeri mit Schokosauce

ZUTATEN

250 ml Milch

2–3 EL Zucker

40 g Grieß

Salz

Orangenschale

Zitronenschale

2–3 Blätter Gelatine

200 ml Schlagobers

30 g Staubzucker

Butter und Kristallzucker
　für die Förmchen

SCHOKOSAUCE

100 g Milchschokolade

1 EL Rapsöl

VARIANTE MIT FRUCHTSAUCE

250 g Himbeeren

1 ½ EL Zucker

1 EL trockener Rotwein
　(oder roter Fruchtsaft)

3 EL Schlagobers

ZUBEREITUNG

• Milch mit Zucker in einer ungelochten Garschale 5 Minuten im DG bei 100° C dämpfen und den Grieß einrühren. Mit einer Prise Salz, etwas Orangen- und Zitronenschale abschmecken.

• Die Grießmasse bei 85° C weitere 10 Minuten quellen lassen.

• Eingeweichte und gut ausgedrückte Gelatine in der warmen Grießmasse auflösen und Masse abkühlen bzw. leicht stocken lassen.

• Währenddessen Obers halbsteif schlagen, mit dem Staubzucker vermischen und locker nach und nach unter die Grießmasse rühren.

• Die Masse in gut gebutterte und mit Zucker ausgestreute Formen (Dariolförmchen) füllen und über Nacht kalt stellen.

• Vor dem Stürzen den Flammeri mit einem scharfen Messer vom Rand lösen.

• Für die Sauce Schokoladestücke in eine Kaffeetasse geben, mit Frischhaltefolie abdecken und im DG bei 75° C erwärmen. Mit Rapsöl glatt rühren.

• Sauce dekorativ über den in der Tellermitte platzierten Flammeri geben.

ZUBEREITUNGSZEIT: ca. 25 Minuten, GARZEIT: 15 Minuten

• Die Himbeeren verlesen, fein zerdrücken und im DG bei 80° C 3 Minuten erwärmen. Mit dem Zucker und dem Wein verrühren, bis sich der Zucker aufgelöst hat, das Schlagobers untermischen.

Marillenknödel

ZUTATEN

8 Marillen

8 Stück Würfelzucker, halbiert

TEIG

250 g Magertopfen (fein)

70 g Dinkelgrieß

70 g Dinkelmehl (griffig)

70 g Butter, zerlassen

1 Ei

Salz

BUTTERBRÖSEL

100 g Butter

200 g Semmelbrösel

50 g Zucker

ZUBEREITUNG

• Die Zutaten für den Teig gut vermischen und mit der Hand so lange kneten, bis er geschmeidig ist. Anschließend mindestens 2 Stunden kühl rasten lassen.

• Herausnehmen, portionieren und mit einer ½ Marille und einem ½ Stück Würfelzucker füllen. Mit nassen Händen Knödel formen.

• Marillenknödel auf eine gelochte Garschale geben und im auf 100° C vorgeheizten DG 16 Minuten dämpfen.

• In einer Pfanne Butter heiß werden lassen, Semmelbrösel und Zucker dazugeben. Die Mischung nur leicht bräunen.

ZUBEREITUNGSZEIT: ca. 25 Minuten, GARZEIT: 16 Minuten
RASTZEIT TEIG: 2 Std.

Tipp

Der Teig lässt sich gut am Vortag zubereiten und über Nacht im Kühlschrank aufbewahren.

Hirse-Kaiserschmarren

ZUTATEN

60 g Hirse

120 ml Wasser

120 g Dinkelmehl

400 ml Milch

1 TL Salz

20 g Rosinen

6 Eier

2 EL Butter

ZUBEREITUNG

• Den DG bzw. Kombi-DG auf 100° C vorheizen.

• Die Goldhirse erst heiß, dann kalt abschwemmen. Danach in einen ungelochten Garbehälter geben, mit Wasser auffüllen und 15 Minuten dämpfen.

• Backrohr auf 200° C Umluft / Kombi-DG auf 220° C trockene Hitze vorheizen.

• Die gedämpfte Hirse und Dinkelmehl mit Milch verrühren und 15 Minuten quellen lassen.

• Nun das Salz sowie die Rosinen unterrühren und die Eier locker unterheben (nicht verschlagen). In einer Pfanne (mit hitzebeständigem Griff) die Butter erhitzen, die Masse einfüllen.

• Im Backrohr bzw. Kombi-DG bei 220° C 20 Minuten backen.

ZUBEREITUNGSZEIT: ca. 20 Minuten, GARZEIT: 50 Minuten

Tipp

Dazu passen entweder Wildpreiselbeermarmelade oder Apfelmus.

Bananensoufflé

ZUTATEN

400 g Bananen

4 Eier

80 g Butter

40 g Staubzucker

2 Zitronen (Saft)

1 cl Rum

2 g Vanillezucker

50 g Hanfsamen, geschält und geröstet (oder Mandelsplitter)

1 EL Stärkemehl

90 g Zucker

2 EL flüssige Butter

Kristallzucker zum Ausstreuen

ZUBEREITUNG

• Den DG auf 90° C vorheizen.

• Den Kombi-DG auf 180° C Kombidampf vorheizen.

• Souffléförmchen mit flüssiger Butter ausstreichen und mit Zucker ausstreuen.

• Die Eier trennen, die Butter mit Staubzucker schaumig rühren, die Eidotter einzeln dazugeben. Bananen pürieren, mit Zitronensaft, Rum, Vanillezucker, Hanfkörnern und Stärkemehl verrühren und unter die Eidottermasse mengen. Eiklar mit Zucker zu Schnee schlagen und unterheben.

• Die Förmchen zu zwei Drittel mit der Soufflémasse befüllen und auf ein ungelochtes Garblech stellen.

DG: Förmchen mit Alufolie zudecken und bei 90° C 25 Minuten dämpfen.

Kombi-DG: Förmchen (nicht zugedeckt) bei 180° C Kombidampf 20 Minuten garen.

• Zum Servieren aus den Förmchen stürzen und noch warm servieren.

ZUBEREITUNGSZEIT: ca. 20 Minuten, **GARZEIT:** 25 Minuten

Marillentiramisu im Glas

ZUTATEN

500 g Mascarpone

250 g Marillen

200 g Biskotten

100 g Kristallzucker

100 ml Schlagobers

100 ml Kaffee, kalt

30 g Staubzucker

3 cl Marillenlikör

Kakao zum Bestreuen

ZUBEREITUNG

• Den DG bzw. Kombi-DG auf 100° C vorheizen.

• Die Marillen entkernen, mit der Schnittfläche in den Staubzucker tauchen und auf ein ungelochtes Garblech legen. Bei 100° C 12 Minuten dämpfen.

• 50 g Kristallzucker in einem Topf erhitzen, bis er karamellisiert, die halbe Menge der gedämpften Marillen dazugeben, mit dem Marillenlikör ablöschen.

• Das Schlagobers aufschlagen und kühl stellen. Den Mascarpone mit dem restlichen Zucker aufschlagen und mit dem geschlagenen Obers vermengen. Diese Creme in einen Spritzsack füllen.

• Ein Whiskey- oder Weinglas erst mit etwas Creme füllen, die Biskotten in Kaffee tränken und auflegen. Nun das Marillenmus darübergeben.

• Diesen Vorgang zwei Mal wiederholen. Die letzte Schicht mit Kakao bestreuen und die übrigen gedämpften Marillen auf die Gläser aufteilen.

ZUBEREITUNGSZEIT: ca. 20 Minuten, **GARZEIT:** 12 Minuten

Polentatarte mit Kirschen

ZUTATEN

FÜR EINE FORM MIT 24 OD. 26 CM Ø

200 g Maisgrieß

400 ml Milch

½ Vanilleschote

Salz

1 EL Sauerrahm

2 EL Butter für die Form

500 g Kirschen, entsteint

4 Eier

100 g Staubzucker

100 g Crème fraîche

250 ml Milch

1 Prise Zimt, gemahlen

4 cl Kirschwasser

80 g Vanillepuddingpulver

ZUBEREITUNG

• Den DG bzw. Kombi-DG auf 100° C vorheizen.

• Den Maisgrieß mit der Milch, dem Salz und dem ausgekratzten Vanille-mark in einen ungelochten Garbehälter geben. Bei 100° C im DG bzw. Kombi-DG 15 Minuten dämpfen.

• Danach die gedämpfte Polenta mit dem Sauerrahm vermengen und in eine befettete Tarteform drücken.

• Den Kombi-DG auf 220° C trockene Hitze aufheizen.

• Die Eier mit Staubzucker, Crème fraîche, Milch, etwas Zimt, Kirschwasser und Puddingpulver gut verrühren.

• Die entsteinten Kirschen auf den Polentaboden geben und mit der Eier-masse übergießen.

DG: Bei 100° C 45 Minuten dämpfen.

Kombi-DG: Bei 220° C trockene Hitze 25 Minuten backen.

ZUBEREITUNGSZEIT: ca. 20 Minuten, GARZEIT: 60 Minuten

Topfenknödel mit Erdbeersauce

ZUTATEN

250 g Topfen

80 g Grieß

130 g Butter, zimmerwarm

2 Eier

60 g Semmelbrösel

2 EL Kristallzucker

1 EL Dinkelmehl

250 g Erdbeeren

50 g Staubzucker

100 ml Sauerrahm

Zitronensaft

ZUBEREITUNG

• Alle Zutaten für den Topfenteig verrühren und diesen mindestens 15 Minuten im Kühlschrank rasten lassen.

• Den DG auf 100° C vorheizen.

• Nun mit nassen Händen die Knödel formen, diese auf ein gelochtes Garblech geben.

• Bei 95° C 15 Minuten dämpfen.

• Für die Fruchtsauce alle Zutaten mixen und durch ein Sieb streichen.

• Die Sauce auf den Teller geben und die Topfenknödel daraufsetzen.

ZUBEREITUNGSZEIT: ca. 15 Minuten, GARZEIT: 15 Minuten
RASTZEIT TEIG: 15 Minuten

Tipp

Die ausgekühlten Topfenknödel zugedeckt in den Kühlschrank stellen. Bei Bedarf eine Portion Topfenknödel auf Tellern anrichten und mit Frischhaltefolie zugedeckt im vorgewärmten DG bei 95° C 5 Minuten regenerieren. Mit der Fruchtsauce servieren.

Milchrahmauflauf mit Vanillesauce

ZUTATEN

250 g Weißbrot oder Brioche
¼ l Milch
200 g Butter
160 g Staubzucker
1 Pkg. Vanillezucker
½ Zitrone
500 g Topfen
80 g Rosinen
¼ l Sauerrahm
6 Eier
Salz
80 g Kristallzucker
1 EL Butter für die Förmchen

1 Pkg. Strudelteig

VANILLESAUCE

100 g Zucker
2 Eidotter
1 Ei
½ Pkg. Vanillezucker
½ l Milch
20 g Honig

ZUBEREITUNG

• Das Weißbrot entrinden, in Würfel schneiden und mit der Milch beträufeln. Die zimmerwarme Butter mit Staubzucker, Vanillezucker und etwas geriebener Zitronenschale schaumig rühren. Nun den Topfen, die Rosinen und den Sauerrahm unterheben, die Eier trennen und die Dotter nach und nach mit den Weißbrotwürfeln unterheben.

• Das Eiklar mit einer Prise Salz aufschlagen und den Kristallzucker langsam einlaufen lassen. Den Schnee nicht zu steif, sondern eher schmierig schlagen. Jetzt Kaffeetassen oder Souffléförmchen mit der zerlassenen Butter ausstreichen. Den Strudelteig in gleichmäßige Vierecke schneiden. Diese in die Tassen legen, und die Teigspitzen etwas nach außen biegen. Die Topfenmasse einfüllen und mit den überhängenden Strudelblätterspitzen bedecken. Die Förmchen im vorgewärmten DG bei 100° C 35 Minuten dämpfen.

• Für die Vanillesauce Eidotter, Ei, Vanillezucker und die halbe Zuckermenge mit ca. $1/8$ l Milch verrühren. Die restliche Milch mit dem übrigen Zucker und dem Honig in einem Topf zum Kochen bringen. Nun die Eiermilch einrühren, die Hitze zurücknehmen und alles erhitzen, aber nicht mehr kochen. Von der Herdplatte nehmen und etwas nachziehen lassen.

ZUBEREITUNGSZEIT: ca. 35 Minuten, GARZEIT: 35 Minuten

 Tipp

Die Förmchen können nach dem Befüllen in den Kühlschrank gestellt werden, wo sie ohne Weiteres 3–4 Stunden bleiben können, um dann erst im DG verwendet zu werden.
Aber auch die fertigen Aufläufe kann man im DG, zugedeckt mit Frischhaltefolie, bei 80° C in 5 Minuten regenerieren.

Gedämpfter Nusskuchen

ZUTATEN

6 Eier
100 g Zucker
100 g Haselnüsse, gerieben
50 g Semmelbrösel
1 TL Rum

FÜR DIE FORM

50 g Butter, flüssig
80 g Semmelbrösel

ZUBEREITUNG

• Den DG auf 100° C vorheizen.

• Die Form mit der Butter ausstreichen und mit den Semmelbröseln ausstreuen.

• 50 g Semmelbrösel mit dem Rum vermengen. Die Eier trennen und das Eiklar mit dem Zucker sehr steif schlagen.

• Nun die Eidotter langsam in den Eischnee einrühren und zum Schluss die Rum-Semmelbrösel sowie die geriebenen Nüsse untermischen.

• Die Masse in die Form füllen und mit Frischhaltefolie zugedeckt im DG bei 100° C 45 Minuten dämpfen.

ZUBEREITUNGSZEIT: ca. 20 Minuten, GARZEIT: 45 Minuten

 Tipp

Den Kuchen mit Schokoglasur oder Zitronenglasur überziehen.

Apfelnockerln mit Butterbröseln

ZUTATEN

300 g Topfen

1 EL Staubzucker

1 TL Vanillezucker

Salz

1 Ei

1 Eidotter

2 EL Sauerrahm

40 g Dinkelgrieß (Weizengrieß)

1 Apfel

1 Stk. Zimtrinde

100 g Butter

150 g Semmelbrösel

1 EL Staubzucker

1 TL Vanillezucker

ZUBEREITUNG

• Den Topfen mithilfe eines Geschirrtuches gut ausdrücken (dazu Topfen in das Geschirrtuch geben und zusammendrehen). Den Topfen mit Zucker, Vanillezucker, einer Prise Salz, Ei und Dotter, Sauerrahm und Grieß gut vermengen und die Masse 1 Stunde im Kühlschrank ziehen lassen.

• Den Apfel schälen, vom Kerngehäuse befreien und grob raspeln. Apfelraspel ausdrücken und unter die Topfenmasse mischen.

• Den DG auf 100° C vorheizen. Für das Aroma die Zimtrinde in eine Garschale legen und in den untersten Einschub in den DG geben.

• Nun mit einem in Wasser getauchten Esslöffel gleichmäßige Nockerln ausstechen und diese auf ein gelochtes Garblech legen.

• Den DG auf 95° C zurückschalten und die Nockerln darin 12 Minuten dämpfen.

• In der Zwischenzeit für die Butterbrösel die Butter in einer Pfanne schmelzen und darin Semmelbrösel, Staubzucker und Vanillezucker langsam bräunen.

• Die fertigen Nockerln in dem Bröselgemisch wenden und mit Staubzucker bestreut servieren.

ZUBEREITUNGSZEIT: ca. 20 Minuten, GARZEIT: 12 Minuten
RASTZEIT TEIG: 60 Minuten

Tipp

Die Apfelnockerln erkalten lassen und zugedeckt in den Kühlschrank stellen.
Bei Bedarf eine Portion Apfelnockerln auf Tellern anrichten und mit Frischhaltefolie zugedeckt im DG bei 95° C 5 Minuten regenerieren.
Die Butterbrösel wie oben angegeben zubereiten und darüberstreuen.

Grießknödel auf Beerenragout

ZUTATEN

375 ml Milch

Salz

½ Zitrone (Schale)

200 g Weizengrieß

100 g Toastbrot

3 Eier

100 g Butter

2 EL Staubzucker

150 g Semmelbrösel

100 g Butter

1 EL Staubzucker

1 TL Vanillezucker

400 g gemischte Beeren (TK)

4 EL Staubzucker

ZUBEREITUNG

• Den DG auf 100° C vorheizen.

• Die Milch mit einer Prise Salz, abgeriebener Zitronenschale und dem Grieß im DG bei 100° C 20 Minuten dämpfen.

• Das entrindete Toastbrot in kleine Würfel schneiden, die Eier trennen. Butter und Zucker schaumig rühren, die Dotter nach und nach untermischen und mit der Grießmasse verrühren. Nun das Eiklar zu Schnee schlagen und mit den Brotwürfeln unter die Masse heben. Mit einer Frischhaltefolie zudecken und 1 Stunde im Kühlschrank ziehen lassen.

• Danach aus der Masse kleine Knödel formen und auf ein gelochtes Garblech legen.

• Die Knödel bei 95° C 15 Minuten dämpfen.

• In der Zwischenzeit für die Butterbrösel die Butter in einer Pfanne zum Schmelzen bringen und darin die Semmelbrösel mit dem Staubzucker und Vanillezucker langsam bräunen.

• Die Beeren mit dem Staubzucker bestreuen, ½ Stunde anziehen lassen und dann anrichten.

• Die Knödel auf das Beerenragout legen und mit Staubzucker bestreuen.

ZUBEREITUNGSZEIT: ca. 20 Minuten, **GARZEIT:** 35 Minuten
RASTZEIT INSGESAMT: 60 Minuten

Topfen-Polenta-Auflauf mit Marillensauce

ZUTATEN

250 g Topfen

4 Eier

1 Pkg. Vanillezucker

½ Zitrone (Schale)

150 g Sauerrahm

Salz

80 g Maisgrieß

30 g Rohrohrzucker

FÜR DIE FÖRMCHEN

2 EL Butter

2 EL Kristallzucker

180 g (getrocknete) Marillen

350 ml Wasser

3 EL Rohrohrzucker

Marillenlikör

ZUBEREITUNG

• Für die Marillensauce die getrockneten Marillen am Vortag in Wasser einweichen. (Bei frischen Marillen entfällt das Einweichen.)

• Den DG auf 100° C vorheizen.

• Die Marillen in einen ungelochten Behälter geben und bei 100° C 5 Minuten dämpfen.
Dann in einen Mixbehälter umleeren und mit dem Zucker und dem Marillenlikör mixen. Eventuell noch etwas Einweichwasser dazugeben.

• Für den Auflauf die Eier trennen. Topfen, Vanillezucker, geriebene Zitronenschale, Sauerrahm, eine Prise Salz und Maisgrieß glatt rühren und die Dotter nach und nach einarbeiten. Dariolförmchen oder Kaffeetassen mit Butter ausstreichen und mit Zucker ausstreuen.

• Die Eiklar mit dem Rohrohrzucker zu steifem Schnee schlagen und unter die Topfen-Polentamasse heben. Die Masse in die Förmchen füllen und im DG bei 95° C 25 Minuten dämpfen. Gemeinsam mit der Marillensauce anrichten.

ZUBEREITUNGSZEIT: ca. 20 Minuten, **GARZEIT:** 30 Minuten

Buchteln mit Karamell-Heidelbeeren

ZUTATEN

250 g weißes Dinkel-Kuchenmehl
(Type 700)

100 ml Milch

1 Msp. Salz

30 g Zucker

1 Pkg. (8 g) Bourbon-Vanillezucker

4 EL Cassis

1 Zitrone (Schale)

50 g Butter

1 Ei

3 Eidotter

1 Pkg. Trockengerm
(oder 21 g frische Germ)

2 EL Olivenöl

Backpapier

300 g Heidelbeeren

80 g brauner Zucker

3 EL Cassis

6 EL Wasser

ZUBEREITUNG

● Die Milch in einem Topf handwarm erwärmen und Salz, Zucker, Vanillezucker, Cassis, abgeriebene Zitronenschale und Butter hinzufügen. Ei und Eidotter verrühren und ebenfalls dazugeben.

● Nun die Milchmischung in einer Küchenmaschine mit Mehl und Trockengerm bzw. frischer Germ zu einem glatten Teig verkneten. Den Teig mit einem Geschirrtuch zudecken und an einem warmen Ort 30 Minuten gehen lassen.
Danach den Teig durchkneten und weitere 30 Minuten gehen lassen. Jetzt den Germteig nochmals kurz durchkneten und zu einer 5 cm dicken Rolle formen. Von der Rolle gleichmäßige Teile abstechen und mit dem Handballen zu Kugeln schleifen.

● Backpapier auf ein gelochtes Garblech geben und mit einer Schere Löcher in das Papier machen. Das Papier mit Olivenöl bestreichen und die Germteigkugeln mit etwas Abstand zueinander daraufsetzen. Weitere 10 Minuten zugedeckt gehen lassen.

● Danach die Buchteln im DG bei 95° C 40 Minuten dämpfen.
Fünf Minuten vor Garzeitende der Buchteln die Heidelbeeren waschen und auf Küchenpapier zum Antrocknen auflegen.

● In einer beschichteten Pfanne den braunen Zucker zu hellbraunem Karamell schmelzen lassen und mit Cassis und Wasser ablöschen. Unter Rühren den Karamell auflösen und etwas reduzieren lassen. Nun die Heidelbeeren darin schwenken und warmhalten.

● Die Buchteln aus dem DG nehmen, auf die Teller verteilen und mit den karamellisierten Heidelbeeren anrichten.

ZUBEREITUNGSZEIT: ca. 100 Minuten, GARZEIT: ca. 40 Minuten

Tipp

Die Milch ist dann handwarm, wenn Sie mit dem Finger in die erwärmte Milch tauchen und dabei keinen Temperaturunterschied feststellen.
Sollten Buchteln übrig bleiben, am nächsten Tag mit Heidelbeermarmelade verzehren!
Hier können Sie entweder Universalmehl Type 480 oder glattes Mehl Type 700 verwenden. Der Unterschied liegt im Ausmahlgrad: je höher die Typenzahl, desto feiner das Mehl. Für besonders flaumige Ergebnisse sorgt die höhere Typenzahl.

Kaiserschmarren AUS DEM KOMBI-DAMPFGARER

ZUTATEN

250 ml Milch
6 Eier
130 g glattes Mehl
2 EL Kristallzucker
1 EL Vanillezucker
1 Schuss Rum
etwas Zitronensaft
2 EL Rosinen
Salz
125 g Butter zum Backen
Staubzucker zum Bestreuen

ZUBEREITUNG

• Ein emailliertes (!) Gefäß im Kombi-DG bei 230° C heiß werden lassen.

• Alle Zutaten – außer den Eiern – zu einem glatten Teig verrühren. Die Eier werden nur kurz vor dem Eingießen des Teiges mit einer Gabel locker in die Milchmasse eingearbeitet. Dabei die Eier nicht „einschlagen", die Treibkraft der Eier würde verloren gehen.

• Nun die Butter in das heiße Gefäß geben, etwas zerlaufen lassen und den Kaiserschmarrenteig (mitsamt Eiern) einfüllen.

• Den Kombi-DG auf 200° C zurückschalten und den Kaiserschmarren 15 Minuten goldgelb backen.

• Zum Schluss den Schmarren mit 2 Gabeln zerreißen und nochmals 5 Minuten bei gleicher Temperatur zum Nachbacken in den DG schieben.

• Mit Staubzucker bestreut servieren. Dazu passen Apfelmus oder Preiselbeerkompott.

ZUBEREITUNGSZEIT: ca. 15 Minuten, GARZEIT: 20 Minuten

Tipp

Wenn Sie eine kleinere Menge Kaiserschmarren zubereiten wollen und eine Pfanne benutzen, diese zuerst auf der Herdplatte erhitzen, die Butter hineingeben und den Teig einfließen lassen. Danach die Pfanne in den Kombi-DG geben und den Schmarren bei 200° C fertig backen.

Milchreis mit frischen Früchten

ZUTATEN

250 g Rundkornreis

400 g frische Früchte nach Wahl
(z. B. Heidelbeeren, Himbeeren,
   Erdbeeren, Mango)

1 Zitrone (Schale + Saft)

1 l Milch

1 Msp. Salz

1 Vanilleschote

3 EL Staubzucker

200 ml Schlagobers

2 Zweige Zitronenmelisse (wenn
   vorhanden)

ZUBEREITUNG

• Von der Zitrone die Schale abreiben, den Saft der Zitrone auspressen und beiseite stellen. Die Milch mit dem Salz in einen ungelochten Garbehälter füllen. Das Vanillemark aus der Schote auskratzen und mit dem Reis und dem Zitronenabrieb in die Milch einrühren. Im DG bei 95° C 25 Minuten dämpfen.

• Währenddessen die Früchte waschen, wenn nötig, in kleinere Stücke zerteilen und in eine Schüssel geben. Den Staubzucker mit dem Zitronensaft verrühren, das Obst damit marinieren und zur Seite stellen.

• Den Milchreis aus dem DG nehmen und ausdämpfen lassen: so wird der Milchreis besonders cremig. Das Obers steif schlagen und unter den Milchreis heben. Mit den Früchten anrichten und mit Zitronenmelisse garnieren.

ZUBEREITUNGS- UND GARZEIT: ca. 35 Minuten

Gedämpfte Apfelstrudeltorte

ZUTATEN

FÜR EINE TORTENFORM 26 CM Ø

1 Pkg. Strudelteig (= 4 Blätter Strudelteig)

750 g Äpfel (säuerlich)

50 g Rosinen

2 EL Rum

1 Zitrone (Saft)

60 g Kristallzucker

1 Pkg. (8 g) Bourbon-Vanillezucker

50 g Walnüsse, gerieben

1 EL Zimt, gemahlen

1 Msp. Salz

130 g Butter

80 g Semmelbrösel

Staubzucker zum Bestreuen

ZUBEREITUNG

• Die gewaschenen Rosinen mit dem Rum vermengen und bis zum Gebrauch ziehen lassen. Die Äpfel schälen, das Kerngehäuse entfernen, blättrig schneiden. Sofort mit dem Zitronensaft beträufeln und mit den Rosinen samt Rum sowie mit Zucker, Vanillezucker, Walnüssen, Zimt und Salz vermischen.

• Nun 70 g Butter erwärmen und die Semmelbrösel darin goldgelb anrösten. Jetzt die restlichen 60 g Butter erwärmen und mit einem Teil davon die Tortenform ausstreichen.

• Ein Strudelblatt auf ein trockenes Küchentuch legen, mit der flüssigen Butter bestreichen, ein zweites Strudelblatt darauflegen und glatt streichen. Jetzt auf das untere Drittel zuerst die Butterbrösel streuen, dann die Apfelmasse darauf verteilen. Den Strudelteig seitlich einschlagen und mithilfe des Küchentuches einrollen. Nun den Strudel schneckenförmig in die vorbereitete Tortenform einlegen.

• Den Vorgang mit dem zweiten Strudel wiederholen, ebenso schneckenförmig eindrehen, und daneben, aber entgegengesetzt (wie „Yin Yang") in die Tortenform einlegen.

• Im DG bei 100° C 35 Minuten dämpfen.

• Wer es gerne knusprig hat, kann die Apfelstrudeltorte zum Schluss mit der Grillfunktion (Backrohr oder Kombi-DG) ca. 4 Minuten bräunen.

• Die Apfelstrudeltorte etwas überkühlen lassen, dann mit Staubzucker bestreut servieren.

ZUBEREITUNGSZEIT: ca. 35 Minuten
GARZEIT: 35 Minuten

Chai-Latte-Couscous mit Feigen

ZUTATEN

300 g Couscous

500 ml Gemüsebrühe

2 EL Honig

1 Msp. Salz

1 Vanilleschote

2 Teebeutel Chai (Indischer
   Gewürztee)

4 frische Feigen

200 ml Bio-Sojamilch

ZUBEREITUNG

• Couscous, Gemüsebrühe, Honig, Salz, Mark der Vanilleschote sowie die Teebeutel in eine ungelochte Garschale geben und im DG bei 100° C 10 Minuten dämpfen.

• Danach die Teebeutel entfernen.

• Währenddessen die Feigen waschen und in Scheiben schneiden. Die Sojamilch mithilfe eines Milchschäumers kräftig aufschäumen. Den gegarten Coucous mit der halben Menge der aufgeschäumten Sojamilch vermischen und in vier Teegläser füllen. Mit den Feigenstücken belegen. Zum Schluss die restliche Sojamilch darüber verteilen.

ZUBEREITUNGS- UND GARZEIT: ca. 20 Minuten

Mohnknödel mit Preiselbeerkompott

ZUTATEN

30 g Blaumohn, gemahlen

80 g Dinkelgrieß

250 g Topfen

125 ml Milch

1 EL brauner Zucker

1 Msp. Zimt

1 Ei

½ Pkg. (4 g) Bourbon-
Vanillezucker

1 Zitrone (Schale)

1 Msp. Salz

50 g Butter

200 g Preiselbeerkompott zum
   Garnieren

Staubzucker zum Bestreuen

ZUBEREITUNG

• Die Milch mit Mohn, Zucker und Zimt in einen ungelochten Garbehälter geben und im DG bei 95° C 5 Minuten dämpfen.

• Dann Dinkelgrieß, Topfen, Ei, Vanillezucker, Zitronenzesten und Salz in die Milch einrühren. Die Masse zugedeckt für 30 Minuten kühl stellen.

• Die Butter in einem Topf erwärmen und einen ungelochten Garbehälter ausstreichen. Mit nassen Händen aus der Masse Knödel formen und in den Garbehälter legen. Im DG bei 100° C 10 Minuten dämpfen.

• Währenddessen das Preiselbeerkompott auf Teller verteilen. Die Mohnknödel aus dem DG nehmen, mit Staubzucker bestreuen und dazu anrichten.

ZUBEREITUNGSZEIT: ca. 50 Minuten
GARZEIT: 10 Minuten

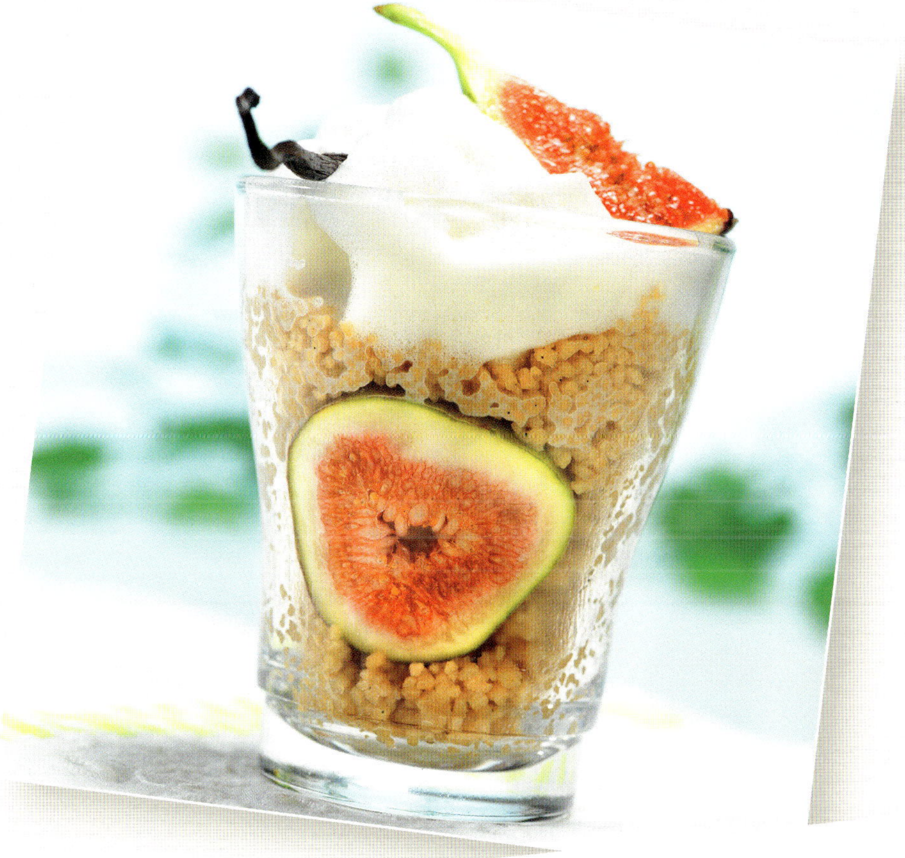

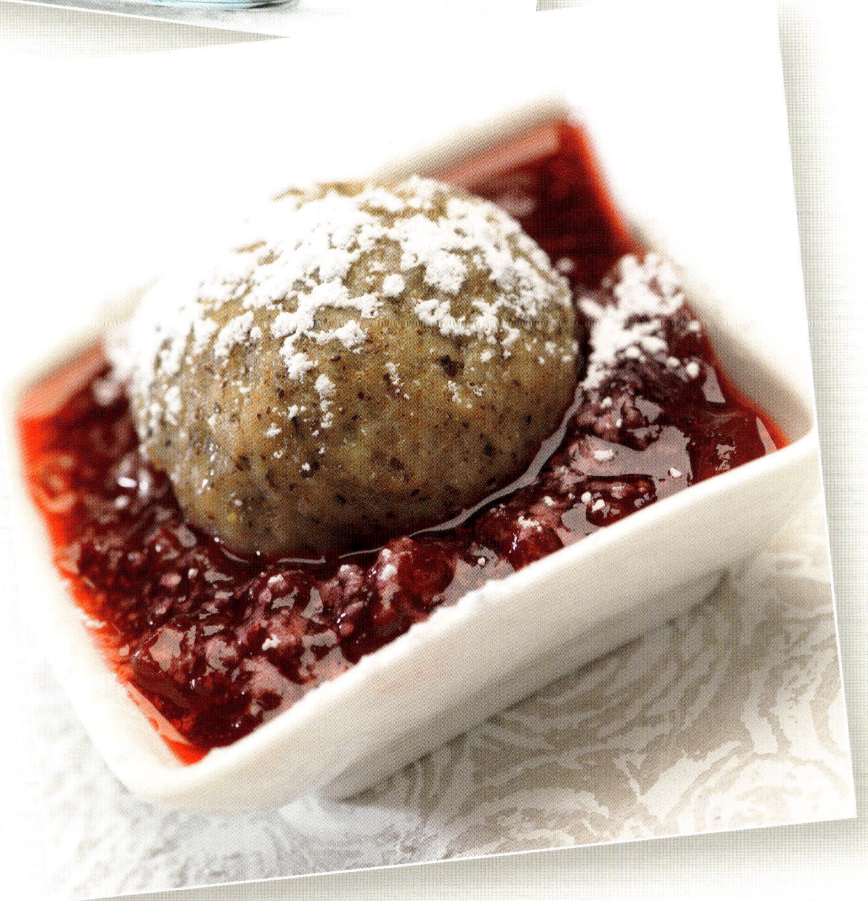

Ricotta-Tarte

ZUTATEN

FÜR EINE TORTENFORM MIT 26 CM Ø

350 g frische Pfirsiche

2 EL weiche Butter

50 g Kuchen- oder Semmelbrösel

500 g Ricotta

500 g Mascarpone

200 g Zucker

6 Eier

1 Zitrone (Schale)

4 EL Speisestärke

1 EL Rum

1 Msp. Salz

Staubzucker zum Bestreuen

ZUBEREITUNG

• Frische Pfirsiche waschen und auf ein gelochtes Garblech geben. Im DG bei 100° C 3 Minuten blanchieren. Danach sofort kalt abschrecken, entsteinen und die Haut abziehen.

Jetzt die Pfirsiche in Spalten schneiden und erneut auf einem gelochten Garblech im DG bei 100° C 15 Minuten dämpfen. Die Pfirsiche danach auskühlen lassen. (Verwendet man Dosenware, entfallen diese Arbeitsschritte).

• Eine Tarteform mit Butter ausstreichen und mit Kuchenbröseln bestreuen.

• Für die Tartemasse die Zutaten mit einem Kochlöffel verrühren (nicht mixen) und in die Form füllen. Die Pfirsichspalten drauflegen, mit Frischhaltefolie bedecken und im DG bei 100° C 60 Minuten dämpfen.

• Mit Staubzucker bestreut servieren.

ZUBEREITUNGSZEIT: ca. 35 Minuten

GARZEIT: 60 Minuten

Tipp

Statt frischer Pfirsiche können auch Pfirsichspalten aus der Dose verwendet werden. Die Früchte abgießen und gut abtropfen lassen. Die Flüssigkeit als Saft genießen.

Kuchenbrösel sind ganz leicht selbst gemacht: Etwa 20 Stück Biskotten in der Küchenmaschine mahlen. Oder die Biskotten in einen Tiefkühlbeutel füllen und mit dem Nudelholz zerdrücken.

Café brûlée

ZUTATEN

250 ml Milch

250 ml Schlagobers

1 Espresso

60 g Pistazien

1 EL Bourbon-Vanillezucker

90 g brauner Zucker

5 Eidotter

4 EL Butter, zimmerwarm

4 Souffléförmchen

ZUBEREITUNG

• Die Milch aufkochen und den Espresso dazugeben.

• Die Souffléförmchen mit der Butter ausstreichen.

• Vanillezucker mit 70 g Zucker und den Eidottern schaumig rühren. Die Pistazien hacken und die halbe Menge unter die Dottermasse mischen. Nun das Schlagobers steif schlagen und mit der Espressomilch in die Dottermasse rühren.

• Die Creme in die Förmchen füllen, diese auf ein ungelochtes Garblech geben und im DG bei 95° C 45 Minuten dämpfen. Anschließend kalt stellen.

• Vor Verwendung die Creme mit dem restlichen Zucker und den übrigen Pistazien bestreuen und mit dem Flambierbrenner karamellisieren. Sofort servieren.

ZUBEREITUNGSZEIT: ca. 25 Minuten

GARZEIT: 45 Minuten

Marmoriertes Schokosoufflé
mit Soft-Chilikern

ZUTATEN

100 g Zartbitterschokolade

60 g Zucker

1 Pkg. (8 g) Bourbon-
  Vanillezucker

2 Eier

1 Eidotter

100 g Topfen

80 g Dinkelkuchenmehl

1 Msp. Backpulver

2 EL Butter, zimmerwarm

4 EL Semmelbrösel

4 Stk. Chili-Schokolade

Frischhaltefolie

4 Dariolformen (oder Soufflé-
  formen)

ZUBEREITUNG

• Die Zartbitterschokolade in einen ungelochten Garbehälter geben, mit Frischhaltefolie bedecken und im DG bei 90° C 15 Minuten schmelzen lassen.

• Danach Zucker, Vanillezucker, Eier und Eidotter schaumig schlagen und den Topfen unterrühren. Das Dinkelmehl mit dem Backpulver vermischen und zur Ei-Topfen-Masse geben.

• Die flüssige Schokolade mit einem kleinen Löffel locker unterziehen, sodass ein schöner Marmoreffekt entsteht.

• 4 Dariolformen mit Butter ausstreichen und mit Semmelbröseln ausstreuen. Nun mithilfe eines Esslöffels Soufflémasse einfüllen und ein Stück Chilischokolade in die Mitte drücken, sodass diese zur Gänze bedeckt ist. Die Dariolformen auf den Gitterrost in den DG stellen und bei 90° C 25 Minuten dämpfen.

• Herausnehmen und gleich servieren.

ZUBEREITUNGSZEIT: ca. 35 Minuten
GARZEIT: 25 Minuten

Tipp

Sollten Sie dieses Dessert für Gäste vorbereiten wollen, geben Sie die Soufflés in den Dariolformen im ungedämpften Zustand für zumindest 7 bis 8 Stunden in den Tiefkühler.
Bei Bedarf direkt aus dem Tiefkühler bei 90° C 30 Minuten im DG dämpfen.

Die Kunst bei der Zubereitung eines Soufflés ist, dass sich der Teig im Dampfgarer über den Rand der Souffléform erhebt. Wenn das gelingt, hat das Soufflé genau die richtige Größe und eine zarte und lockere Konsistenz.

Register nach Kategorien

Suppen & Vorspeisen

Apfel-Sellerie-Suppe mit Selleriechip	237
Biskuitschöberl	31
Blätterteigröllchen gefüllt mit Avocadocreme	235
Brandteigkrapferl	31
Brokkoliflan mit Kressesauce	48
Bröselknödel	31
Cappuccino von der Süßkartoffel	227
Fenchelsalat, lauwarmer	42
Gemüse-Einkornsalat	32
Gemüse-Zartweizen-Salat	38
Grießschnitte	30
Hühnchenwrap mit Rucola und Tomatensalsa	36
Kichererbsensalat	44
Leberknödel	28
Moskau bei Nacht	50
Polentasuppe	28
Reissalat	40
Roter Reissalat, lauwarm, mit Cranberrys	48
Rucola mit Kartoffeldressing	42
Schafskäsewrap mit Sauerkrau	34
Schwarzwurzeln in Teecreme	46
Spargelsalat mit Tomatenvinaigrette	40
Süßsaurer Dinkelsalat	38
Thunfischwrap mit Joghurtsalsa	34
Tiroler Knödel	30
Tofu mit Balsamico-Tomatenaroma, Oliventapenade und Prosciutto	225
Tomaten, mit Quinoa gefüllte	32

Hauptspeisen – Vegetarisch

Asia-Nudeln mit Linsenbällchen	95
Bärlauchknödel auf buntem Rieslinggemüse	71
Berglinsenknödel	93
Blattspinat-Kichererbsen-Terrine	117
Buchweizen-Champignon-Strudel	113
Dinkel-Spinat-Braten	119
Einkorn-Köfte mit Linsen-Tomaten-Sauce	89
Gemüse-Couscous mit Banane	107
Gemüse-Dampfata	105
Gemüse-Dinkelreis-Pfanne	75
Gemüse-Einkorn-Schnitzel mit Bergkäse und Spinat	65
Gemüse-Lasagne	57
Gemüsestrudel aus dem Dampf	115
Hirsepalatschinke, gefüllte	57
Hirse-Topfen-Schnitte mit Gemüseragout	59
Hirsotto mit Pilzen und Heidelbeeren	103
Hokkaido-Kürbis mit Räuchertofu	91
Kärntner Käsnudeln	55
Kartoffel-Gemüse-Strudel mit Kräutersauce	69
Kartoffel-Kürbis-Knödel	93
Kichererbsencurry mit Dattelreis	99
Knödeltimbale auf Linsenragout	63
Kohlrabischnitzel, gebackene	109
Linsenragout, pikantes	101
Mais-Mango-Gemüse mit Bohnensteak	97
Melanzaniröllchen, gefüllte	81
Nepalesische Momos	121
Paprika, gefüllt, mit mexikanischem Gemüse	127
Pastaquiche, italienische	67
Pilz-Bonbons	123
Polenta-Ricotta-Knöpfe	77
Polenta-Spinat-Türmchen	61
Polentataler mit Paprikasahnesauce	73
Spinat-Pilz-Terrine	115
Tofu aus dem Rotweinsud	111
Tofu unter der Haube	87
Tomatengnocchi mit Hanfnüssen	85
Vollkorndinkel-Nudelteig (Grundrezept)	55
Ziegenkäsegnocchi	79
Ziegenkäsemedaillons in der Hanfkruste auf Grüne Bohnen-Tomaten-Ragout	125
Zitronenrisotto auf Rote-Rüben-Carpaccio	83

Hauptspeisen – Fisch

Bachsaibling auf Alpin-Minestrone	129
Cevapcici vom Fisch	135
Fischfilet in der Folie	135
Fischlaibchen	133
Fisch-Mangold-Röllchen an asiatischen Nudeln	129
Forelle, gedämpft, mit Petersilienkartoffeln	145
Kabeljau-Lachs-Türmchen auf Gerstotto	131
Muschelpfanne à la Fritz	143
Räucherlachs-Spinat-Blätterteigquiche	133
Red Snapper mit Papaya im Pergament, dazu Pestognocchi	239
Riesengarnelen, gedämpft, auf Rucola	143
Scampi mit Guacamole	141
Schollenröllchen, gefüllt, mit Garnelencreme auf Gemüsecouscous	139
Seeforelle, gefüllt, im Filoteig auf Gemüse	147
Zanderfilet mit Gemüse-Kartoffeln und Schnittlauchdip	149

Hauptspeisen – Geflügel

Backhendl	165
Entenbrust mit Kirschbalsamico	163
Hühner-Satay-Spieße mit Erdnusssauce	151
Kokos-Putenmedaillons mit Chili-Limetten-Hirsotto	157
Putenmedaillons im Gomasiomantel an Orangensauce und Curryreis	157
Putenröllchen, mit Tomatenreis gefüllt, auf Blattspinat	163
Putenroulade, gefüllt, mit Bärlauchsauce und Hanfpolenta	155
Putenschnitzel gefüllt mit Tomaten-Schafskäse-Tatar, dazu Gemüse und Quinoa	159
Reisfleisch von der Pute	161
Saltimbocca vom Huhn mit leichtem Salbeisaft, dazu Champignonreis	153

Hauptspeisen – Fleisch

Gekochtes vom Rind an buntem Semmelkren und Röstkartoffeln	195
Hirschkeulenmedaillons an Hagebuttensauce, Maronipüree und Spinatspätzle	201
Kalbsmedaillons, gedämpft, an Lavendelduft mit Spargel	167
Kalbspaillard aus dem Teesud auf grünem Spargel	169
Kalbsrückensteak mit Artischocken-Tomaten-Gemüse	167
Lammkeulensteak mit Gemüse und Schwammerlreis	175
Lammrücken an Honig-Apfelsauce, dazu Brokkoli-Trauben-Gemüse	171
Lammspieß in geschältem Hanf	171
Medaillons vom Schweinsfilet mit Pinienkernkruste auf Gemüse	189
Niedertemperaturgaren Fleisch	178
Schweinsfilet im Ganzen	178
Schweinsrücken	178
Rindsbraten	179
Rehbraten an eigener Sauce dazu Apfelrotkraut, Preiselbeeren und Toastbrotknödel	203

Rehrückenfilet aus dem Kamillendampf, dazu kleiner
    Gemüsemix und Kartoffel-Topfen-Auflauf 229
Rindsragout mit Gemüse und Nudeln 199
Roulade vom Weidestier an Merlotsaft 193
Rumpsteak mit Spargel und Gemüse-Senfsauce 193
Safranpulao mit Rind 197
Schweinsbraten mit Kruste 187
Schweinsfilet mit Tsatsiki und Kartoffeln 191
Schweinsfiletspießchen mit Schmortomaten an Joghurt-
    Gurkensauce, dazu Kartoffeln 183
Schweinsrückensteak an Blauschimmelkäsesauce und
    Spaghetti 181
Sous-vide-Garen Fleisch 177
Vitaminburger 185
Weidelammrücken aus dem Heuaroma auf Gemüsemelange 173
Wiener Schnitzel 165

Beilagen

Apfelrotkraut, siehe Rehbraten 203
Basmatireis 208
Buchweizen-Gemüse-Terzett 214
Chicorée, gedämpfter 210
Couscous-Schinken-Laibchen mit Currydip 215
Couscous-Wirsing-Roulade 214
Erbsen natur 209
Gemüsesoufflé 210
Grüne Bohnen 209
Hanf- oder Sesampolentaschnitten 216
Hirsegemüse vom Blech 213
Hirse-Gemüse-Laibchen 213
Hummusmedaillons 211
Käferbohnen 209
Kartoffel-Gemüsepuffer mit Topfendip 206
Kartoffelgnocchi 207
Kartoffel-Grießknödel 207
Kartoffeln geschält 206
Kartoffeln in der Schale 206
Kaspressknödel 219
Kräuterpolenta 216
Kräuter-Zartweizen 218
Lauch-Quiche 211
Mangold mit Parmesanstücken 209
Naturreis oder Dinkelreis 208
Parboiled Reis 208
Polenta-Grundrezept 216
Polentaecken, gratinierte 216
Polenta-Gemüse-Gröstl, scharfes 217
Polenta-Sauerrahm-Medaillons 217
Rosmarinkartoffeln mit Sauerrahmdip 206
Rundkornreis (Milchreis) 208
Safranreis-Shrimps-Laibchen 208
Semmelknödel 218
Serviettenknödel 218
Tomatenknödel 219
Zartweizen mit Spinat 219
Zucchinirisotto 212
Zucchinitörtchen 212

Allerlei

Apfelchutney 248
Apfelmus 247
Baguette, knuspriges 252
Bohnendip 251
Brombeermarmelade 246

Brühwürste 244
Burgerbrötchen 254
Couscous-Frühstück, warmes 244
Dinkelvollkornbrot, herzhaftes 253
Eier-Hüttenkäse-Dip 250
Erdbeermarmelade, roh gerührte 246
Exotisches Chutney 249
Feta-Tomaten-Dip 251
Frühstücksei aus der Mokkatasse 244
Gurken-Buttermilch-Dressing 250
Hanf-Kleingebäck 254
Hirse-Power-Frühstück 244
Kartoffeldressing 251
Kirschmarmelade 246
Kürbis-Apfel-Chutney 249
Leberwurst im Glas 245
Makrelendip 252
Mangochutney 247
Marillenchutney 247
Pochiertes Ei 245
Preiselbeer-Topfendip 251
Räucherlachsdip 252
Ribiselchutney 248
Ribiselmarmelade 246
Semmeln, selbst gemacht 255
Zucchinichutney 250

Baby & Kind

Fischstreifen am Erbsenreishügel 262
Frankfurter im Schlafrock 265
Frühstücksallerlei vom Bauernhof 261
Gemüsebrei mit Ei 259
Gemüse-Kartoffel-Fleischbrei 258
Gemüse-Nudel-Fischbrei 260
Getreide-Obstbrei 259
Hühnerschlangen mit Eier-Reisgemüse 263
Knabberwürstchen im Pizzateig 265
Schmetterlinge, rote 262

Süßes

Apfelnockerln mit Butterbröseln 278
Apfelstrudeltorte, gedämpfte 289
Bananensoufflé 273
Buchteln mit Karamell-Heidelbeeren 282
Café brûlée 293
Chai-Latte-Couscous mit Feigen 290
Erdbeer-Nuss-Törtchen 241
Germknödel 269
Grießflammeri mit Schokosauce 269
Grießknödel auf Beerenragout 281
Hirse-Kaiserschmarren 270
Kaiserschmarren 285
Marillenknödel 270
Marillentiramisu im Glas 273
Milchrahmauflauf mit Vanillesauce 277
Milchreis mit frischen Früchten 286
Mohnknödel mit Preiselbeerkompott 290
Nusskuchen, gedämpfter 277
Polentatarte mit Kirschen 274
Ricotta-Tarte 293
Schokosoufflé, marmoriertes, mit Soft-Chilikern 294
Topfenknödel mit Erdbeersauce 274
Topfen-Polenta-Auflauf mit Marillensauce 281
Waldbeerensoufflé 231

Register alphabetisch

A

Apfelchutney	248
Apfelmus	247
Apfelnockerln mit Butterbröseln	278
Apfelrotkraut, siehe Rehbraten	203
Apfel-Sellerie-Suppe mit Selleriechip	237
Apfelstrudeltorte, gedämpfte	289
Asia-Nudeln mit Linsenbällchen	95

B

Bachsaibling auf Alpin-Minestrone	129
Backhendl	165
Baguette, knuspriges	252
Bananensoufflé	273
Bärlauchknödel auf buntem Rieslinggemüse	71
Basmatireis	208
Berglinsenknödel	93
Biskuitschöberl	31
Blätterteigröllchen gefüllt mit Avocadocreme	235
Blattspinat-Kichererbsen-Terrine	117
Bohnendip	251
Brandteigkrapferl	31
Brokkoliflan mit Kressesauce	48
Brombeermarmelade	246
Bröselknödel	31
Brühwürste	244
Buchteln mit Karamell-Heidelbeeren	282
Buchweizen-Champignon-Strudel	113
Buchweizen-Gemüse-Terzett	214
Burgerbrötchen	254

C

Café brûlée	293
Cappuccino von der Süßkartoffel	227
Cevapcici vom Fisch	135
Chai-Latte-Couscous mit Feigen	290
Chicorée, gedämpfter	210
Couscous-Frühstück, warmes	244
Couscous-Schinken-Laibchen mit Currydip	215
Couscous-Wirsing-Roulade	214

D

Dinkel-Spinat-Braten	119
Dinkelvollkornbrot, herzhaftes	253

E

Eier-Hüttenkäse-Dip	250
Einkorn-Köfte mit Linsen-Tomaten-Sauce	89
Entenbrust mit Kirschbalsamico	163
Erbsen natur	209
Erdbeermarmelade, roh gerührte	246
Erdbeer-Nuss-Törtchen	241
Exotisches Chutney	249

F

Fenchelsalat, lauwarmer	42
Feta-Tomaten-Dip	251
Fischfilet in der Folie	135
Fischlaibchen	133
Fisch-Mangold-Röllchen an asiatischen Nudeln	129
Fischstreifen am Erbsenreishügel	262
Forelle, gedämpft, mit Petersilienkartoffeln	145
Frankfurter im Schlafrock	265
Frühstücksallerlei vom Bauernhof	261
Frühstücksei aus der Mokkatasse	244

G

Gekochtes vom Rind an buntem Semmelkren und Röstkartoffeln	195
Gemüsebrei mit Ei	259
Gemüse-Couscous mit Banane	107
Gemüse-Dampffata	105
Gemüse-Dinkelreis-Pfanne	75
Gemüse-Einkornsalat	32
Gemüse-Einkorn-Schnitzel mit Bergkäse und Spinat	65
Gemüse-Kartoffel-Fleischbrei	258
Gemüse-Lasagne	57
Gemüse-Nudel-Fischbrei	260
Gemüsesoufflé	210
Gemüsestrudel aus dem Dampf	115
Gemüse-Zartweizen-Salat	38
Germknödel	269
Getreide-Obstbrei	259
Grießflammeri mit Schokosauce	269
Grießknödel auf Beerenragout	281
Grießschnitte	30
Grüne Bohnen	209
Gurken-Buttermilch-Dressing	250

H

Hanf- oder Sesampolentaschnitten	216
Hanf-Kleingebäck	254
Hirschkeulenmedaillons an Hagebuttensauce, Maronipüree und Spinatspätzle	201
Hirsegemüse vom Blech	213
Hirse-Gemüse-Laibchen	213
Hirse-Kaiserschmarren	270
Hirsepalatschinke, gefüllte	57
Hirse-Power-Frühstück	244
Hirse-Topfen-Schnitte mit Gemüseragout	59
Hirsotto mit Pilzen und Heidelbeeren	103
Hirsotto mit Pilzen und Heidelbeeren	91
Hühnchenwrap mit Rucola und Tomatensalsa	36
Hühner-Satay-Spieße mit Erdnusssauce	151
Hühnerschlangen mit Eier-Reisgemüse	263
Hummusmedaillons	211

K

Kabeljau-Lachs-Türmchen auf Gerstotto	131
Käferbohnen	209
Kaiserschmarren	285
Kalbsmedaillons, gedämpft, an Lavendelduft mit Spargel	167
Kalbspaillard aus dem Teesud auf grünem Spargel	169
Kalbsrückensteak mit Artischocken-Tomaten-Gemüse	167
Kärntner Käsnudeln	55
Kartoffeldressing	251
Kartoffel-Gemüsepuffer mit Topfendip	206
Kartoffel-Gemüse-Strudel mit Kräutersauce	69
Kartoffelgnocchi	207
Kartoffel-Grießknödel	207
Kartoffel-Kürbis-Knödel	93
Kartoffeln geschält	206
Kartoffeln in der Schale	206
Kaspressknödel	219
Kichererbsencurry mit Dattelreis	99
Kichererbsensalat	44
Kirschmarmelade	246
Knabberwürstchen im Pizzateig	265
Knödeltimbale auf Linsenragout	63
Kohlrabischnitzel, gebackene	109
Kokos-Putenmedaillons mit Chili-Limetten-Hirsotto	157
Kräuterpolenta	216
Kräuter-Zartweizen	218
Kürbis-Apfel-Chutney	249

L

Lammkeulensteak mit Gemüse und Schwammerlreis	175
Lammrücken an Honig-Apfelsauce, dazu Brokkoli-Trauben-Gemüse	171

Lammspieß in geschältem Hanf	171	Roter Reissalat, lauwarm, mit Cranberrys	48
Lauch-Quiche	211	Roulade vom Weidestier an Merlotsaft	193
Leberknödel	28	Rucola mit Kartoffeldressing	42
Leberwurst im Glas	245	Rumpsteak mit Spargel und Gemüse-Senfsauce	193
Linsenragout, pikantes	101	Rundkornreis (Milchreis)	208

M

Mais-Mango-Gemüse mit Bohnensteak	97	**S**	
Makrelendip	252	Safranpulao mit Rind	197
Mangochutney	247	Safranreis-Shrimps-Laibchen	208
Mangold mit Parmesanstücken	209	Saltimbocca vom Huhn mit leichtem Salbeisaft, dazu	
Marillenchutney	247	Champignonreis	153
Marillenknödel	270	Scampi mit Guacamole	141
Marillentiramisu im Glas	273	Schafskäsewrap mit Sauerkrau	34
Medaillons vom Schweinsfilet mit Pinienkernkruste auf		Schmetterlinge, rote	262
Gemüse	189	Schokosoufflé, marmoriertes, mit Soft-Chilikern	294
Melanzaniröllchen, gefüllte	81	Schollenröllchen, gefüllt, mit Garnelencreme auf	
Milchrahmauflauf mit Vanillesauce	277	Gemüsecouscous	139
Milchreis mit frischen Früchten	286	Schwarzwurzeln in Teecreme	46
Mohnknödel mit Preiselbeerkompott	290	Schweinsbraten mit Kruste	187
Moskau bei Nacht	50	Schweinsfilet im Ganzen (Niedertemperatur)	178
Muschelpfanne à la Fritz	143	Schweinsfilet mit Tsatsiki und Kartoffeln	191
N		Schweinsfiletspießchen mit Schmortomaten an Joghurt-	
Naturreis oder Dinkelreis	208	Gurkensauce, dazu Kartoffeln	183
Nepalesische Momos	121	Schweinsrücken (Niedertemperatur)	178
Niedertemperaturgaren Fleisch	178	Schweinsrückensteak an Blauschimmelkäsesauce und	
Nusskuchen, gedämpfter	277	Spaghetti	181
P		Seeforelle, gefüllt, im Filoteig auf Gemüse	147
Paprika, gefüllt, mit mexikanischem Gemüse	127	Seeteufelkotelett auf Artischocken-Tomaten-Sauce,	
Parboiled Reis	208	dazu Kräuter-Dinkelgrieß-Laibchen	137
Pastaquiche, italienische	67	Semmelknödel	218
Pilz-Bonbons	123	Semmeln, selbst gemacht	255
Pochiertes Ei	245	Serviettenknödel	218
Polentaecken, gratinierte	216	Sous-vide-Garen Fleisch	177
Polenta-Gemüse-Gröstl, scharfes	217	Spargelsalat mit Tomatenvinaigrette	40
Polenta-Grundrezept	216	Spinat-Pilz-Terrine	115
Polenta-Ricotta-Knöpfe	77	Süßsaurer Dinkelsalat	38
Polenta-Sauerrahm-Medaillons	217	**T**	
Polenta-Spinat-Türmchen	61	Thunfischwrap mit Joghurtsalsa	34
Polentasuppe	28	Tiroler Knödel	30
Polentataler mit Paprikasahnesauce	73	Tofu aus dem Rotweinsud	111
Polentatarte mit Kirschen	274	Tofu mit Balsamico-Tomatenaroma, Oliventapenade und	
Preiselbeer-Topfendip	251	Prosciutto	225
Putenmedaillons im Gomasiomantel an Orangensauce und		Tofu unter der Haube	87
Curryreis	157	Tomaten, mit Quinoa gefüllte	32
Putenröllchen, mit Tomatenreis gefüllt, auf Blattspinat	163	Tomatengnocchi mit Hanfnüssen	85
Putenroulade, gefüllt, mit Bärlauchsauce und Hanfpolenta	155	Tomatenknödel	219
Putenschnitzel gefüllt mit Tomaten-Schafskäse-Tatar, dazu		Topfenknödel mit Erdbeersauce	274
Gemüse und Quinoa	159	Topfen-Polenta-Auflauf mit Marillensauce	281
R		**V**	
Räucherlachsdip	252	Vitaminburger	185
Räucherlachs-Spinat-Blätterteigquiche	133	Vollkorndinkel-Nudelteig (Grundrezept)	55
Red Snapper mit Papaya im Pergament, dazu Pestognocchi	239	**W**	
Rehbraten an eigener Sauce dazu Apfelrotkraut,		Waldbeerensoufflé	231
Preiselbeeren und Toastbrotknödel	203	Weidelammrücken aus dem Heuaroma auf Gemüsemelange	173
Rehrückenfilet aus dem Kamillendampf, dazu kleiner		Wiener Schnitzel	165
Gemüsemix und Kartoffel-Topfen-Auflauf	229	**Z**	
Reisfleisch von der Pute	161	Zanderfilet mit Gemüse-Kartoffeln und Schnittlauchdip	149
Reissalat	40	Zartweizen mit Spinat	219
Ribiselchutney	248	Ziegenkäsegnocchi	79
Ribiselmarmelade	246	Ziegenkäsemedaillons in der Hanfkruste auf Grüne Bohnen-	
Ricotta-Tarte	293	Tomaten-Ragout	125
Riesengarnelen, gedämpft, auf Rucola	143	Zitronenrisotto auf Rote-Rüben-Carpaccio	83
Rindsbraten (Niedertemperatur)	179	Zucchinichutney	250
Rindsragout mit Gemüse und Nudeln	199	Zucchinirisotto	212
Rosmarinkartoffeln mit Sauerrahmdip	206	Zucchinitörtchen	212

Die Autoren

Susanne Kuttnig-Urbanz, geboren 1969 in Villach, Studium der Publizistik und Kommunikations-wissenschaft, Projektmanagement Kunst und Kultur bei der Kleinen Zeitung Kärnten; Kommunikationstrainerin und Hobbyköchin.

Friedrich Pinteritsch, geboren 1950 in Klagenfurt, geprüfter Diätkoch, Experte für gesunde Ernährung und Kochen im biologischen Kreislauf, Referent bei zahlreichen Seminaren für gesundes Kochen.

Die Fotografen

Jost & Bayer Fotoprojects, Studio für konzeptionelle Werbefotografie, Schwerpunkte sind People, Produkt, Stills, Food, Industrie, Architektur: **Günter Jost**, geboren 1960 in Podlanig, Studium der Evang. Theologie, seit 1991 selbständiger Werbefotograf. **Gabriela Jost**, geboren 1964 in Wien, Ausbildung an der Graphischen in Wien, Fotografenmeisterin.

Vom Autoren- und Fotografenteam sind im Pichler Verlag erschienen:
Das 1 x 1 des Dampfgarens, Dampfgaren – Von der Babykost bis zur Lieblingsspeise, Das neue 1 x 1 des Dampfgarens, Dampfgaren vegetarisch.

Dampfgaren und bewusste Ernährung sind ein untrennbares Duo. Nun heißt es Bühne frei für den zeitgemäßen Genuss aus dem Dampfgarer! Die Autoren haben sich Neues ausgedacht: Kreative vegetarische Rezepte, aber auch mal vegan, schnell gekocht oder ideal zum Vorbereiten. Ob für ein fantasievolles Dinner mit sich allein oder lieben Gästen. Kurz: Gerichte zum Verwöhnen mit vielfältigen Hauptdarstellern – von Schwarzwurzeln bis Melanzani, von Steinpilzen bis Maroni. Unterstützt von Gewürzen, Hülsenfrüchten und Getreide werden sie zu echten Gaumenfreuden. Und für Naschkatzen gibt es eine Reihe verführerischer Süßspeisen.

Susanne Kuttnig-Urbanz · Friedrich Pinteritsch
DAMPFGAREN VEGETARISCH
Schnell · Gesund · Köstlich

156 Seiten, 22 x 22 cm
Hardcover mit Schutzumschlag
€ 19,99 · ISBN: 978-3-85431-657-2

Die Vorlieben aller Familienmitglieder unter einen Hut zu bringen – das kann gar nicht lustig sein. Hat der eine lieber Fleisch, will der andere eher Fisch oder vielleicht Süßes. Gesund soll es sein, schnell soll es gehen – und schmecken soll es auch noch! Mit diesem Kochbuch für die ganze Familie gibt es jetzt eine Lösung. In gut verständlichen Rezepten mit einladenden Bildern wird gezeigt, wie leicht das Kochen mit dem Dampfgarer sein kann. Sogar kinderleicht! Auch die Jüngsten haben Freude am Ausprobieren. Und: Für die ganz Kleinen ist der Dampfgarer überhaupt ideal – frische Babykost wird sicher und einfach selbst gemacht!

Susanne Kuttnig-Urbanz · Friedrich Pinteritsch
DAMPFGAREN
Von der Babykost bis zur Lieblingsspeise

156 Seiten, 22 x 22 cm
Hardcover mit Schutzumschlag
€ 19,99 · ISBN: 978-3-85431-570-4